中共党史知识问答

中共中央党校中共党史教研部　编

罗平汉　主编

人民出版社

目　录

一、为什么说五四运动是
中国新民主主义革命的开端？

中国共产党于 1921 年 7 月宣告正式成立。1921 年至 1949 年的中国共产党历史，人们习惯称之为新民主主义革命时期，但为什么又以 1919 年五四运动作为新民主主义革命的开端呢？

1914 年 7 月，以英国、法国、俄国等为一方的协约国与以德国、奥匈帝国等为一方的同盟国之间爆发了第一次世界大战。第一次世界大战主要在欧洲进行，但却波及和影响到许多的国家。1917 年 8 月，中国的北洋政府对德国宣战，成为协约国的成员。1918 年第一次世界大战以同盟国的失败而宣告结束。1919 年 1 月起，协约国在法国首都巴黎召开所谓"和平会议"，中国作为战胜国也派代表出席了巴黎和会，然而，会议却被英、法、美、日、意等国所操纵，中国代表提出的合理要求遭到拒绝，而且会议竟然规定将德国原来在山东攫取的一切特权转交给日本。

巴黎和会上中国外交的失败，使中国人民积蓄已久的反帝爱国情绪如火山般爆发出来。1919 年 5 月 4 日，北京大学等 13 所大专以上学校的学生 3000 余人齐集天安门前示威，要求"外争国权，内除国贼"，以学生斗争为先导的五四爱国运动由此爆发。五四运动很快发展到全国的各阶层，从 6 月 5 日开始，上海工人自发举行声援学生的罢工，几日之间达到了六七万人。随后，北京、唐山、汉口、南京、长沙等地的工人也相继举行罢工，运动的主力由学生转变为工人，这场反帝爱国运动波及全国 20 多个省的 100 多座城市。在国内群众运动的强大压力下，北洋政府被迫下令免去了曹汝霖、章宗祥、陆宗舆等人的职务，中国代表也没有出席 6 月 28 日巴黎和会签字仪式。

五四运动是中国从旧民主主义革命向新民主主义革命的转折点。正如毛泽东所指出的："五四运动的杰出的历史意义，在于它带着为辛亥革命还不曾有的姿态，这就是彻底地不妥协地反帝国主义和彻底地不妥协地反封建主义。"① 这也正是五四运动与以往的农民革命和资产阶级革命的不同之处。

1840 年鸦片战争以来，中国由封建社会一步步演变成为半殖民地半封建社会，国内的主要矛盾也由原来的地主阶级与农民阶级的矛盾，转变为帝国主义与中华民族的矛盾、封建主义与人民大众的矛盾。要实现民族独立和人民解放，必须推翻帝国主义和封建主义的统治，反帝反封建就成为近代以来中国革命的主要内容。这种革命从其范畴来说属于资产阶级民主革命。在五四运动之前，中国的反帝反封建革命是由农民阶级和民族资产阶级领导的，而五四运动之后，虽然革命的任务仍然是推翻帝国主义和封建主义的统治，革命的对象也仍然是帝国主义和封建主义，但革命的领导者已经不再是农民阶级和民族资产阶级，而是无产阶级。既然如此，五四运动之后的反帝反封建革命就成为新式的资产阶级民主革命，即新民

---

① 《毛泽东选集》第二卷，人民出版社 1991 年版，第 699 页。

主主义革命。

五四运动既是反对帝国主义的运动,又是反对封建主义的运动,它将中国人民反帝反封建斗争提升到一个新的水平线上。中国人民自从鸦片战争以来,就一直没有停止过反帝反封建的斗争,始终企盼着民族的复兴。在这个过程中,许多先进分子不断地探索救国救民的真理,寻找国家与民族的出路,并为此进行了不懈的努力与奋斗。这其中,有地主阶级开展的洋务运动,有农民阶级浴血奋战的太平天国运动,有资产阶级改良派发动的戊戌维新和资产阶级革命派领导的辛亥革命。但是,洋务运动破产了,太平天国运动失败了,戊戌维新只进行了103天就因为种种原因夭折了,辛亥革命虽然推翻了清王朝,男人剪掉了辫子,女人可以放开小脚,国号由大清改称为中华民国,但它并不是人民的国家,中国依然是那样的贫穷落后,依旧是那样的四分五裂,仍旧在帝国主义和封建主义压迫之下,反帝反封建的革命任务并没有完成。

五四运动的发生,正是近代以来中华民族危机步步加深的背景下,各种社会矛盾斗争的总爆发。1919年,中国在巴黎和会上遭到外交失败,再一次陷于民族危难之中。出席巴黎和会的中国代表顾维钧曾回忆道:"以前我们也曾想过最终方案可能不会太好,但却不曾料到结果竟是如此之惨。"①巴黎和会的失败,使中国人民从此认清了帝国主义的真面貌。毛泽东曾指出:"中国人民对于帝国主义的认识也是这样。第一阶段是表面的感性的认识阶段,表现在太平天国运动和义和团运动等笼统的排外主义的斗争上。第二阶段

---

① 《顾维钧回忆录》第一分册,中华书局1983年版,第199页。

才进到理性的认识阶段，看出了帝国主义内部和外部的各种矛盾，并看出了帝国主义联合中国买办阶级和封建阶级以压榨中国人民大众的实质，这种认识是从一九一九年五四运动前后才开始的。"① 在五四运动中，中国人民积蓄已久的爱国热情由此喷发。参加爱国斗争的人员如此广泛，各阶级各阶层群众如此一致地共同行动，是近代以来未曾有过的。"五四运动是群众发动的，是群众的队伍在街上公开反对自己的敌人。开始只是觉悟的、先进的学生参加，发展到'六三'时，在上海已经不只是学生，而且有广大的工人、商界参加，后来，汉口、长沙、长江流域，珠江流域都卷进这个潮流里去了。"② 五四运动中喊出的"外争国权，内除国贼"等口号，赋予反帝反封建斗争新的内容，中华民族的救亡图存由此翻开新的篇章。

五四运动又是一场伟大的思想启蒙运动和新文化运动，有力地推动了马克思主义在中国的传播。近代以来，中国一直在努力地向西方学习，并且经历了从学"器物"、学"制度"，再到学"思想"的转变。1915 年 9 月，陈独秀在上海创办了《青年杂志》（不久改名为《新青年》），它以青年为主要读者对象，新文化运动由此发端。经过早期新文化运动的冲击，中国思想界"正如久壅的水闸，一旦开放，旁流杂出，虽是喷沫鸣溅，究不曾自定出流的方向。其时一般的社会思想大半都是如此"③。当时，西方的无政府主义、新村主义、合作主义、泛劳动主义、基尔特社会主义、社会民主主义

---

① 《毛泽东选集》第一卷，人民出版社 1991 年版，第 289 页。
② 《毛泽东文集》第三卷，人民出版社 1996 年版，第 289 页。
③ 瞿秋白：《赤都心史》，东方出版社 2015 年版，第 28 页。

等各种主义和思潮纷纷涌入中国。在这个过程中，马克思主义也开始传入中国，但马克思主义传入中国初期，既没有得到正确的阐释，也未为人们所重视，即使接触到马克思主义的少数知识分子，也仅将之作为西方的一个学术派别来看待。

五四运动是在俄国十月革命后发生的。在此之后，马克思主义在中国的际遇就大不一样了。在马克思主义指导下取得革命成功的俄国，在政治经济上与中国有着许多相同或接近的地方，而它在革命胜利后又以反对帝国主义相号召，并且主动宣布废除帝俄时代与中国签订的不平等条约。这样，中国的先进分子对社会主义、马克思主义产生了特殊的好感。在这样的背景下，中国先进分子的代表李大钊、陈独秀等，满腔热情地讴歌十月革命的胜利，如饥似渴地学习马克思主义，并不遗余力地对十月革命和马克思主义加以宣传介绍。在这个过程中，不但他们自身完成了由激进民主主义者到初步马克思主义者的转变，而且经过五四运动的洗礼，也使一批和他们有着共同理想的先进青年，如毛泽东、邓中夏、蔡和森、恽代英、周恩来、刘少奇等，集合在马克思主义的旗帜下，于是有了中国早期的马克思主义者这一群体。

对于五四运动前后马克思主义在中国的传播情况，毛泽东有过形象的比喻："马克思主义产生于欧洲，开始在欧洲走路，走得比较慢。那时我们中国除极少数留学生以外，一般人就不知道，我也不知道世界上有马克思其人。""总之，那时我没有看到过，即使看过，也是一刹那溜过去了，没有注意。"马克思主义在"十月革命以后就走得这样快。因为它走得这样快，所以一九一九年中国人民的精神面貌就不同了，五四运动以后，很快就晓得了打倒帝国主

5

义、打倒封建势力的口号。在这以前，哪个晓得提这样的口号呢?不知道! 这样的口号，这样明确的纲领，从中国无产阶级产生了自己的先锋队——共产党起，就提出来了。"① 中国的先进分子接受了马克思主义之后，就开始意识到组建马克思主义政党的重要性。

五四运动后期工人成为运动的主力表明，中国工人阶级开始走上中国政治的舞台。五四运动的另一结果，是使那些具有初步共产主义思想的知识分子，认识到工人阶级力量的强大，他们脱下长衫，来到工人中间，了解工人的悲惨生活，启发工人的阶级觉悟，开办工人夜校，提高工人的文化知识，实现了马克思主义与中国工人运动的初步结合。在这个过程中，他们的思想感情进一步转变到工人阶级方面，实现了知识分子的工人阶级化。同时，一部分工人由于受到了马克思主义的教育而提高了阶级觉悟。这就为无产阶级政党的建立准备了思想和干部条件。正是由于马克思主义与中国工人运动相结合，直接推动了中国共产党的成立。自从有了中国共产党，中国无产阶级就有了自己的先锋队，中国革命就有了新的领导核心力量，这是中国新民主主义革命区别于旧民主主义革命最根本的特征。

---

① 《毛泽东文集》第三卷，人民出版社 1996 年版，第 290—291 页。

二、马克思主义为什么能够在中国落地生根？

中华民族是一个历经磨难、不屈不挠的伟大民族，中国人民是勤劳勇敢、自强不息的伟大人民。我们的祖先曾经创造了光辉灿烂的古代文明，中国历史上的汉唐盛世，可以说代表了当时世界经济文化的先进水平。但是，到明清两代，中国逐渐落后了。1840年爆发的鸦片战争将中国的落后暴露无遗。鸦片战争后，西方列强相继对中国发动一场又一场的侵略战争，强迫腐败的清政府签订了一个又一个不平等条约，中国从此沦为半殖民地半封建社会，国力日弱，百姓日贫，实现中华民族的伟大复兴也由此成为此后一代又一代中国人的梦想。

一开始，中国先进分子将实现民族复兴的希望寄托在向西方学习上。先是觉得自己的技艺落后，武器装备不如西方，于是"师夷之长技以制夷"，办工厂、修铁路、建海军，即开展洋务运动，可是在1894年爆发的甲午战争中却被过去视为蕞尔小国的日本打了个大败。通过甲午战争的失败，人们发现改制度比造器物更重要，于是先学西方的君主立宪搞维新运动，有了康有为、梁启超等发动的维新变法，结果只进行了103天就因为种种原因夭折了。君主立宪行不通后，人们又学西方的民主共和，继而有了孙中山领导的辛亥革命，但同样不成功。可见，十月革命前，中国的先进分子已经意识到中国原有的君主专制制度太陈旧，应当用新制度将其取代，试图通过走西方资本主义道路来拯救中国。戊戌维新和辛亥革命走的都是这条道路，但实践却证明这条道路在中国行不通。

第一次世界大战是当时最发达的资本主义国家之间发生的一场混战，造成超过三千万人的伤亡，使资本主义制度的弊端暴露无遗。这也使中国的先进分子意识到，资本主义并不是什么好制度，甚至是个坏制度，但取代它的好制度是什么、怎样才能建立，人们并不清楚。因此，中国的先进分子陷入了过去的老路无法走，资本主义道路又走不通的痛苦之中。就在这样的背景下，俄国十月革命发生了。十月革命的结果，走出了一条人类从未走过的新道路——社会主义道路。这对于当时正在苦苦探寻国家和民族前途与出路的人们来说，如同在黑暗中发现一束光，看到了国家和民族新的希望。

十月革命建立了一个与以往任何社会制度都完全不同的崭新社会，而这个新社会之所以能够建立，就在于俄国的先进分子组织了一个以马克思主义理论为指导的无产阶级政党，使革命有了一个坚强的领导核心，并将广大的工农大众集合在马克思主义旗帜下。很显然，没有马克思主义就没有十月革命的胜利，也就没有俄国社会主义的成功，这自然使社会主义和马克思主义对中国的先进分子产生了强大的吸引力。

其实，早在十月革命前，马克思主义已经开始传到了中国。1899 年 2 月到 5 月，上海广学会主办的《万国公报》连续刊登有李提摩太节译、蔡尔康撰文的文章《大同学》，首次提到了"马克思"的中文译名，其中说："其以百工领袖著名者，英人马克思也。"后来，资产阶级维新派的梁启超和革命派的朱执信等人，也都对马克思及其学说作过零星的介绍。但是，当时的人们对马克思主义并没有加以特殊的注意。

十月革命把马克思主义从一种理论设想变成了现实社会制度的构建，开创了人类社会崭新的发展道路。在这之前，虽然各式各样的与社会主义相关的主义和学说已经传入中国，但这些主义和学说对未来社会的构建，都是理论家纸上谈兵或小说家幻想式的描述，没有当然也无法转变成客观的现实。马克思主义与别的社会主义流派不同，它不但有严密的理论逻辑和科学的学理分析，而且可以转变成客观存在的现实，俄国十月革命后建立的新制度成为最好的例证，中国先进分子对马克思主义的兴趣也由此而生。瞿秋白曾经说过："中国这样黑暗悲惨的社会里，人人都想在生活的现状开辟一条新道路，听着俄国旧社会崩裂的声浪，真是空谷足音，不由得不动心。因此，大家都要来讨论研究俄国。"①

1919 年巴黎和会上中国外交的失败，使中国人对西方列强弱肉强食的本性有了更深刻的认识，促使人们对资本主义制度的幻想彻底破灭，也正因为如此，才有五四运动的爆发。与此形成鲜明对比的是，苏俄在十月革命后，曾于 1919 年 7 月 25 日和 1920 年 9 月 27 日两次发表宣言，宣布废除沙皇俄国与中国签订的一切不平等条约，宣布放弃在中国的一切特权，这也使当时中国的知识分子对苏俄产生了好感。于是越来越多的中国先进分子竞相设法了解俄国革命，相信这里能找到救国救民的良方。

---

① 《瞿秋白文集·文学编》第二卷，人民文学出版社 1986 年版，第 248 页。

毛泽东就是在这一时期开始关注俄国的。1920 年 3 月 14 日，他在给同学周世钊的信中说："我觉得俄国是世界第一个文明国，我想两三年后，我们要组织一个游俄队。"① 同年 8 月，他还与何叔衡等在长沙发起成立了俄罗斯研究会，"以研究俄罗斯一切事情为宗旨"。② 刘少奇也回忆说："在共产党产生以前，马克思主义也传到中国来了，我就是在 1920 年（共产党产生的前一年）看到了那样的小册子。从前听到过社会主义、无政府主义，后来看到无政府主义的小册子，又看到马克思主义的小册子。此外，还有一个最大的事情，就是俄国十月革命的胜利，这个革命把全世界想要革命但又没有找到出路的人都惊醒了。特别是在中国，我们那时感觉到了亡国灭种的危险，但又不晓得朝哪里跑，这一下就有办法了。"③

十月革命后，不但对新事物敏感的青年知识分子关注十月革命和马克思主义，就是一些经历过辛亥革命的民主主义者，也开始感知马克思主义真理的力量，意识到中国只有走俄国人的路才有前途。林伯渠在辛亥革命时曾参与策动湖南独立，后又参加了"二次革命"，担任岳州（今岳阳）要塞司令部参谋，"二次革命"失败后被袁世凯通缉逃亡日本，加入孙中山创建的中华革命党，回国后从事反袁活动，后来又参加了 1917 年反对北洋军阀段祺瑞的护法战争，可以说一直在追随孙中山从事民主革命，但林伯渠最终选择了

---

① 中国革命博物馆、湖南省博物馆编：《新民学会资料》，人民出版社 1980 年版，第 65 页。

② 中国革命博物馆、湖南省博物馆编：《新民学会资料》，人民出版社 1980 年版，第 354 页。

③ 高志中编：《向党旗宣誓——老一辈革命家入党经历》，人民出版社 2019 年版，第 18 页。

信仰马克思主义。他在自述中说:"从同盟会起到民国成立后十年中,自己亲自参加了每个阶段的民族民主的革命斗争,经过了多少的挫折失败,也流尽无数志士的鲜血,然而反动势力仍然是此起彼伏地统治着中国,政局的澄清总是那样遥远无期。虽然对于造成这种形势的真正原因还不完全了解,但总觉得不能再重复过去所走过的道路,应该从痛苦的经验中摸索出一条新路。""在俄国的十月革命中我得到一些新的启示,知道了劳苦大众要得到解放只有推翻资本主义,知道了无产阶级是革命的基本动力,这个阶级的解放事业是与全人类的命运血肉相关的。"①

五四运动后,马克思主义在中国得到广泛传播,自然离不开一批革命先驱者不遗余力的宣传推介。1918 年底,李大钊写的《庶民的胜利》和《Bolshevism 的胜利》,热情地讴歌十月革命。1919 年 10 月、11 月,他又分两期在《新青年》上发表《我的马克思主义观》,系统地介绍马克思主义唯物史观、政治经济学和科学社会主义基本原理。陈独秀也先后发表了《劳动者底觉悟》《谈政治》《社会主义批评——在广州公立法政学校演讲》等文章,宣传马克思主义,批驳空想社会主义和无政府主义。正如当年一份文献所说的:"马克思主义在中国,历史是很短的,至今不过三年左右。可是一面因为受了国际资本主义的压迫和俄罗斯无产阶级革命的影响,他面因为先驱者的努力宣传,竟使马克思主义能在最短期间发达起来,信奉马克思主义的人日益增加起来。"②

---

① 《林伯渠自述》,《人物》1982 年第 2 期。
② 中共中央文献研究室、中央档案馆:《建党以来重要文献选编(一九二一——一九四九)》第一册,中央文献出版社 2011 年版,第 70 页。

  1920 年 3 月，李大钊在同邓中夏商议后，在北京大学组织了马克思学说研究会。这是中国最早的一个学习和研究马克思主义的团体，也是李大钊把"对于马克斯派学说研究有兴味的和愿意研究马氏学说的人"联合起来的最初尝试。次年 11 月 17 日，研究会在《北京大学日刊》上登出启事，声明："本会叫做'马克斯学说研究会'，以研究关于马克斯派的著述为目的。"① 启事中，还登了 19 个发起人的名字。这 19 个发起人，后来几乎都成了共产党员。1920 年 5 月，陈独秀发起组织马克思主义研究会，探讨社会主义学说和中国社会改造问题。这年 8 月，在这个研究会的基础上，上海共产党早期组织正式成立。同年 10 月，李大钊、邓中夏等在北京成立了"共产党支部"。随后，董必武、陈潭秋、包惠僧等在武汉，毛泽东、何叔衡等在长沙，王尽美、邓恩铭等在济南，谭平山、谭植棠、陈公博等在广州，以及日本、法国的留学生和华侨中，也相继成立了共产党的早期组织。马克思主义的种子开始在古老中国的大地上绽放出它的灿烂之花。

  第一次世界大战后，受十月革命的影响，马克思主义在世界各国都曾产生广泛的影响，许多国家成立了共产党，德国、匈牙利等资本主义国家还曾一度发生过无产阶级革命，建立过苏维埃政权。但马克思主义最终没有成为这些国家思想的主流，而在离马克思主义诞生地遥远的中国，马克思主义不但得到了广泛的传播，而且真正落地生根、开花结果，除了马克思主义本身严密的科学性之外，与中国特殊的文化传统也有很大的关系。艾思奇曾就此做过精

---

① 《邓中夏全集》（上），人民出版社 2014 年版，第 161 页。

辟的论述:"中国民族和它的优秀传统中本来早就有着马克思主义的种子。马克思主义是科学的共产主义,而共产主义社会,曾是中国历史上一切伟大思想家所共有的理想。从老子、墨子、孔子、孟子,以至于孙中山先生,都希望着世界上有'天下为公'的大同社会能够出现。中国的马克思主义,就是以马克思的科学共产主义的理论为滋养料,而从中国民族自己的共产主义的种子中成长起来的。"[①]

马克思主义虽然产生于西方,但不只属于西方,而是属于全人类。很多中国人在接触和了解马克思主义和社会主义之后,不但不感到陌生,反而有一种似曾相识甚至一见如故的感觉,从而激活了中华民族优秀传统里原本就有的向往和追求大同社会的基因。所以,马克思主义与中国传统文化不但不相抵触,反而有着契合之处,马克思的心与中华民族是相通的。参加过辛亥革命的吴玉章在回顾自己的思想转变时曾说:"社会主义书籍中所描绘的人人平等、消灭贫富的远大理想大大地鼓舞了我,使我联想起孙中山先生倡导的三民主义和中国古代世界大同的学说。所有这些东西,在我脑子里交织成一幅未来社会的美丽远景。"[②] 正是因为中国特殊的传统文化精神,使马克思主义在中国引起了广泛的思想共鸣,诞生了中国第一代马克思主义者,并且在他们的影响和带领下,越来越多的人选择马克思主义作为自己不变的信仰。也正是因为有这样一代又一代人的坚定信仰,马克思主义最终在中国扎下根来并结出丰硕的成果。

---

① 艾思奇:《五四文化运动在今日的意义》,《新中华报》第 26 号,1939 年 4 月 28 日。
② 《吴玉章文集》(下),重庆出版社 1987 年版,第 1058—1059 页。

三、每年7月1日为何成为中国共产党成立纪念日？

    1921年7月23日，各地共产党早期组织的代表汇集上海法租界望志路106号（现兴业路76号），在这里举行中国共产党的第一次全国代表大会。由于会场受到暗探的注意和租界巡捕的搜查，最后一天的会议改在浙江嘉兴南湖的一艘游船上举行。参加会议的共有来自7个地方50多名党员的13位代表，他们是：李达、李汉俊（上海），张国焘、刘仁静（北京），毛泽东、何叔衡（长沙），董必武、陈潭秋（武汉），王尽美、邓恩铭（济南），陈公博（广州），周佛海（旅日）。上海早期党组织的主要创始人陈独秀此时正在广州，派遣包惠僧作为代表参加了会议。共产国际代表马林和尼克尔斯基出席了会议。这条从嘉兴南湖驶出的"红船"，虽然曾有人中途下了船，但上船的人越来越多，成为一艘东方巨轮，引领了中国历史的航向。中国共产党的成立，也是近代中国从苦难走向辉煌的起点。

    既然党的一大正式召开的时间是1921年7月23日，但每年为什么要把7月1日而不是7月23日作为中国共产党成立的纪念日呢？其实，7月23日作为党的一大开幕的时间，是后来党史工作者考证的结果。至于党的一大具体是在哪天召开的，很长一段时间，大家并不是很清楚。

目前能看到的最早一份关于党的一大情况的记载，是一份形成于 1921 年下半年的《中国共产党第一次代表大会》的材料，其中清楚地写道："代表大会定于六月二十日召开，可是来自北京、汉口、广州、长沙、济南和日本的代表，直到七月二十三日才到达上海，于是代表大会开幕了。"① 可惜这份材料存放在中共驻共产国际代表团，很长时间人们并不知晓。

参加党的一大的一些代表，后来曾对一大召开的大致时间有过回忆，但具体日期颇有出入。毛泽东对访问陕北苏区的美国记者斯诺说："1921 年 5 月，我到上海去出席共产党成立大会。"② 这里的 5月，应该是指农历。毛泽东具体动身的日期是 6 月 29 日。何叔衡的同乡兼好友谢觉哉在这天的日记中写道："午后六时，叔衡往上海，偕行者润之"。③ 毛泽东、何叔衡是秘密前往上海的，谢觉哉当时并不知他去上海干什么。新中国成立后，谢觉哉回忆说："一个夜晚，乌云蔽天作欲雨状，忽闻毛泽东同志和何叔衡同志即要动身赴上海，我颇感他俩行动的'突然'，他俩又拒绝我们送上轮船。后来才知道，这就是他俩去参加中国共产党第一次全国代表大会——伟大的中国共产党诞生的大会。"④7 月 4 日，毛泽东和何叔衡抵达上海。

① 中共中央文献研究室、中央档案馆编：《建党以来重要文献选编（一九二一——一九四九）》第一册，中央文献出版社 2011 年版，第 21 页。

② 中共中央党史研究室、中央档案馆编：《中国共产党第一次全国代表大会档案文献选编》，中共党史出版社 2015 年版，第 126 页。

③ 《谢觉哉日记》（上卷），人民出版社 1984 年版，第 49 页。

④ 谢觉哉：《第一次会见毛泽东同志》，《新观察》1952 年第 11 期。

　　李达是上海共产党早期组织的成员，与李汉俊一起负责党的一大的筹备与会务工作。他在 1955 年回忆说："六月初旬，马林（荷兰人）和尼可洛夫（俄人）由第三国际派到上海来，和我们接谈了以后，他们建议我们应当及早召开全国代表大会，宣告党的成立。于是由我发信给各地党小组，各派代表二人到上海开会，大会决定于七月一日开幕。"① 张国焘也回忆大会是 7 月 1 日正式举行的。他在《我的回忆》这本书中说："我们交换意见的结果，决定七月一日正式举行大会，开会地点借用法租界蒲石路博文女校的课堂，多数代表也就寄住在这间学校里。"② 李达和张国焘回忆的一大开幕时间，显然受了每年"七一"纪念活动的影响，而且张国焘把开会的地点与外地代表住宿的地点记成一处了。包惠僧则在 1953 年回忆说："开会的时间，是在各学校放暑假不久，约计总在 7 月 10 日左右。"③

　　陈潭秋在 1936 年回忆说："一九二一年七月的下半月，在上海的法租界蒲柏路的女子学校，突然来到了九个客人。他们下榻于这个学校的楼上。""到这里来的许多人，是中国各地共产主义小组的代表。他们到上海的目的，是为正式成立中国共产党。"④ 这里提到的 9 个人是指毛泽东、何叔衡、张国焘、刘仁静、董必武、陈潭

---

① 中共中央党史研究室、中央档案馆编：《中国共产党第一次全国代表大会档案文献选编》，中共党史出版社 2015 年版，第 104 页。

② 张国焘：《我的回忆》，东方出版社 1991 年版，第 137 页。

③ 中共中央党史研究室、中央档案馆编：《中国共产党第一次全国代表大会档案文献选编》，中共党史出版社 2015 年版，第 161 页。

④ 中共中央党史研究室、中央档案馆编：《中国共产党第一次全国代表大会档案文献选编》，中共党史出版社 2015 年版，第 123 页。

秋、王尽美、邓恩铭和周佛海。因为除上海代表李达和李汉俊外,其他各地的代表大多是教师或学生,收入有限,便由李达的夫人王会悟出面,以接待北京大学师生暑假旅行团的名义,租了法租界的博文女子学校作为外地代表的住所。同是外地代表的陈公博是广东法政专门学校的教授、广东宣传员养成所的所长、《广东群报》总编辑,加之又是新婚燕尔,便下榻在大东旅社。陈潭秋的回忆因距离一大召开的时间不那么久远,故而与实际开会的时间比较接近。

那么,为什么把每年的 7 月 1 日作为中国共产党成立的纪念日呢? 董必武 1971 年的回忆颇能说明问题。他说:"七月一日这个日子,也是后来定的,真正开会的日子,没有那个说得到的。"① 在中国共产党成立后的一段时间,并没有在一大召开多少周年之时开展纪念活动。把 7 月 1 日作为中国共产党成立的纪念日,有据可查的最早见于 1938 年 5 月毛泽东在延安抗日战争研究会所作的《论持久战》的讲演。毛泽东说:"今年七月一日,是中国共产党建立的十七周年纪念日。为了使每个共产党员在抗日战争中能够尽其更好和更大的努力,也有着重地研究持久战的必要。因此,我的讲演就来研究持久战。"② 毛泽东是党的一大代表,在会议期间还担任记录工作,但他讲这番话时距离一大召开已经 17 年了,未必对一大召开的具体时间记得那么准确。而且,他把这天作为党成立的纪念日,但并没有说一大就是这天开幕的。中国共产党的成立,标志性的事件自然是一大的召开,但一大召开

---

① 中共中央党史研究室、中央档案馆编:《中国共产党第一次全国代表大会档案文献选编》,中共党史出版社 2015 年版,第 120 页。

② 《毛泽东选集》第二卷,人民出版社 1991 年版,第 440 页。

前已经有了党的早期组织，否则各地无法推选出参加大会的代表。全国各地的共产党早期组织是 1920 年下半年至 1921 年上半年陆陆续续组建的。所以到一大召开时，党的地方组织实际上已经建立了。

中共中央第一次正式将每年 7 月 1 日确定为党成立的纪念日是 1941 年 6 月。到这时，中国共产党已经成立整整 20 周年，而此时又正处在抗日战争最困难、最艰苦的阶段。这年 1 月，国民党制造了震惊中外的皖南事变，新四军遭受重大损失，第二次反共高潮达到顶点；与此同时，日军在八路军开展百团大战后进行报复性的大"扫荡"，对敌后抗日根据地实行残酷的杀光、烧光、抢光的"三光"政策，敌后抗战面临前所未有的严重困难。为了振奋全国军民坚持抗战的信心，中共中央决定隆重庆祝党成立 20 周年。

这年 6 月，中共中央发出毛泽东起草的《关于中国共产党诞生二十周年、抗战四周年纪念的指示》，明确指出："今年'七一'是中共产生的二十周年，'七七'是中国抗日战争的四周年，各抗日根据地应分别召集会议，采取各种办法，举行纪念，并在各种刊物出特刊或特辑。"中共中央还提出，宣传的要点是在党外"要深入地宣传中共二十年来的历史，是为中华民族与中国人民解放事业英勇奋斗的历史。它最忠实地代表中华民族与中国人民的利益。今天无论在国际国内任何困难情况下，它都要坚持抗日民族统一战线政策，团结到底，抗战到底，反对分裂，反对投降"。在党内，"要使全党都明了中共在中国革命中的重大作用，在今天它已成为团结全国抗战、争取抗战胜利的决定因素，它的政策，关系全国抗战的成败与全中国人民的命运。因此每个党员都要正确懂得如何运用党的统一战线方针，要加强策略教育，与学习党在二十年革命斗争中的丰富经验"。①

根据中共中央的指示精神，各根据地在这年 7 月 1 日前后开展了各种形式的庆祝中国共产党成立 20 周年活动。这年的 7 月 1 日，中共中央机关报《解放日报》发表《纪念中国共产党廿周年》的社论，并且刊发《中国共产党二十周年纪念特刊》。中国共产党在重庆公开发行的党报《新华日报》也特地刊发了《祝中国共产党成立二十周年》社论。从这个时候起，每年的 7 月 1 日就成了中国共产党成立的纪念日。

---

① 中央档案馆编:《中共中央文件选集（一九四一——一九四二）》第一三册，中共中央党校出版社 1991 年版，第 140 页。

四、1927年大革命的失败究竟是谁的责任？

关于1924年至1927年大革命失败的原因及其教训的探讨，在大革命失败后中共党内就存在着激烈争论。1945年党的六届七中全会通过的《关于若干历史问题的决议》中，有这样一段话："由于当时的同盟者国民党内的反动集团在一九二七年叛变了这个革命，由于当时帝国主义和国民党反动集团的联合力量过于强大，特别是由于在这次革命的最后一个时期内（约有半年时间），党内以陈独秀为代表的右倾思想，发展为投降主义路线，在党的领导机关中占了统治地位，拒绝执行共产国际和斯大林同志的许多英明指示，拒绝接受毛泽东同志和其他同志的正确意见，以至于当国民党叛变革命，向人民突然袭击的时候，党和人民不能组织有效的抵抗，这次革命终于失败了。"[①] 按照党史界的传统观点，大革命的失败主要是陈独秀的右倾机会主义（或称"右倾投降主义"）错误所致。

近年来，对于陈独秀与大革命失败的关系，不少学者认为过去将大革命失败的责任完全归咎于陈独秀的右倾有失公允。陈独秀曾经犯了右倾错误，在一系列问题上对国民党右派妥协退让，这在很

---

① 《毛泽东选集》第三卷，人民出版社1991年版，第953—954页。

大程度上与中共自身的理论准备不足有关。而且共产国际的错误指导也在其中起到很大作用，在陈独秀许多言行的背后，往往都潜藏着共产国际指示的身影。但与此同时，亦有人认为陈独秀对大革命失败根本没有责任，不仅给陈独秀扣上"右倾机会主义""右倾投降主义"的帽子不对，甚至连"右倾错误"都算不上。

那么，陈独秀在大革命后期是否存在右倾错误的问题，如果存在右倾错误，其与共产国际之间有着怎样的关联，陈独秀本人又有着怎样的思想认识呢?

1922 年，党的二大通过加入共产国际的决议案。中国共产党作为共产国际的一个支部，毫无疑问必须服从共产国际作出的决定。1925 年，斯大林在共产国际执委会上明确宣布："共产国际是无产阶级的战斗组织"，"它不能不干预各国党的事务"，"否认它的干预权利，那就是为共产主义的敌人效劳"。这样的"干预"，必然会给中国共产党带来积极的与消极的两方面的影响。

共产国际对中国共产党确实曾有过许多正确的指导和有益的帮助，如推动创建中国共产党、促成第一次国共合作、大力声援五卅运动，并且给予中共一定的经费支持，等等。但与此同时，共产国际高度集中的领导体制，导致它与各国党之间是上下级关系，这就束缚了中国共产党的手脚，妨碍了其主动性和应变能力的发挥，使刚刚成立不久、还缺乏经验的中国共产党，很难从中国实际情况出发，独立自主地决定自己的方针，特别是当时在处理复杂的国共关系问题上，不能根据形势的变化采取切实可行的应变措施。更何况共产国际远在万里之外的莫斯科，它对中国的具体情况未必很了解，对中国共产党的指导也就难免出现瞎指挥。实践证明，由一个国际指挥中心遥控各国革命的办法并不成功。

对于加入共产国际，起初陈独秀并不是那么情愿。他曾对张太雷说："各国革命有各国国情，我们中国是个生产事业落后的国家，我们要保留独立自主的权力，要有独立自主的做法，我们有多大的能力干多大的事，决不能让任何人牵着鼻子走。"① 但中国共产党当时毕竟还很弱小，不但没有革命的经验，也缺乏革命的物质条件，而这些恰恰是共产国际可以在一定程度所能提供的，因而陈独秀很快放弃了自己的意见。

中国共产党成立后不久，共产国际就提出共产党与孙中山领导的国民党合作问题。孙中山对共产党与他合作是欢迎的，但是，当时的中国共产党不但人数不多，而且在全国的影响也远不及国民党，因此孙中山一方面同意国共合作，另一方面又不愿与共产党平起平坐，而只允许共产党员以个人身份加入国民党，服从他的领导。

对于这种并不对等的合作条件，中国共产党一开始表示不能接受。当共产国际表示要共产党员加入国民党的时候，党内最初几乎是一致的表示反对。反对的理由主要有：共产党与国民党的革命宗旨不同；国民党联美国、联军阀等政策和共产主义太不相容；国民党未曾发表党纲，在广东以外的各省人民视之，仍是一个争权夺利的政党；共产党倘加入该党，则在社会上尤其是青年社会信仰全失，永无发展的机会。② 因此，即使要合作，至少要平起平坐。当时的中国共产党虽然年轻，人数也不多，但不少人觉得国民党人数

---

① 《包惠僧回忆录》，人民出版社 1983 年版，第 431 页。
② 参见中央档案馆编：《中共中央文件选集（一九二一——一九二五）》第一册，中共中央党校出版社 1989 年版，第 31 页。

虽多，但军阀、官僚、地主、资本家之类混迹其中，无甚团气，也无多少革命意味，不过一资产阶级政党而已。

在这种情况下，1922 年 8 月，中国共产党在西湖召开特别会议，决定国共合作事宜。会议过程中，陈独秀、张国焘等人对共产党员以个人身份加入国民党提出异议，共产国际派来的代表马林见状便说明"这是共产国际已经决定的政策"，这样一来，会议自然"一致同意"共产党员以个人身份加入国民党。1923 年 6 月，中国共产党召开第三次全国代表大会，此时刚刚遭受二七大罢工失败的挫折，党内对国共合作的阻力大大减少，大会作出了共产党员以个人身份加入国民党，实行国共合作的决定。国共两党也由此正式开始了合作事宜的接洽，孙中山在共产党的帮助下，开始改组国民党，共产党员先后以个人身份加入国民党。1924 年 1 月，改组后的国民党召开一大，事实上确立了联俄、联共、扶助农工的三大政策，国共合作正式形成。

共产国际为什么极力主张共产党员以个人身份加入国民党呢？主要因为共产国际虽然帮助中国共产党建党，但又认为中国共产党的力量太弱小，在中国革命中不能发挥国民党那样大的作用。在这种情况下，"我们要鼓励同志们到国民党中去，并把用这个办法支持国民革命看作是中国共产党人的主要任务"，"绝对不要为此打出共产党的旗帜，在很长一段时间内也不能在工会的宣传中利用这面旗帜"。因为许多人"害怕共产主义"，并且会"削弱俄匡同中国国民党人的合作"。① 共产国际还认为，中国共产党现时的任务，主要

① 李玉贞主编：《马林与第一次国共合作》，光明日报出版社 1989 年版，第 243—245 页。

是帮助资产阶级进行革命，只有资产阶级革命成功了，中国发展了资本主义，有了资产阶级的民主制度，工人阶级有了八小时工作制，有了罢工之类的自由，届时才可能进行无产阶级革命，即革资产阶级的命。因为俄国革命就是这样搞的，先有与资产阶级合作、推翻沙皇专制统治的 1905 年革命和 1917 年二月革命，然后进行革资产阶级的命的 1917 年十月革命，因此，中国革命也只能走这条路。

这个观点很快被陈独秀所接受。在党的三大上，陈独秀起草的决议案中承认：因为中国产业落后，劳动阶级还在极幼稚时代，工人运动尚未能强大起来成为一个独立的社会势力，"自然不能发生一个强大的共产党"。"我们须努力扩大国民党的组织于全中国，使全中国革命分子集中于国民党，以应目前中国国民革命之需要"。① 党的三大通过的宣言，更是明确宣布"中国国民党应该是国民革命之中心势力，更应该立在国民革命之领袖地位"②。所以，在后来的国共合作中，当蒋介石争夺领导权时，共产国际和中共中央步步退让，思想根源就在这里。因为共产国际和联共（布）方面认为，蒋介石是中国资产阶级的代表人物，一定要想方设法让他留在革命阵营里，先把北洋军阀打倒，完成资产阶级革命的任务，然后再同蒋介石分手，去搞属于自己领导的无产阶级革命。

基于这样的指导思想，第一次国共合作实现后，中国共产党真

---

① 中央档案馆编：《中共中央文件选集（一九二一——一九二五）》第一册，中共中央党校出版社 1989 年版，第 146—148 页。

② 中央档案馆编：《中共中央文件选集（一九二一——一九二五）》第一册，中共中央党校出版社 1989 年版，第 165 页。

心实意地同国民党合作,老老实实地给人家帮忙,如将自己联系到的优秀青年介绍到黄埔军校,派共产党员到军校和国民革命军中从事政治工作,帮助国民党建立各级党部,就是不去争夺领导权,更不懂在统一战线中领导权要靠斗争才能取得。这在对 1926 年 3 月的中山舰事件的处理上,明显地表现出来。

1926 年 3 月 20 日,蒋介石利用广州国民政府海军局将中山舰派到黄埔军校附近一事,大做文章,下令逮捕海军局代理局长兼中山舰舰长李之龙(共产党员),派兵包围省港罢工委员会,收缴工人纠察队的枪械,解除苏联顾问卫队的武器,拘押保卫广州的国民革命军第二师党代表中的共产党员等。

事件发生后,共产国际竟对蒋介石采取了完全妥协的态度。共产国际认为,中山舰事件的发生,是苏联顾问在军事和政治方面的严重错误引起的,主要表现在苏联顾问的过度越权和对中国将领们的过分监督。现在共产党人还没有能力承担起直接领导国民革命的任务,因此应对蒋介石作出让步以赢得时间。在上海的中共中央得知中山舰事件的消息后,也于 3 月 29 日给广州党组织发出指令:"从党和军队纪律的观点来看,蒋介石的行动是极其错误的,但是,事情不能用简单的惩罚蒋的办法来解决,不能让蒋介石和汪精卫之间的关系破裂",对蒋介石"我们现在应该全力拯救他,将他从陷入的深渊中拔出来"[1]。这样一来,蒋介石并未因中山舰事件而受到任何制裁,反而刺激了其野心的进一步膨胀。

同年 5 月 15 日至 22 日,国民党在广州召开二届二中全会。会

---

[1] 中共中央文献研究室编:《毛泽东年谱(一八九三——一九四九)》(修订本)上卷,中央文献出版社 2013 年版,第 158 页。

上，蒋介石打着协调国共两党关系的幌子，以消除疑虑、杜绝纠纷为借口，提出了一个《整理党务决议案》，要求中共将其加入国民党的党员名单交出；中共党员在高级党部（中央党部、省党部、特别市党部）任执行委员时不得超过各该党部执行委员总数的三分之一；中共党员不得充任国民党中央机关之部长；等等。

《整理党务决议案》提出之时，蒋介石对于共产党方面能否接受，颇为忐忑不安。苏联派来的政治总顾问鲍罗廷，曾要中共中央派人去会见蒋介石，说明中共对《整理党务决议案》绝不反对。结果，出席会议的共产党员对蒋的提案大多采取了相当合作的态度，并没有提出任何颠覆性的修改意见，只是在文字上略加修饰，使之变得含蓄一点而已。依照通过的决议案，蒋介石随后采取了一系列限制共产党的活动。

受共产国际的影响，1926 年 6 月 4 日，陈独秀在《向导》上发表致蒋介石的公开信说，"从建立黄埔军校一直到三月二十日，都找不出蒋有一件反革命的行动"。而且向蒋介石表白：中国共产党绝不可能是阴谋倒蒋的反革命团体，"如果中国共产党是这样一个反革命的党，你就应该起来打倒它，为世界革命去掉一个反革命的团体；如果是共产党同志中那一个人有这样反革命的阴谋，你就应该枪毙他，丝毫用不着客气"。①

1926 年 12 月 13 日至 18 日，中共中央在汉口召开特别会议。为了不因工农运动而刺激国民党右派，会议通过的《中共中央特别会议关于政治报告决议案》强调：当前"各种危险倾向中最主要的

---

① 《陈独秀文章选编》（下），生活·读书·新知三联书店 1984 年版，第 227 页。

严重的倾向是一方面民众运动勃起之日渐向'左'，一方面军事政权对于民众运动之勃起而恐怖而日渐向右。这种'左'右倾倒继续发展下去而距离日远，会至破裂联合战线，而危及整个的国民革命运动"。① 根据这个分析，会议规定当时党的主要策略是：限制工农运动发展，反对"耕地农有"，以换取蒋介石由右向左；同时扶持汪精卫取得国民党中央、国民政府和民众运动的领导地位，用以制约蒋介石的军事势力。②"这种政策实质上是牺牲工农群众的根本利益，去迁就国民党右派，为蒋介石和汪精卫夺取国民党的领导权提供了方便。"③

1927 年 3 月底 4 月初，蒋介石背叛革命的迹象越来越明显，但共产国际仍然对蒋介石抱有期望，不赞成同蒋破裂。陈独秀也主张"要缓和反蒋"。陈独秀还和刚从国外回来的汪精卫会谈，随后（4 月 5 日）公开发表《汪精卫、陈独秀联合宣言》。这个宣言只字不提蒋介石的反革命活动，反而说什么"国民党领袖将驱逐共产党，将压迫工会与工人纠察队"等等，都是"不知自何而起的谣言"。希望国共两党的同志"立即抛弃相互间的怀疑，不听信任何谣言，相互尊敬，事事开诚协商"，"开诚合作，如兄弟般亲密"。

共产党的妥协退让，坚定了蒋介石叛变革命的决心。1927 年 3 月底，蒋介石到了上海。在得到帝国主义和江浙财团的支持，又得

---

① 中央档案馆编：《中共中央文件选集（一九二六）》第二册，中共中央党校出版社 1989 年版，第 569 页。

② 参见中共中央文献研究室编：《毛泽东传（1893—1949）》，中央文献出版社 2004 年版，第 127 页。

③ 中共中央党史研究室：《中国共产党历史》第一卷，中共党史出版社 2011 年版，第 255 页。

到了李宗仁、白崇禧桂系势力的配合，以及流氓头子黄金荣、杜月笙等用青帮分子解除上海工人武装纠察队武装的保证后，决定在上海"清党"，向共产党人和革命群众举起屠刀。4 月 12 日，蒋介石在上海突然发动反革命政变，一大批的共产党员和革命群众惨死在蒋介石的屠刀之下。接着，江苏、浙江、安徽、福建、广东、广西等省份也相继"清党"，大批共产党员和革命群众惨遭杀害。4 月 18 日，蒋建立的南京"国民政府"粉墨登场。

四一二反革命政变后，共产国际和陈独秀等并没有从蒋介石背叛革命中吸取教训，而是把维持国共合作和推动国民革命的希望寄托在刚从国外回来的汪精卫身上。不但对汪精卫集团可能的背叛缺乏足够的警惕，而且千方百计对其加以讨好，比如取消了湖南武装起义的计划，下令解除武汉工人纠察队的武装，甚至连童子军的木棒也收缴了，以为这样可以避免汪精卫等人分裂的口实，这正好使汪精卫等人看到共产党的弱点，助长了其反革命气焰。1927 年 7 月 15 日，汪精卫不顾宋庆龄等国民党左派的坚决反对，在武汉悍然召开所谓"分共会议"，决定同共产党决裂。随后，汪精卫集团和蒋介石集团一样，在"宁可枉杀三千，不可使一人漏网"的口号下，对共产党员和革命群众展开大搜捕、大屠杀。至此，轰轰烈烈的国民革命宣告失败。

由此可见，大革命失败的原因，就中国共产党自身来说，在于以陈独秀为首的中央领导层，对逐步演化为国民党右派的蒋介石缺乏清醒的认识和足够的警惕，在领导权的问题上一再迁就退让。而中共中央和陈独秀之所以如此委曲求全，又在于共产国际的错误指导和陈独秀教条主义地对待共产国际的指示。

同时应当看到，大革命失败的主因固然与共产国际和陈独秀等在大革命后期犯了右倾错误有关，但与大革命后期工农运动中存在的"左"倾偏差也有一定的关系。

当时的中央领导机关为了维持国共关系，千方百计地迁就国民党右派，为此不惜给工农运动泼冷水甚至进行压制。可是，在工农运动进入高潮后，对于群众运动中出现的过"左"的做法，又没有加以正确的引导和必要的制止。例如，随着北伐战争的胜利进军，湖南的农民运动蓬勃发展起来，到 1927 年 1 月，全省农会会员已猛增至二百万人，直接掌握的群众达一千万，"在湖南农民全数中，差不多组织了一半"，于是"造成一个空前的农村大革命"。这场声势浩大的农民运动猛烈冲击和荡涤了农村的旧有秩序，但不可否认，当年的湖南农民运动"不可避免地出现了一些'左'的偏差，诸如擅自捕人游乡，随意罚款打人，以至就地枪决，驱逐出境，强迫剪发，砸佛像和祖宗牌位……等等"。[①] 甚至提出"有土皆豪，无绅不劣"的口号，扩大了打击对象。同时，随着北伐军占领两湖地区，国民党中央和国民政府迁到武汉，武汉成为革命的中心，工人运动也就迅速发展起来。武汉的工人运动也出现过"左"的做法，工人"提出使企业倒闭的要求，工资加到骇人的程度，自动缩短工作时间至每日四小时以下（名义上或还有十小时以上），随便逮捕人，组织法庭监狱，搜查轮船火车，随便断绝交通，没收分配工厂店铺，这些事在当时是极平常而普遍的"。[②]

农民运动中的一些过"左"做法，"容易失去社会的同情，对

① 李维汉:《回忆与研究》（上），中共党史资料出版社 1996 年版，第 97 页。
② 《刘少奇论工人运动》，中央文献出版社 1988 年版，第 213 页。

谷米的平粜阻禁，以及禁止榨糖酿酒，禁止坐轿，禁止穿长衫等，易使商人、中农和小手工业者产生反感，也使一般农民感到不便"。在运动中"还冲击了少数北伐军官家属，也引起同湖南农村有联系的湘籍军官的不满"①。武汉工人运动中的"左"倾偏差，致使"企业的倒闭，资本家的关门与逃跑，物价的高涨，货物的缺乏，市民的怨恨，兵士与农民的反感（当时有许多小城市的工会被农民捣毁，而且是农民协会领导的），军官与国民党人的非难，就随着这种'左'的严重程度而日加严重起来。而工人运动在当时是共产党负责的，这一切非难，就都加在共产党身上。人们并不责备工人，而责备这是出于共产党的指使，这就影响共产党与各方面的关系。"②刘少奇后来在总结大革命失败教训时曾说："群众中的'左'倾现象与领导机关的右倾，结果使群众与领导机关脱离，群众情绪被打落。"两湖地区的工农运动兴起迅速，而在蒋介石、汪精卫背叛革命之后又顿时低落，固然是由于国民党反动派对工农运动的残酷镇压，但与运动中那些过"左"行为失去社会同情亦不无关系。不但如此，大革命失败后，在国民党反动派大肆屠杀共产党人的同时，各地的土豪劣绅也进行残酷的阶级报复，致使工农运动中的积极分子遭受重大牺牲。

左与右在中国革命的话语体系中是有特殊含义的。一般说来，左代表正义、进步、革命，右代表保守、落后甚至反动和反革命；但带引号的左含义为所谓的左，特指与右相区别的另一种错误。在党内，"左"与右的主要区别，本质是如何认识中国基本国情、对

---

① 李维汉：《回忆与研究》（上），中共党史资料出版社 1996 年版，第 97 页。
② 《刘少奇论工人运动》，中央文献出版社 1988 年版，第 213 页。

待群众特别是中间群众的问题，"左"、右倾错误都是脱离基本国情和中间群众。在中国民主革命时期，最基本的国情就是中国处在半殖民地半封建社会，这就决定了中国革命的性质是属于反帝反封建的资产阶级民主革命，革命的锋芒主要是指向帝国主义和封建主义，因此，对中间阶级特别是民族资产阶级必须采取特别慎重的政策。"左"倾错误表现为提出超越中国资产阶级民主革命的主张，不懂得团结民族资产阶级的重要性，不将之作为革命的盟友而是当作革命的对象，企图在民主革命阶段消灭资本主义，并由此制定相关的方针政策。右倾错误是在与民族资产阶级建立统一战线时，只一味地讲团结不讲斗争，一再妥协退让，放弃独立自主原则。"左"、右倾错误都会给中国革命带来严重的危害甚至是灾难性的后果。

五、农村包围城市的革命道路是如何探索出来的?

大革命失败后,共产党人并没有被国民党反动派的反革命气焰所吓倒,他们掩埋完同伴的尸体,擦干身上的血迹,爬起来又继续战斗。毛泽东后来在回顾党的历史时说:大革命失败,共产党"被人家一巴掌打在地上,像一篮鸡蛋一样摔在地上,摔烂很多,但没有都打烂,又捡起来,孵小鸡"①。这时,一些原来的党外革命者,如彭德怀、徐特立、贺龙等,却坚定地加入到了共产党员的行列,广大革命群众又集合在党的旗帜之下。

1927 年 7 月中旬,根据共产国际执行委员会的指示,中共中央进行改组,陈独秀离开中央领导岗位,由张国焘、李维汉、周恩来、李立三、张太雷 5 人组成中央临时常务委员会。中央临时常务委员会随即作出三项重要决定:将党领导和影响的部队向南昌集中,准备发动武装起义;组织工农运动基础较好的湖南、湖北、江西、广东 4 省农民发动秋收起义;召开中央紧急会议,讨论和决定大革命失败后的新方针。

1927 年 8 月 1 日,周恩来、贺龙、叶挺、朱德、刘伯承等领

---

① 《毛泽东文集》第三卷,人民出版社 1996 年版,第 292 页。

导党掌握和影响的军队在南昌举行武装起义，打响了武装反抗国民党反动统治的第一枪，党领导的人民军队由此诞生，中国共产党走出了独立领导革命战争、建立人民军队和武装夺取政权之路。根据中共中央的计划，起义军占领南昌后南下广东，准备同广东东江地区的农民起义军会合，然后占领广州，进而夺取整个广东，并取得出海口以获取共产国际的援助，待机重新北伐。但起义军在广东潮州、汕头地区遭受重大失败，余下的部队一部分转移到广东海陆丰地区，同当地的农民起义军会合，大部分在朱德、陈毅的率领下转移到湘南地区。

8月7日，中共中央在汉口召开秘密会议，即"八七会议"。会议确定了土地革命和武装反抗国民党反动派的总方针，并选出了以瞿秋白为首的中共中央临时政治局。毛泽东在会上作了长篇发言，着重讲了三个问题：一是领导权问题；二是农民问题；三是军事问题。关于领导权问题，他形象地将国共两党的合作比喻为共同建造了一座房子。共产党虽然"像新娘子上花轿一样"扭扭捏捏、勉勉强强地搬进了房子，但是"始终无当此房子主人的决心"，即忽视了争取革命领导权。关于农民问题，他批评了忽视农民运动的偏向。关于军事问题，他说："从前我们骂中山专做军事运动，我们则恰恰相反，不做军事运动专做民众运动。""以后要非常注意军事。须知政权是由枪杆子中取得的。"[①] 这是中国共产党人在付出血的代价之后得出的正确结论。从此，武装斗争成为中国革命的主要方式。

---

① 《毛泽东文集》第一卷，人民出版社1993年版，第47页。

中国共产党走上武装夺取政权之路，可以说是反动派逼迫的结果。共产党人是在战争中学习战争，逐渐掌握中国革命战争的规律，最终取得了革命的胜利。

中国共产党人刚开展武装斗争的时候，曾将夺取中心城市作为目标，这是可以理解的，因为中国共产党人开展武装斗争的时候，世界上还只有一个国家的无产阶级通过武装斗争取得了全国政权，那就是俄国，而十月革命就是先夺取城市然后扩展到农村。所以，南昌起义、广州起义都是以夺取城市为目标，毛泽东领导的秋收起义，最初也是打算夺取湖南的中心城市长沙。秋收起义的部队在向长沙进军时，一度遭到了严重的挫折。毛泽东善于从实践中总结经验教训，当机立断，决定放弃预定的计划，改向敌人统治力量比较薄弱的山区寻求立足点。在起义部队到达江西永新县的三湾村时，毛泽东在这里进行了著名的三湾改编，将党的支部建立在连上，班、排设党小组，营、团设党委，成立各级士兵委员会，实行民主管理，从而从组织上确立了党对军队的领导，这是建设无产阶级领导的新型人民军队的重要开端。随后，部队进入湘赣边界的井冈山地区，开创井冈山革命根据地，开始了农村包围城市道路的伟大探索。

立足农村搞革命，不但对于中国共产党人是新生事物，就是在各国无产阶级革命的实践中也未曾有过先例。因为秋收起义之后毛泽东没有按照预定的计划攻打长沙，同年11月，中共中央临时政治局作出决定：由于"在工农军所经区域以内没有执行屠杀土豪劣绅的策略"，而毛泽东作为八七会议后"中央派赴湖南改组省委执行中央秋暴政策的特派员，事实上为湖南省委的中心，湖南省委所作的错误毛同志应负严重的责任，应予开除中央临时政治局候补委员"①。可见,探索出一条新的革命道路多么艰难。

1928年4月,朱德、陈毅领导的南昌起义部队和湘南起义的农军转移到井冈山地区,与毛泽东领导的工农革命军会师。随后,两军合编为工农革命军第四军。同年5月,中共中央决定各地工农革命军一律改称中国工农红军,工农革命军第四军改称为中国工农红军第四军,简称"红四军",朱德任军长、毛泽东任党代表,著名的"朱毛红军"由此而来。

到1928年秋冬之际,井冈山的斗争已经坚持一年了。在这一年中,有成功也有失败,有经验也有教训,有必要对一年的革命实践做一点回顾总结。为此,毛泽东写作了《中国的红色政权为什么能够存在?》《井冈山的斗争》这两篇重要著作,提出了"工农武装割据"的思想,分析了中国的红色政权能够存在和发展的原因,回答了一些人提出的"红旗到底打得多久"的疑问。毛泽东强调:"边界的红旗子,业已打了一年,虽然一方面引起了湘鄂赣三省乃至全国豪绅阶级的痛恨,另一方面却渐渐引起了附近省份工农士兵群众的希望。""并且边界红旗子始终不倒,不但表示了共产党的力量,而且表示了统治阶级的破产,在全国政治上有重大的意义。"② 在这两篇文章中,虽然还没有把农村作为革命的中心,但已经对工农武装割据、建立农村革命根据地的重要性作了充分的肯定。

在农村建立革命根据地,农民自然成为中国革命的主力军,红军中的党员也主要来自农民和其他小资产阶级,因此,如何保持党

---

① 中共中央文献研究室、中央档案馆编:《建党以来重要文献选编(一九二一——一九四九)》第四册,中央文献出版社2011年版,第646页。

② 《毛泽东选集》第一卷,人民出版社1991年版,第81页。

的无产阶级先锋队性质，如何把红军建设成为无产阶级领导的新型人民军队，成为一个亟待解决的重大问题。1929 年 12 月 28 日至 29 日，红四军党的第九次代表大会在福建省上杭县古田召开，会议一致通过了毛泽东起草的 8 个决议，总称《中国共产党红军第四军第九次代表大会决议案》，即著名的"古田会议决议"。古田会议强调红军是一个执行革命的政治任务的武装集团，必须坚决贯彻中国共产党的纲领、路线、方针和政策。红军决不是单纯地打仗的，必须同时担负打仗、做群众工作和筹款三大任务；红军中必须健全各级党的组织，实行政治委员制度，反对以任何借口来削弱党对红军的领导；等等。古田会议决议总结了红四军成立以来在部队建设上的基本经验教训，确立了中国人民军队建设的基本原则，成功地解决在长期农村游击战争环境下，在党员和红军的来源大部分是农民的情况下如何建设一个无产阶级政党、如何保持党对人民军队绝对领导这样一个重大问题。

古田会议之后，毛泽东写作了《星星之火，可以燎原》一文，强调红军、游击队和红色区域的建立和发展，是半殖民地中国在无产阶级领导之下的农民斗争的最高形式，是促成中国革命高潮的最重要因素。以毛泽东为书记的中共红四军前敌委员会还明确提出了"农村工作是第一步，城市工作是第二步"的思想。这就标志着农村包围城市、武装夺取政权思想的初步形成。1930 年 5 月，毛泽东在《反对本本主义》一文中又明确提出"没有调查，没有发言权"和"中国革命斗争的胜利要靠中国同志了解中国情况"两个重要的论断，深刻地揭示了马克思主义必须同中国实际相结合的极端重要性，标志着毛泽东思想的初步形成。

根据八七会议的精神,大革命失败后各地党组织领导了一系列的武装起义。这些起义爆发之初差不多都以夺取城市为目标,但是,敌强我弱的形势短期内不可能改变,而城市又是敌人统治的中心,因此,起义军多数未能实现夺取城市的目标,个别的武装起义虽然一度占领了城市但也无力坚守,只得放弃。为了保存革命力量,只能将起义军转入农村,在农村创建革命根据地,先在农村积聚力量,待有条件时再进攻城市,这实际上就是走农村包围城市的道路。当然,走上这条道路有一个从不自觉到自觉的过程。在井冈山革命根据地创立之后,党在全国各地相继建立了若干个农村革命根据地。其中比较大的有中央(由赣南、闽西两根据地组成)、湘鄂西、鄂豫皖、湘鄂赣、赣东北、左右江、东江、琼崖等根据地。此外,在川东、苏中、浙南、河北阜平等地,也曾建立过短期的苏维埃政权,成立过红军。

1928 年 6 月 18 日至 7 月 11 日,中国共产党第六次全国代表大会在莫斯科召开。六大虽然强调了中国的半殖民地半封建社会性质,认为中国革命仍属于反帝反封建的资产阶级民主革命,但是没有认识到中国革命的长期性和复杂性,仍把城市工作放在中心地位,把民族资产阶级当作革命的敌人,对中间阶级的作用和反动派内部的矛盾缺乏正确的估计,使得大革命失败后党内存在的"城市中心论"、中间势力是最危险的敌人等错误认识并未纠正。

党的六大之后,"城市中心论"在党内占据了统治地位。1930 年 6 月的中共中央政治局会议,当时主持中央工作的李立三对毛泽东作了点名批评,说"妨害红军发展的两个障碍,一是苏维埃区域的保守观念,一是红军狭隘的游击战略,最明显的是四军毛泽东同志，他有整个的路线，他的路线完全与中央不同"①。"立三路线"统治党中央的时间虽然不长，只有三个月，但继之而来在党中央占统治地位的，是比李立三更"左"的王明"左"倾教条主义，而且时间长达四年之久，直到 1935 年 1 月的遵义会议召开。

经过第五次反"围剿"的失败和红军长征，全党对于"左"倾教条主义的错误有了清醒的认识，"城市中心论"在党内失去了市场，开始有了中国革命必须也只能走农村包围城市的自觉。全国抗战爆发前后，毛泽东在总结土地革命战争时期的经验，吸取抗日战争的新鲜经验的基础上，撰写了《中国革命战争的战略问题》《实践论》《矛盾论》《战争和战略问题》《中国革命和中国共产党》等一系列理论著作，形成了完整的农村包围城市道路理论。

毛泽东强调，中国是一个半殖民地半封建国家，同时又是一个政治、经济、文化各方面发展不平衡，半封建经济占优势而土地广大的国家，这就决定了中国革命现阶段的资产阶级民主革命性质，也决定了中国革命的主要方式是武装斗争。同时，由于资本主义的发展不充分，中国工人阶级人数少，占 80% 以上的人口是农民，农民就成为中国革命的主力军，在中国，只要一提是武装斗争，实质上即是农民战争，而城市是敌人统治的中心，农村则是敌人统治力量相对薄弱的环节，中国革命必须将重点放在农村，先在农村积聚力量。中国政治、经济、文化的不平衡和地域广大，又为在农村建立革命根据地提供了可能性。因此，农村包围城市、武装夺取政权就成为中国革命唯一正确的道路。

---

① 中共中央文献研究室编：《毛泽东年谱（一八九三——一九四九）》（修订本）上卷，中央文献出版社 2013 年版，第 307 页。

六、"左"倾错误给中国革命造成了什么样的危害？

大革命失败后，以毛泽东为代表的共产党人深入农村，开展土地革命，创建农村革命根据地。然而，并不是所有的共产党人都认识到了建立农村革命根据地的重要性。大革命失败后，革命已暂时处于低潮，党内一些人却主观地认为革命形势"一直高涨"，不顾敌我力量对比悬殊，确定实行以城市暴动为中心的全国暴动总策略，不顾客观可能盲目举行武装起义。由于大革命失败后反动派对共产党人实行极其残酷的大屠杀，在党内有些人也由此产生了强烈的阶级复仇情绪，因而在起义过程中不注意政策与策略，一味地采取烧杀政策。因此，大革命失败后一段时间，党内一度出现了"左"倾盲动错误，使革命遭受到了不应有的损失。

1928 年 6 月 18 日至 7 月 11 日，在共产国际的帮助下，中国共产党在苏联莫斯科召开了第六次全国代表大会。这也是党在国外召开的唯一一次全国代表大会。这次大会之所以要在莫斯科召开，一方面固然是为取得共产国际的就近指导，另一方面则是由于当时国民党反动派实行残酷的白色恐怖，在国内也找不到一处能够召开全国代表大会的安全之处，中国革命之艰难由此可见一斑。

这次大会集中解决了当时困扰党的两大问题：一是关于中国社

会性质和革命性质，指出中国仍是半殖民地半封建社会，引起中国革命的基本矛盾一个也没有解决，民主革命的任务没有完成。因此，现阶段的中国革命依然是资产阶级性质的民主革命。二是关于革命形势和党的任务，明确了革命处于低潮，党的总路线是争取群众。党的中心工作不是千方百计地组织暴动，而是做艰苦的群众工作，积蓄力量。党的六大总结了大革命失败以来的经验教训，纠正了"左"倾盲动错误，在一系列存在严重争论的有关中国革命的根本问题上作出了基本正确的回答，对中国革命的复兴和发展起了积极的作用。党的六大也存在一些缺点，如对中国社会的阶级关系缺乏正确认识，否认存在中间营垒，把民族资产阶级当作最危险的敌人；对中国革命的长期性估计不足；在组织上片面强调党员成分无产阶级化和"指导机关之工人化"；把党的工作重心仍然放在城市。

党的六大之后，国民党新军阀间的混战为革命根据地和红军的发展提供了契机，中国革命得到了复兴。根据地和红军得到了发展壮大，白区党的组织也逐渐恢复发展。到1929年6月，全国党员已增加到近7万人，到1930年9月，发展到12万余人。遭受重挫的国民党统治区的工人运动，也有了一定的恢复与发展。

1929年，资本主义国家爆发世界性的经济大危机，百业萧条，普通老百姓苦不堪言，似乎出现了对革命有利的形势。在中国，国民党新军阀之间的混战出现了愈演愈烈的趋势，中国革命在复苏中发展。在这样的情况下，共产国际对中国革命的急躁情绪逐渐滋长起来，认为"中国进到了深刻的全国危机的时期"，一再指示中共中央要反对"右倾的机会错误和倾向"。受其影响，到1930年2月，中共中央提出要执行集中力量积极进攻的策略，各地要组织工人政治罢工、武装暴动和发动兵变，要集中红军进攻中心城市。

1930 年 5 月，以蒋介石为一方，以阎锡山、冯玉祥、李宗仁、张发奎为另一方的中原大战爆发，双方投入的总兵力达百万人。国民党新军阀的大混战，造成了有利于革命的客观形势。这时，周恩来前往共产国际汇报工作，主持中央工作的是中央政治局常委兼中央宣传部部长李立三（六届一中全会被选为政治局候补常委，同年 11 月转为政治局常委），没有认识到敌强我弱的总态势，过于乐观地估计了当时的形势。这年 6 月 11 日，中央政治局通过了李立三主持起草的《新的革命高潮与一省或几省首先胜利》的决议，认为中国革命一爆发必然掀起全世界的大革命，已经具有全国性武装暴动的条件，没有中心城市的武装暴动，就不会有一省或几省的首先胜利，而农村包围城市是"极其错误的观念"。李立三等人还制定了一个以武汉为中心的全国中心城市武装起义计划，要求力量还相对弱小的红军攻打敌人设防坚固的中心城市，甚至还提出了"会师武汉，饮马长江"的口号。

李立三的"左"倾冒险错误给中国革命造成了严重的危害。在执行"立三路线"的过程中，红二军团由一万六千人减少到三千人，并丧失了洪湖根据地；红七军由六千多人减少到两千人，丧失了右江革命根据地。白区党的力量也遭受严重损失，先后有 11 个省委机关遭到破坏，武汉、南京等城市的党组织几乎全部瓦解，这本是可以避免的损失。革命仅靠一时的热情和勇敢是不够的，更不能盲目蛮干，革命者不但要敢于斗争，而且还要善于斗争。

李立三提出中国革命爆发必然掀起全世界大革命的观点，意味着中国即将成为世界革命的中心，这显然超过了共产国际所允许的范围。这年 7 月下旬，共产国际政治书记处作出《关于中国问题决议案》，对李立三提出批评，并且派周恩来、瞿秋白回国纠正李立三的错误。1930 年 9 月，扩大的中共六届三中全会在上海召开，纠正了李立三的"左"倾冒险错误。会后，李立三也离开了中央领导岗位。

党虽然从组织上纠正了"立三路线"的错误，但没有清除产生"左"倾错误的思想根源。由于中国革命敌强我弱的局面在短期内难以改变，党的成员又大多出身于农民和小资产阶级，使得以急躁冒进为特征的"左"倾思想在党内有相当的市场。以 1931 年 1 月党的六届四中全会为标志，一种比"立三路线"更"左"的王明"左"倾教条主义开始统治全党。在这次中央全会上，瞿秋白、周恩来等受到严厉指责，由于出席会议的共产国际执委会远东局负责人米夫的支持，原本仅是一般干部的王明竟然摇身而变为中央政治局委员，成为中共中央领导权的实际操纵者。

王明等人虽然在莫斯科读过一些马克思主义的著作，受到相对比较专业的理论训练，有一定的理论基础，但他们都很年轻，入党不久即去莫斯科学习，刚刚回到国内又在六届四中全会上及随后进入中央领导层，虽然不乏革命热情，但缺乏革命斗争的历练，也不了解中国的国情，因而只能对共产国际言听计从，照搬照抄俄国革命的经验。由于他们在革命斗争中没有取得明显的业绩，从莫斯科回来后一步登天进入中央领导层，因而在党内的威望并不高，于是，为了推行其"左"倾路线，采取"残酷斗争，无情打击"的手段开展所谓党内斗争，给中国革命带来了严重的危害。

1931 年 9 月 18 日，日本帝国主义发动九一八事变，武装侵略中国东北，企图变中国为其独占的殖民地。九一八事变使中华民族同日本帝国主义的矛盾上升为国内的主要矛盾,党面临如何在民族危机空前严重的情况下,把中国的反帝反封建的民族民主革命推向前进的新问题。可是,中共临时中央却机械地照搬共产国际的指示,提出了"武装保卫苏联"这样严重脱离实际的口号,他们看不到国内阶级关系的新变化,甚至提出中间阶级是最危险的敌人,并且继续推行冒险主义和关门主义,结果使革命力量遭到敌人更大的破坏。长期坚持在上海的中共中央领导机关,也由于屡遭敌人的破坏而不能在上海立足,1933年1月,中共临时中央从上海迁到了中央革命根据地的瑞金。

临时中央进入中央苏区后,进而在根据地内全面贯彻其"左"倾教条主义方针。在"严厉镇压反革命"的口号之下,肃反严重扩大化。在土地政策上,将苏联农业集体化过程中消灭富农的政策套用到根据地,实行所谓"地主不分田,富农分坏田",强调在分配土地中,地主豪绅及其家属根本无权分得土地,富农已分得的土地应交出来重新分配,好田应当转分给雇农、贫农、中农而把他们的坏田调给富农,这等于不给地主富农以生活出路。中共临时中央还组织开展声势浩大的"查田运动"。实际上,中央苏区自开展土地革命以来,土地问题已基本解决,个别地方土地分配不公的问题稍作调整即可。由于采用大规模群众运动的方式去查土地、查阶级,结果要么就是将已经斗争倒了的地主富农再拿出来斗争一遍,要么就是在清查所谓漏网地主富农的名义下人为地将中农拔高成富农,富农上升为地主,扩大了斗争对象。在组织上采取宗派主义手段,打击不同意见的干部。他们先在福建开展了反对"罗明路线"的斗争,继而又在江西开展反对邓(小平)、毛(泽覃)、谢(唯俊)、古（柏）的"江西罗明路线"的斗争，实际上把斗争的矛头指向毛泽东的各项正确主张。

1932年7月，蒋介石调集约30万军队，发动对鄂豫皖革命根据地的第四次"围剿"。在这之前，红四方面军曾取得了黄安、商（城）潢（川）、苏家埠、潢（川）光（山）等战役的胜利，红军和根据地都有较大发展，鄂豫皖革命根据地达到全盛时期。但是，当时担任中共鄂豫皖中央分局书记兼军事委员会主席的张国焘，贯彻"左"倾教条主义甚为积极，而且排斥异己，导致肃反严重扩大化，并且被胜利冲昏头脑，竟然认为国民党军已是不堪一击的"偏师"，盲目轻敌，致使红四方面军未能打破这次"围剿"，主力两万余人越过平汉铁路向西转移。部队历时两个多月经陕南到达川北地区，开辟了川陕革命根据地。

与此同时，蒋介石集中10万兵力向湘鄂西革命根据地发动进攻，六届四中全会后被派去担任中央分局书记兼红三军政委的夏曦，坚持其冒险主义和宗派主义方针，采取错误的肃反政策，同样犯了扩大化错误，造成根据地和红军严重的内伤。在敌人的进攻面前，先是轻敌冒进，后又消极防御，致使红三军（即原红二军团）被迫离开湘鄂西革命根据地，转战到黔东地区。

1933年秋，蒋介石在经过半年的精心准备之后，自任总司令，调集100万军队向各革命根据地进攻，其中以50万兵力从9月下旬起进攻中央苏区。中央苏区第五次反"围剿"开始的时候，中央红军已发展到了8万人，如果策略和指挥得当，是有可能粉碎这次"围剿"的。但是，临时中央负责人博古自己不懂军事，将红军的指挥权全权交给了共产国际派来的军事顾问德国人李德。李德并不懂得中国革命战争的特殊规律，提出了"御敌于国门之外"的错误口号，采取"以堡垒对堡垒"、与敌人进行短促突击的作战方针，先是命令红军全线出击，攻打敌人的坚固阵地；进攻受挫后，又分兵把守，与敌人拼阵地战。虽然广大红军指战员浴血苦战一年，终未粉碎敌人的"围剿"。

当时，曾出现过一次打破蒋介石这次"围剿"的机会。原在上海坚持抗日的国民党第十九路军，由于蒋介石采取对日妥协政策，被调到福建来进攻红军，结果引起了第十九路军将领的不满，他们在福州成立中华共和国人民革命政府，公开反蒋，并派代表同红军进行谈判，双方签订反蒋的初步协定。一开始，博古和中共临时中央是主张联合第十九路军的，但随后不久，由于共产国际致电中共临时中央，警示其应与第十九路军保持足够的距离，中共临时中央对第十九路军的立场立即发生转变，认为第十九路军是"豪绅地主资产阶级的武装部队"，他们抗日反蒋是"欺骗群众"。中共临时中央不但没有将红军主力东调去配合第十九路军作战，反把主力西调永丰地区，继续劳而无功地攻打国民党军的堡垒阵地。在第十九路军失去红军后援的情况下，蒋介石利用军事和政治两手，迅速将福建人民政府搞垮。

蒋介石搞垮福建人民政府后，腾出手来集中力量进攻中央苏区，不断向根据地腹心地区推进，中央红军指战员虽然进行了殊死抵抗，但由于指导方针的错误无法扭转被动局面。1934年4月中旬，中央苏区重要门户广昌失守。在这种情况下，中共临时中央经共产国际批准，准备将中央红军主力从中央苏区向外转移。1934年10月，中共中央和中央红军8.6万余人被迫撤离中央苏区，从江西于都等地出发，开始走上漫漫长征路。长征初期，博古和李德等人又犯了逃跑主义的错误，带上各种坛坛罐罐，贻误战机，红军虽然突破了敌人的四道封锁线，但自身也付出了惨重的代价。到 1934 年 12 月渡过湘江后，全军由 8.6 万人锐减到 3 万余人。

在土地革命战争时期，中国共产党内之所以连续发生"左"倾错误，从社会根源上来说，主要在于中国是一个半殖民地半封建国家，资本主义发展的不充分导致中国工人阶级队伍的弱小，决定了党员的成分主要来自农民和小资产阶级（知识分子是其中重要组成部分），特别是小资产阶级出身的党员在党内领导层占了相当的比重。小资产阶级虽然也有很高的革命热情，但小资产阶级在革命过程中也容易出现"左"的偏差。对于这个问题，1945 年 4 月扩大的中共六届七中全会通过的《关于若干历史问题的决议》曾作过深入的分析，指出：

> 半殖民地半封建的中国，是小资产阶级极其广大的国家。我们党不但从党外说是处在这个广大阶层的包围之中；而且在党内，由于十月革命以来马克思列宁主义在世界的伟大胜利，由于中国现时的社会政治情况，特别是国共两党的历史发展，决定了中国不能有强大的小资产阶级政党，因此就有大批的小资产阶级革命民主分子向无产阶级队伍寻求出路，使党内小资产阶级出身的分子也占了大多数。此外，即使工人群众和工人党员，在中国的经济条件下，也容易染有小资产阶级的色彩。因此，小资产阶级思想在我们党内常常有各色各样的反映，这是必定的，不足为怪的。

> ……

　　首先，在思想方法方面。小资产阶级的思想方法基本上表现为观察问题时的主观性和片面性，即不从阶级力量对比之客观的全面的情况出发，而把自己主观的愿望、感想和空谈当做实际，把片面当成全面，局部当做全体，树木当做森林。脱离实际生产过程的小资产阶级知识分子，因为只有书本知识而缺乏感性知识，他们的思想方法就比较容易表现为我们前面所说的教条主义。

　　第二，在政治倾向方面。小资产阶级的政治倾向，因为他们的生活方式和由此而来的思想方法上的主观性片面性，一般地容易表现为左右摇摆。小资产阶级革命家的许多代表人物希望革命马上胜利，以求根本改变他们今天所处的地位；因而他们对于革命的长期努力缺乏忍耐心，他们对于"左"的革命词句和口号有很大的兴趣，他们容易发生关门主义和冒险主义的情绪和行动。

　　……

　　第三，在组织生活方面。由于一般小资产阶级的生活方式和思想方法的限制，特别由于中国的落后的分散的宗法社会和帮口行会的社会环境，小资产阶级在组织生活上的倾向，容易表现为脱离群众的个人主义和宗派主义。

　　由此可见，土地革命战争时期党内之所以连续出现"左"倾错误，是有深刻的社会根源的。那些犯过"左"倾错误的人，本质上都是革命者，而且都希望革命更早些胜利。但是，由于他们大多出身于小资产阶级知识分子，因为有一定的文化水平，这样也才能较早接触马克思主义理论,虽然缺乏革命斗争的历练,但由于他们能说会道甚至会写,因而能在党内崭露头角,迅速进入中央领导层。由于他们思想方法上的教条主义,不注重基本国情的掌握而机械地把俄国革命的模式搬到中国,从而给中国革命造成严重的危害。同时也应看到,党在总结大革命失败的教训时,由于对右倾错误已有切肤之痛,对右倾错误给革命造成的危害认识深刻,而对"左"的危害却缺乏深刻的认识和足够的警惕。

七、王明没当过党的总书记但为什么称
"王明'左'倾教条主义"?

　　1931 年 1 月 7 日，扩大的中共六届四中全会在上海召开。对于这次会议，党史著述都认为"没有起任何积极的建设性的作用"，并且强调这次四中全会是"以王明为主要代表的'左'倾教条主义错误在中共中央占据统治地位的开端"。①

　　党的六届四中全会前，王明（又名陈绍禹）在党内的地位并不高。1929 年 4 月，王明从莫斯科回国后，一开始被分配到上海沪西区委，在区委书记何孟雄领导下任宣传干事，兼做《红旗》报通讯员，同年 7 月，调任沪东区委宣传部长，10 月，调任《红旗》报编辑。次年 3 月，调离党中央宣传部机关，到全国总工会宣传部任《劳动》三日刊编辑，8 月中旬，王明被调出中宣部，下放到江苏省委宣传部当干事。

　　1930 年 9 月，在瞿秋白、周恩来的主持下，扩大的中共六届三中全会在上海召开，会议纠正了李立三的"左"倾冒险错误。一开始，王明对于三中全会决议是表示拥护的。可是，三中全会闭幕后不久，共产国际执委会给中共中央发来了"关于立三路线问题的

---

① 中共中央党史研究室：《中国共产党历史》第一卷，中共党史出版社 2011 年版，第 310 页。

信"，批评李立三所犯的错误，"造成了整个错误观点的系统，定下了反马克思列宁主义的立场"，"这个立场，不过是用假冒的'左派'空谈遮盖着自己的消极性，而在实质上却是机会主义的立场"，并且给李立三扣上了"反国际的政治路线""是非布尔塞维克的""非列宁主义的"等帽子。来信还指责中共六届三中全会抹杀了国际路线与"立三路线"的原则区别，犯了"调和主义"的错误，实际上全盘否定了六届三中全会的成绩。

王明通过从苏联归国的留学生先于中共中央知道了这封信的内容，一看有机可乘，一改拥护六届三中全会的态度，打着"拥护国际路线""反对立三路线""反对调和主义"的旗号四处活动。11月13日，王明和博古（秦邦宪）联名给中央政治局写信，指责三中全会犯了一系列错误，三中全会后的中共中央"是立三同志为领导的路线，在某种程度上在某种意义上的继续"。11月17日，他们再次联名给中央政治局写信，要求"正式公开宣布立三路线的实质"，"正式公开在多种会议上及党报上宣布我们与立三同志争论的真相"。

这年11月底，王明写出《两条路线》（后改名为《为中共更加布尔塞维克化而斗争》）的小册子，以比李立三更"左"的立场反对李立三的错误，认为李立三的错误总的来说是右倾，是以"左"的词句掩盖了右倾机会主义的路线。在这本小册子里，王明在中国社会性质上，夸大资本主义在中国经济中的比重；在阶级关系上，夸大现阶段中反资产阶级、反富农斗争的作用，否认中间营垒的存在；在革命性质上，夸大民主革命中的"社会主义成分"的意义。王明在革命形势和党的任务问题上，继续强调全国性的"革命高潮"和党在全国范围内的进攻路线，认为"直接革命形势"即将在包括一个或几个中心城市在内的主要省份发生；在反对错误倾向问题上，极力强调当时党内的主要危险是所谓"右倾机会主义"，"实际工作中的机会主义"和"富农路线"，并指责三中全会犯了"调和主义"错误。

王明的这些错误主张得到了共产国际的支持。这年 12 月 12 日至 15 日，共产国际执委会主席团召开扩大会议，讨论"立三路线"问题。会议把李立三的错误说成实质上是右倾错误，对六届三中全会全盘否定，赞扬王明等人懂得马克思列宁主义的理论与实践，是为国际路线而奋斗的，并为他们没有进入中共中央领导层鸣不平。在这样的背景下，王明在莫斯科中山大学的老师、共产国际执委会远东局负责人米夫以共产国际代表身份来华，要求中共中央召开六届四中全会。

六届四中全会前，米夫包揽了会议的重要筹备工作，包括四中全会决议的起草、中央委员和政治局委员候选名单的拟定，等等。在六届四中全会上，虽然作报告的名义上还是六大选举产生的中央政治局兼中央常务委员会主席（习惯上仍称总书记）向忠发，但向忠发完全接受了王明在《两条路线》小册子中的主张。王明在会上作了长篇发言，极力宣扬《两条路线》的观点，指责六届三中全会继续了"立三路线"，并指名道姓地指责主持六届三中全会的瞿秋白。米夫在会议的结论中除重复王明的观点外，还吹捧王明，严厉地批评瞿秋白。在六届四中全会上，王明被选举为中央委员、中央政治局委员。

1 月 10 日，中央政治局讨论决定政治局委员分工和中央常委人选，决定向忠发、周恩来和张国焘为中央政治局常务委员会委员，向忠发仍为政治局及常委会主席。在这次会议上，根据共产国际远东局的提议，王明被增补为中央政治局候补常委。同年3月28日，鉴于张国焘要前往鄂豫皖根据地工作，王明递补为中央政治局常委。

1931年6月22日，向忠发违反秘密工作纪律，遭国民党上海警备司令部逮捕后随即叛变，承认自己是中共中央总书记，并带领敌人去抓捕周恩来、王明等人，由于中共中央及时得知向忠发叛变的消息并采取了相应措施，周恩来、王明得以安全转移；向忠发又带敌人去破坏中共中央机关但同样没有收获。蒋介石觉得向忠发没有多大利用价值，乃下令将其处决。这样一来，中共中央暂时就没有总书记了。过去曾有著述称，向忠发被处决后，米夫曾指定王明担任中共中央总书记，亦有著述认为由王明主持中央政治局工作。但王明自己一直不承认这一点。他在1944年写给周恩来的信中说："向忠发被捕，你和我即不能参加任何会议，我两个月住在医院，两月住在陈云同志处前楼上，我和你每月接头一次，我未担任中央任何部门工作。"[1]

在当时的政治局常委中，向忠发虽然是主席，但他是武汉码头工人出身，是因为党的六大时共产国际过分强调中央领导层中的工人成分，才得以担任政治局及常委会的主席的，但他的文化水平、理论水平及实际能力，都决定了他实际上并不是中共中央真正的主要领导人。在四中全会上，周恩来虽然仍保留了政治局常委的职

---

[1]　郭德宏等：《王明传》（增订本），人民出版社2014年版，第181—182页。

务，但因为他与瞿秋白共同主持了三中全会，因而在四中全会上不得不检讨了所谓"调和主义"的错误。为什么要留用周恩来？主要是自八七会议以来，周恩来都是中共中央的主要领导人之一，在实际工作中展现出了很强的组织领导才能和协调能力，中共中央的领导工作需要他。但共产国际对他又不放心，用米夫的话说："如恩来同志自然应该打他的屁股，但也不是要他滚蛋，而是在工作中纠正他，看他是否在工作中改正他的错误。"① 在这样的情况下，周恩来很难开展工作。而王明不但在领导职务上成了政治局常委，而且得到了共产国际的支持。张国焘虽然也是政治局常委，但他在四中全会后才从苏联回国，而且这年 4 月就去了鄂豫皖革命根据地，在中共中央工作的时间没有多久。因此，党的六届四中全会后，不管王明是否主持过中央政治局工作，这一段时间，王明都是中共中央的核心人物。

同年 9 月中旬，王明准备前往莫斯科担任中共驻共产国际代表。当时周恩来也将前往中央苏区，在上海的中央政治局成员不够半数，于是共产国际远东局提议成立中共临时中央政治局，王明则提议由博古进入中央负总责，商量的结果是由博古、张闻天（洛甫）、康生、陈云、卢福坦（后叛变）、李竹声（后叛变）6 人组成临时中央政治局，随后报共产国际批准。这个时候的博古年仅 24 岁，在六届四中全会上未能进入中央委员会。这年 3 月，原共青团中央局书记温裕成因经济问题而被撤职，博古才继任团中央局书记。由此可见，没有王明的大力支持，博古不可能在中共临时中

① 中央档案馆编：《中共中央文件选集（一九三一）》第七册，中共中央党校出版社 1991 年版，第 39 页。

央负总责。1934 年 1 月，在江西瑞金召开的党的六届五中全会上，博古当选为中共中央政治局常委、中央书记处书记、中共中央总负责人（总书记）。

王明前往共产国际工作后，中共临时中央的主要负责人虽然是博古，但王明是中共驻共产国际代表，1931 年 8 月又被选为共产国际执委会主席团委员、执委会政治书记处书记，成为共产国际的领导人之一。当时，中国共产党作为共产国际的一个支部，王明虽然不在国内，但对中共中央有着很大的影响力，而且博古与王明思想观点接近，在四中全会前两人就合作写过反对三中全会的文章，后来在负责中共临时中央工作时，博古也积极地贯彻王明的主张。正如胡乔木所说的："王明走了，博古上台，可还是说王明路线，因为第一，没有王明就没有博古上台，当时博古连中央委员都不是，完全是小宗派。第二，博古执行的路线与王明是一脉相承的。第三，王明到共产国际搞的还是四中全会那一套。"①

此外，在后来著名的延安整风中，博古对自己曾经犯过的严重错误主动承担责任，诚恳地作了检讨。而王明却始终未对自己的错误作过深刻的反省，并且还搞过一些小动作。1943 年 9 月 7 日的中央政治局会议上（王明称病没有参加），毛泽东在插话时说：内战时期的错误路线，第一个是王明，第二个是博古。王明是这个路线理论的创造者与支持者，博古等是执行者与发挥者。自此之后，延安整风中对土地革命战争后期路线错误的批评，主要集中到王明身上。1945 年 4 月，党的六届七中全会通过了延安整风的重要

---

① 《胡乔木回忆毛泽东》，人民出版社 1994 年版，第 67 页。

成果《关于若干历史问题的决议》，明确提出"陈绍禹同志领导的新的'左'倾路线""陈绍禹同志为首的'左'倾教条主义"这样的表述。自此之后，党史著述将 1931 年 1 月党的六届四中全会到 1935 年 1 月遵义会议前的这 4 年时间，称之为"王明'左'倾教条主义统治党的时间"。

八、博古让毛泽东随队长征是防止他东山再起吗？

由于第五次反"围剿"的失败，中央红军主力被迫进行战略转移，即后来著名的长征。与此同时，有一部分干部和部队被留下来坚持游击战争。过去长期有一种说法，博古因对毛泽东不满，原本没打算让毛泽东参加长征，是周恩来的一再建议，在出发前一刻才通知他随军行动，而当时被留下坚持游击战争的干部牺牲比例很大，如果毛泽东被留下，中国共产党的历史就可能要改写。

对于博古不准备让毛泽东随队长征之说，较早出现于担任李德（共产国际派来中共的军事顾问）翻译的伍修权的回忆。伍修权说，对于这样大的战略转移，虽然核心领导层早有准备，但中共中央政治局没有讨论，相反作了严格保密，以至于项英、陈毅这些后来被留下坚持游击战争的高级领导人，"当时都不知道这一重大战略意图"。不但如此，对于博古等人不喜欢的干部，则被乘机甩掉，留在苏区打游击，"最初他们还打算连毛泽东同志也不带走，当时已将他排斥出中央领导核心，被弄到雩都去搞调查研究。后来，因为他是中华苏维埃执行委员会主席，在军队中享有很高威望，才被允许一起长征"①。他

---

① 《中共党史资料》第 1 辑，中共中央党校出版社 1982 年版，第 176 页；伍修权：《我的历程》，解放军出版社 1984 年版，第 77 页。

的这个说法被美国作家索尔兹伯里的《长征——前所未闻的故事》一书所采信，书中说："当时担任翻译因而了解内情的伍修权认为，有些人可不想让毛泽东参加长征。'毛是被人有意排斥在外的'，伍说，'去于都调查，这只不过是不让他参加的一个借口罢了。'"①

近年则有著述提出另一种说法，认为并非博古让毛泽东留下，而是毛泽东自己要求留下打游击。说是 1934 年 6 月，毛泽东得知中共中央政治局决定将主力红军转移到湘鄂西后，找到博古，曾劝说博古不要让中央红军离开中央苏区，理由是这块根据地的建立来之不易，如果博古他们决意要走，他也不走，而是要留下来。这年 10 月初，毛泽东派警卫员胡昌保和吴吉清两人，连夜赶路给博古送去一封信，再次要求留下打游击，中央机关里的老人、孕妇、重伤病员以及不愿意跟随中央红军大转移的人，都可以给他留下来，但他需要把罗炳辉和红九军团的第二十师留下，并说一军团里也有一些干部战士愿意跟随他留下来，请中央批准。信的结尾还作出保证，说两三年后，中央苏区和留下的红军都将以崭新的面貌迎接中央局回苏区。博古接到毛泽东的信后找周恩来商量，周恩来表示不同意，理由是中央已决定项英留下，如果现在改由毛泽东留下，项英的工作将不好做，而且涉及很多人的人事安排，因为留下的主要干部是项英点名要的，现在调整时间也来不及。况且毛泽东提出要将红九军团军团长罗炳辉和九军团的第二十师留下，这样红九军团要一分为二，只剩下一个第十四师，这个变动太大，涉及整个大转移的部署，不能这么办，并提出第二天他将找毛泽东谈一谈。博古

① ［美］哈里森·索尔兹伯里：《长征——前所未闻的故事》，过家鼎、程镇球、张援远译，解放军出版社 1986 年版，第 8 页。

同意周恩来去找毛泽东谈话。第二天，周恩来骑马到了雩都，回来后告诉博古，毛泽东同意随部队转移。

按照前一种说法，博古原本就不想让毛泽东参加长征而是让其留下，是经过周恩来的争取，博古才同意毛泽东随队长征的。博古等人本来与毛泽东有矛盾，一到中央苏区就一再排挤打击毛泽东，博古开始不想让毛泽东随队转移，说明博古有意将毛泽东作为包袱甩掉。当时，身患疾病的瞿秋白也希望随队长征，并提出了这方面的要求，为此还找到了毛泽东、张闻天反映，但毛、张向博古作了争取也无济于事，最后瞿秋白只得留下，不久就被捕牺牲。毛泽东如果被留下，后果如何难以预料，历史就可能改写。博古此举即便不是借刀杀人，也是心胸狭隘，凭个人意气办事而不是以革命事业为重。至于后一种说法，不是博古要将毛泽东留下，而是毛泽东主动请缨要留下来开创新局面，同样只是博古他们担心毛泽东一旦留下，项英就无法驾驭他，这样毛泽东就有可能死灰复燃、东山再起，再搞成一个大的局面，到时候自成体系，尾大不掉，与其这样，还不如让毛泽东随队长征以便控制，让他失去根基。总之，不论哪种说法，都说明不管将毛泽东留下还是同意他随队长征，都与博古的私心有关。

长征开始前后，党和红军最高决策与领导机关是由博古、李德和周恩来三人组成的最高"三人团"。长征出发时虽然有些匆忙，但"三人团"在主力出发前还是作了一定的准备，其中也包括确定随主力转移和留下坚持的人员名单。对于长征前夕重要干部的走留问题，李维汉曾有过回忆："长征前，干部的去留问题，不是由组织局决定的。属于省委管的干部，由省委决定报中央；党中央机关、政府、部队、共青团、总工会等，由各单位的党团负责人和行政领导决定报中央。决定走的人再由组织局编队。中央政府党团书记是洛甫，总工会委员长是刘少奇、党团书记是陈云，这些单位的留人名单，是分别由他们决定的。部队留人由总政治部决定，如邓小平随军长征就是总政治部决定的。""中央政治局常委决定留下一个领导机关，坚持斗争，叫中央分局。成员有项英、陈毅、瞿秋白等同志，由项英负责。关于留人问题，我没有参加意见，也未过问，是由中央政治局常委讨论决定的。"①

李维汉当时是中共中央组织部部长、中央组织局主任，是这段历史的知情人。既然留人问题是"中央政治局常委讨论决定的"，显然不是博古个人的决定。当时，在中央苏区的政治局常委有博古、张闻天、周恩来、项英、陈云。长征前及长征之初，重大决策都由"三人团"决定，"这个三人团主要从事转移的军事方面的准备，只开过两次会，一次在李德房中，一次在中央局。实际工作，政治上由博古作主，军事上由李德做主；周恩来督促军事准备计划的实行，并不能与闻所有的事情"。"研究留人名单时，军事方面的干部征求了周恩来的意见，其他方面只告诉他一个数字。"②既然对军事干部的走留，博古征求了周恩来的意见，至少说明这方面的干部谁走谁留并不是博古一个人暗箱操作。毛泽东是中共六届五中全会选出的政治局委员、中华苏维埃共和国临时中央政府主席，如果单从所担任的职务来看这时算不上是军事干部，而且长征前基本上处于

---

① 李维汉：《回忆与研究》，中共党史资料出版社 1986 年版，第 345—345 页。

② 中共中央文献研究室编：《周恩来传（1898—1949）》，人民出版社、中央文献出版社 1989 年版，第 277、278 页。

"靠边站"的地位，但在中央红军和中央苏区仍有重大影响，像他这样的干部是走是留，恐怕博古还是必须慎重考虑的。

长征之时留下的干部与博古的关系可以说有亲有疏。中央红军主力出发前，中共临时中央决定组成中共"中区"中央分局，其成员有项英、瞿秋白、陈潭秋、贺昌、陈毅、汪金祥、梁柏台、张鼎丞、邓子恢、谭震林、龚楚、毛泽覃、李才莲等。其中固然有如瞿秋白、贺昌、何叔衡这样想随主力行动，但因博古对其有成见而被留下者，但作为中央分局书记同时也留下坚持游击战争的最高领导人项英却与博古走得很近。项英是工人出身的党员，一直在党内担任重要职务，他与王明、博古原本没有历史渊源，中共六届四中全会王明得势后，项英转变很快，得到了中共临时中央的信任，因此，"四中全会后，王明统治了党中央，派任弼时等同志来江西，对项英同志进行打击。于是，项英就被王明路线俘虏了"[1]。所以，与毛泽东受到冷落与排挤相反，项英在中共六届四中全会后仍受到重用，1933年5月至12月还曾代理中革军委主席，在1934年1月的中共六届五中全会上当选为中央政治局常委（当时政治局常委同时是中央书记处书记），可见项英与博古的关系很密切。

那些留下来坚持游击战争的高级干部，确实有相当多的人牺牲，如瞿秋白、贺昌、刘伯坚、何叔衡、梁柏台、毛泽覃等，而随队长征的高级干部包括董必武、林伯渠、谢觉哉、徐特立（被称为"长征四老"，上述四人加上何叔衡被称为"中央苏区五老"）这样年龄较大者，都平安到达陕北。于是人们也自然产生了瞿秋白这

---

[1] 陈毅、肖华等：《回忆中央苏区》，江西人民出版社1981年版，第140页。

样的有病、体弱之人如果随队长征,也可能不至于牺牲的联想;反之,如果毛泽东留下没有随队长征,其结局也许与瞿秋白一样。

那时,对于高级干部来说,不论参与长征还是留下坚持游击战争都相当艰苦。相比之下,坚持游击战争更为艰苦,危险也更大。因为长征毕竟是随主力行动且长征的时间只有一年,在整个长征过程中,中央红军虽然减员严重,但对于干部还是注意保护的,到达陕北时的人数不及出发时的十分之一,而随队的高级干部基本保存下来,这其中既包括"长征四老"这样的年长者,也包括王稼祥这样因负伤而只能坐担架的行军者,最后都安全抵达陕北。坚持游击战争必须分散行动,在国民党军重重包围且强化保甲统治的情况下,随时都面临危险,而且南方游击战争长达三年之久,因而凡留下的高级干部都不可能有大部队的保护,其危险性无疑要大大超过随主力行动,特别是瞿秋白、何叔衡这样的体弱多病者,留下开展游击更是凶多吉少。当然,留下坚持游击战争也并不等于一定会牺牲,作为中央分局成员的项英、陈潭秋、陈毅、汪金祥、张鼎丞、邓子恢、谭震林就坚持下来了。可以说,不论是参加长征者还坚持三年游击战争者,都为中国革命付出了巨大牺牲。相对而言,参加长征的干部保存的比例大,留下坚持游击战争的干部牺牲的比例大,这说明游击战争的环境更艰苦,但不论是参加长征还是留下游击,都是革命的需要。

对于这个问题,博古自己在延安整风中曾说过:"中央苏区退出时,由于对形势——游击战争的形势及其困难的估计不足,致各级仍保存一套架子,由于这,留下了一批干部:中央局书记项英、组织潭秋、宣传秋白、军事陈毅、政府何叔衡。其余汇西曾山书记、福建汪金洋、鄂赣刘伯坚，这些干部以后遭受牺牲，这是我负责的。至于以下的去留决定，均罗迈（即李维汉——引者）负责处理。要声明的即对这批人的处理，并无存心使他们遭受牺牲。但是正确的处理是应该带出来的。"① 在当时的情况下，留下一批部队和干部坚持游击战争是必要的，也正是这批人留下后坚持了三年艰苦卓绝的游击战争，保留了南方的革命火种，才有了后来的新四军。但正如博古所反省的，没有必要留下那么"一套架子"，应当将那些不适应游击战争环境的人多带出一些，以减少那些不必要的牺牲，这正是博古要"负责"的地方。但不能简单地说凡是留下坚持游击战争的干部，都是博古、李德不喜欢并要排挤之人，甚至是要乘机排除异己，利用长征将他们当包袱甩掉，更不能如有的文章所说的是"博古设阴谋，借蒋介石之手除政敌"，是"借刀杀人"。

为了推行"左"倾教条主义，博古等人来到中央苏区后，开展过"残酷斗争，无情打击"，但这种斗争和打击主要体现在内部肃反上，对于毛泽东这样的高级干部，博古对其主要是采取冷落与排挤，但还不至于存在欲去之而后快的问题。说博古改变主意决定让毛泽东随队长征，是怕他留下之后将局面搞大再与中央闹独立性从而尾大不掉，更是将博古看成只顾一己私利而不顾党的事业之人。博古与毛泽东之间确有矛盾，但他们之间毕竟是革命者内部对于如何搞革命存在不同的看法，主要是思想认识的分歧，而他们在要不要革命、争取革命胜利问题上是一致的，分歧在于如何搞革命。毛泽东与以博古为首的中共临时中央的矛盾，主要是理念的差

---

① 无锡市史志办公室编：《秦邦宪（博古）文集》，中共党史出版社 2007 年版，第484 页。

异,在于选择什么样的革命道路与采取什么样的革命方法。在延安整风的后期,毛泽东曾说过:"对四中全会到遵义会议这一段历史,也不要一切否定。当时我和博古、洛甫同志在一起工作,有共同点,都要打蒋介石,分歧点是如何打蒋介石,是策略上的分歧。"① 比如,在要不要没收地主阶级的土地分配给农民进行土地革命这一问题上,毛泽东与博古等就没有争论,双方的分歧在于博古等人主张地主不分田、富农分坏田,而毛泽东则主张也要分给地主阶级与农民同等数量与质量的土地。所以,虽然博古等人与毛泽东有认识上的分歧、有情感上的隔膜,但他们之间毕竟是同志而不是敌我。

博古和王明一样曾在莫斯科系统学习过马克思主义理论,在反所谓"立三路线"的过程中因表现积极得到共产国际的肯定,在王明去共产国际工作时被指定为中共临时中央领导人,这是当时党内生活不正常的表现。博古后来曾说:"在上海中央破坏以后,由老的中央政治局委员指定我做临时中央负责人。当指定我做这个工作的时期,我并没有感到不能担任领导整个党这样的事情。相反的,当时背了相当多的包袱,反对李立三的英雄是一个包袱,李立三把我处分了,四中全会取消了我的处分,这时又洋洋得意,再加上四中会会后我在青年团做了一个时期的工作,少共国际的决议上说我们的工作有成绩有进步,这又是一个包袱,说我领导团运行,难道就不能领导党?"② 在这种心态之下,博古作为中共中央主要领导人自我感觉良好,甚至有些刚愎自用,而毛泽东自党的六届四中全会

---

① 《毛泽东文集》第三卷,人民出版社 1996 年版,第 94 页。
② 中共中央党史资料征集委员会、中央档案馆编:《遵义会议文献》,人民出版社 1985 年版,第 108 页。

后与临时中央的关系始终不融洽，在如何搞革命的问题上双方大相径庭。博古来到中央苏区之时，正值第四次反"围剿"取得胜利，而这次反"围剿"战争是在此前的宁都会议解除了毛泽东对红军的指挥权后进行的，在博古等人看来，没有毛泽东指挥红军也照样能取得胜利，所以年轻气盛的博古对毛泽东自然不会重视甚至不信任，而毛泽东对博古这样喝过洋墨水但没有多少实际经验的人，内心里也瞧不起，双方的关系不可能密切。

不但如此，博古等人认为还有必要对毛泽东的右倾开展斗争。一方面，因为博古身上有深厚的教条主义色彩，自以为自己代表了正确路线，而毛泽东代表着的是一条右倾机会主义路线，正确路线必须战胜错误路线；另一方面，博古等人虽然自以为代表了正确路线，但他们那一套主张和做法严重脱离了实际，中央红军和中央苏区的广大干部在执行过程中难免有不满与抵制，从而使其教条主义在贯彻中遇到阻力，而博古等人认为这种阻力主要来自毛泽东的影响，因为毛泽东毕竟是中央苏区的开辟者，在中央苏区有根基有人望。博古一到中央苏区，之所以要开展指桑骂槐式地批判所谓"罗明路线"，一个直接因素就是他刚踏进中央苏区的土地，时任中共福建省委书记的罗明左一个毛主席如何右一个毛主席如何，引起博古的不快。因而博古等人进入中央苏区后，中共临时中央不但不重视毛泽东的作用，而且也进行过排挤与打击，其目的主要就是为了贯彻那一套教条主义主张。

但应当看到的是，博古在如何搞革命的问题上犯过严重错误，但犯错误有其主客观原因，如在莫斯科系统地学习过理论，自以为掌握了马克思主义的真谛，而且还得到过共产国际的肯定，于是对于长期在山沟沟里打转转、平时很少使用马克思主义的名词术语的毛泽东看不惯也是事实，但他本质上是革命者，应该说是将革命利益摆在首位的。正如博古自己所说的，"我主观上是忠实于党的和无产阶级的事业的，绝对没有一点自觉地破坏党和革命的企图"①。所以，对于长征之时博古即便是要毛泽东留下，恐怕也不能说他的动机就是想乘机甩开毛泽东，甚至还有其他的企图，最后同意他随队长征，也是担心其乘机坐大从而与中共中央闹独立性，似乎给人们一种印象，博古不但在思想方法、政治路线上犯了教条主义错误，而且人品与人格也不高尚。毛泽东在谈到党的六届四中全会到遵义会议这一段历史时曾说过，"要强调产生错误的社会原因，不要强调个人问题"②，这是研究中共党史一条很重要的指导原则。如果将历史上的党内矛盾都看成是个人之间的恩怨，既不符合历史事实，也有损党的形象。

---

① 无锡市史志办公室编：《秦邦宪（博古）文集》，中共党史出版社 2007 年版，第 484 页。
② 《毛泽东文集》第三卷，人民出版社 1996 年版，第 94 页。

九、遵义会议是否确立了毛泽东在党内的领导地位？

1935 年 1 月 15 日至 17 日，中共中央政治局在贵州的遵义召开扩大会议。遵义会议集中全力解决了博古等人军事上和组织上的"左"倾错误，增补毛泽东为中央政治局常委，决定在常委中再进行适当的分工；取消长征前成立的由博古、李德、周恩来组成的"三人团"，由中革军委主要负责人朱德、周恩来指挥军事，周恩来为下最后决心的负责者。遵义会议在极其危急的关头挽救了党、红军和中国革命，实现了中国共产党和中国革命事业从挫折走向胜利的伟大转折，标志着中国共产党开始在政治上走向成熟。

遵义会议是中国共产党历史上一个生死攸关的转折点，对于毛泽东来说也是一个重要的转折点。长期以来，党史界有一个传统的说法，即遵义会议确立了毛泽东在党内的领导地位。1945 年 4 月，党的六届七中全会通过的《关于若干历史问题的决议》指出：遵义会议"开始了以毛泽东同志为首的中央的新的领导，是中国党内最有历史意义的转变"[1]。1981 年 6 月，党的十一届六中全会通过的《关于建国以来党的若干历史问题的决议》基本上沿用了这样的表述："一九三五年一月党中央

---

[1] 《毛泽东选集》第三卷，人民出版社 1991 年版，第 969 页。

政治局在长征途中举行的遵义会议，确立了毛泽东同志在红军和党中央的领导地位，使红军和党中央得以在极其危急的情况下保存下来，并且在这以后能够战胜张国焘的分裂主义，胜利地完成长征，打开中国革命的新局面。这在党的历史上是一个生死攸关的转折点。"① 所以，传统的说法就是遵义会议确立了毛泽东在党内的领导地位。

但近些年来，有学者提出不同看法，认为遵义会议并没有确立毛泽东在党内的领导地位。更有人认为，说遵义会议确立了毛泽东在党内的领导地位"只是一种个人崇拜影响下并不合乎事实的说法"，"遵义会议并没有确立毛泽东对全党全军的领导，确立的是以张闻天为首的党中央的集体领导。遵义会议及其以后一个时期，毛泽东作为这一集体的一员起了重要作用，但并未成为核心。确立起毛泽东在中央和党内的领导地位，起码也是三四年以后的事，遵义会议连开始过渡都谈不上。会上，只是经张闻天和王稼祥提议，毛泽东当选为政治局常委，从此进入了党的领导核心。但是由于他并未代替博古任总书记（负总责），所以首先在组织上就不能算在新领导集体中为首和成为核心"。②

对于遵义会议是否确立了毛泽东在党内的领导地位问题，不能简单地从毛泽东当时所担任的职务上去判断。诚然，遵义会议上毛泽东仅仅当选为中央政治局常委，而且会议决定周恩来为党内委托的对于指挥军事下最后决心的负责者，会后中央常委分工，毛泽东

---

① 中共中央文献研究室编：《十一届三中全会以来重要文献选读》上册，人民出版社1987年版，第296页。

② 《何方谈史忆人：纪念张闻天及其他师友》，世界知识出版社2010年版，第5页。

为周恩来在军事指挥上的帮助者①，会议既没有推举毛泽东为总书记或"在党内负总责"，也不是中革军委的主要负责人，但在贯彻遵义会议的过程中，在领导中央红军粉碎国民党军队的围追堵截（如指挥四渡赤水）并最终取得长征胜利的斗争中，在与张国焘进行斗争维护党与红军的团结统一中，在随后由苏维埃革命转向建立抗日民族统一战线中，毛泽东发挥了他人无法替代的作用。

张闻天的夫人刘英关于长征的一段回忆颇能说明问题："毛泽东、张闻天等同志一直商量怎样使一、四方面军团结一致，统一行动，认为关键就在张国焘。恩来同志发高烧，病中仍为此事烦心。我听到毛主席和闻天反复商量，谈得很具体。毛主席说：'张国焘是个实力派，他有野心，我看不给他一个相当的职位，一、四方面军很难合成一股绳。'毛主席分析，张国焘想当军委主席，这个职务现在由朱总司令担任，他没法取代。但只当副主席，同恩来、稼祥平起平坐，他不甘心。闻天跟毛主席说：'我这个总书记的位子让给他好了。'毛主席说：'不行，他要抓军权，你给他做总书记，他说不定还不满意，但真让他坐上这个宝座，可又麻烦了。'考虑来考虑去，毛主席说：'让他当总政委吧。'毛主席的意思是尽量考虑他的要求，但军权又不能让他全抓去，同担任总政委的恩来商量，恩来一点也不计较个人地位，觉得这么安排好，表示赞同。"②

这段话一方面说明张闻天为了党和红军的团结，不计较个人名誉地位，体现了一个革命者坦荡的胸襟，但同时也说明张国焘此时

---

① 参见中共中央文献研究室编：《毛泽东年谱（一八九三——一九四九）》，中央文献出版社 2013 年版，第 442 页。

② 《在历史的激流中——刘英回忆录》，中共党史出版社 1992 年版，第 79 页。

想得到的并不是总书记这个职位，而是企图担任中革军委（中华苏维埃共和国中央革命军事委员会）主席，获得对于红军的最高指挥权。在当时的情况下，尽管张闻天在党内担任了总书记（也有人说是负总责），但由于他长期从事党务和政府的工作，没有军事工作的经历，在军队中的影响有限。当时大敌当前，又失去了根据地，所谓党的领导权很大程度上就是对于军队的指挥权，这也是张国焘要全力抓到军权而可能对总书记这个职位"不满意"的原因。从这一点来看，遵义会议虽然形成了以张闻天为总书记的中央集体领导，但恐怕不能说张闻天已经成为中共中央的核心。

张国焘本来是一个权力欲望极强的人，看到中央红军经过半年多的长征实力大减，人数大大少于他领导的红四方面军，野心迅速膨胀，在个人野心没有实现的情况下，不断找借口拒绝北上方针，而且在中共中央不得已率红一、红三军团和军委纵队先行北上之后，竟然另立"中央"，分裂党和红军。这其中有两个因素甚为重要：一是张国焘自恃自己在党内资历老。张国焘是中共一大代表，而且长期在党内担任重要职务，在当时的中央政治局成员中，参加过一大的只有他和毛泽东。二是自恃他领导的红四方面军人数远远超过红一方面军。当时，红二方面军还没有组成，一方面军原来的力量要超过红四方面军，第五次反"围剿"时一度达到十余万人，仅仅参加长征的主力就多达八万余人，但由于李德、博古的错误指挥，导致湘江战役中遭受重大损失，加上此前此后的战斗及非战斗减员，到两军会师时，红一方面军人数只有两万人左右。两军实力的不对称，使张国焘的个人野心膨胀，于是公然伸手要官要权。

但是，张国焘很清楚，中央苏区和中央红军的发展壮大离不开毛泽东的领导，导致红一方面军遭受重大损失的责任人不是毛泽东，而是以李德和博古为代表的"左"倾教条主义者。此时毛泽东已经结束了宁都会议后"靠边站"的状态，而且在遵义会议上被增补为政治局常委。而当时的政治局常委中，周恩来自 1935 年 8 月上旬的沙窝会议（即中央政治局会议）后积劳成疾终于病倒，有一段时间甚至昏迷不醒，项英则留在南方坚持游击战争，陈云在遵义会议后根据中央的决定前往共产国际汇报工作，博古刚刚离开总书记岗位，张闻天没有军事工作的经历与经验，所以张国焘真正忌惮的是毛泽东。这从他后来的回忆中都不难看出端倪，其中除了为自己辩解外，就是一再对毛泽东进行指责，这也从一个侧面说明毛泽东当时在党内的影响。

当然，遵义会议后毛泽东在党内领导地位的确立有一个过程。遵义会议后一段时间，由于重要的军事行动都由政治局会议集体讨论，而战场上敌我双方的情况往往瞬息万变，军事指挥需要集中，因此，1935 年 3 月中旬，经毛泽东提议成立新的"三人团"，中共中央决定新"三人团"由周恩来、毛泽东、王稼祥组成，成为红军的最高指挥机构。在随后四渡赤水的过程中，林彪曾对毛泽东的战略意图不理解，因而提出要毛泽东、朱德、周恩来随军行动主持大计，由彭德怀担任前敌总指挥，在同年 5 月召开的会理会议上，周恩来、朱德、张闻天等人都对林彪提出批评，并明确提出支持毛泽东的意见，并赞扬"毛泽东这一时期的军事领导艺术"①。这表明，新"三人团"成立后特别是会理会议之后，毛泽东实际上已成为党在军事上的最高领导人。革命战争时期党的中心工作是武装斗争，

---

① 中共中央文献研究室编：《周恩来年谱（1898—1949）》，人民出版社、中央文献出版社 1989 年版，第 279 页。

所谓在党中央的领导地位，最重要的也是体现在对军事工作上的领导权和发言权。在遵义会议之前，虽然从党的二大起就有了中央执行委员会（主要领导人称委员长，中共四大开始称总书记），但中央并没有形成一个成熟的领导集体。邓小平说："我们党的历史上，真正形成成熟的领导，是从毛刘周朱这一代开始。"① 而这个领导集体形成的起点就是遵义会议。也是从这个时候起，毛泽东成为这个领导集体的核心人物。

遵义会议后毛泽东职务的变动情况如下：1935 年 8 月，中央政治局会议（沙窝会议）决定毛泽东负责军事工作；1935 年 11 月，在张国焘另立"中央"的情况下，中央政治局决定成立西北革命军事委员会（实际上的中革军委），毛泽东为主席；1936 年 12 月，三支主力红军实现会师，中华苏维埃中央政府决定成立中央革命军事委员会，以毛泽东为主席；1937 年 8 月，中央政治局扩大会议（洛川会议）决定成立中共中央革命军事委员会（党中央军委，此前的中革军委是中央政府的军委，第二次国共合作后取消了中央苏维埃政府，中革军委实际上也随之取消），毛泽东为书记（称主席）；1937 年 12 月，中央政治局会议决定成立党的七大筹备委员会，毛泽东为主席。

很显然，领导地位不能单看担任什么职务，更重要的是要看担负什么责任，发挥什么作用。遵义会议后毛泽东在中央领导集体中实际上起到了领导作用，从这个角度来看，可以说遵义会议开始确立了毛泽东在党内的领导地位。

---

① 《邓小平文选》第三卷，人民出版社 1993 年版，第 298 页。

十、西安事变为什么成为时局转换的枢纽？

    1936 年 12 月 12 日，张学良、杨虎城两位将军在苦苦劝谏蒋介石停止内战、一致抗日无效后，发动兵谏，扣押了蒋介石等人。中共中央得知消息后，经过认真的研究，提出应抓住西安事变的有利时机，将局部的抗日民族统一战线转变为全国性的抗日民族统一战线，主张和平解决西安事变。应张、杨的邀请，中共中央派遣周恩来、叶剑英、林伯渠等前往西安，和张、杨一起同蒋介石及南京方面的代表谈判。蒋介石终于承诺"停止剿共，联红（军）抗日"，西安事变得以和平解决。从此，十年内战基本结束。

    对于西安事变的历史意义，张闻天在 1937 年 3 月的中共中央政治局会议上说："西安事变的和平解决，开始了一个新阶段，这就是准备实际抗战的过渡阶段。这个时期的特点，表现在南京政府开始转到抗日道路上来。南京政府要抗日，便不能不找群众，不能不找共产党，对于地方军阀也不能不寻求合作。"[1]1945 年 4 月，毛泽东在党的七大作《论联合政府》的政治报告时也说："一九三六年十二月十二日，国民党内部主张抗日的两派爱国分子——东北军

---

[1]　《张闻天选集》，人民出版社 1985 年版，第 140 页。

和十七路军，联合起来，勇敢地反对国民党当局的对日妥协和对内屠杀的反动政策，举行了有名的西安事变。同时，国民党内的其他爱国分子，也不满意国民党当局的当时政策。在这种形势下，国民党当局被迫地放弃了内战政策，承认了人民的要求。西安事变的和平解决成了时局转换的枢纽：在新形势下的国内的合作形成了，全国的抗日战争发动了。"①

西安事变是中国共产党倡导建立抗日民族统一战线的结果。从1935 年夏天起，日本帝国主义以吞并华北的河北、山东、山西、察哈尔、绥远 5 省为目的，制造了一系列的侵略事件，史称"华北事变"。中华民族面临更为严重的生存危机，整个华北危在旦夕。在这样的情况下，中国共产党开始调整自己的政策。1935 年 8 月，驻共产国际的中共代表团以中华苏维埃共和国临时中央政府和中国共产党中央的名义，草拟了《为抗日救国告全体同胞书》（即"八一宣言"），不久公开发表。宣言呼吁全国各党派、各军队、各界同胞，应当有"兄弟阋于墙外御其侮"的真诚觉悟，不论过去和现在有任何政见和利害的不同，有任何敌对行动，都应当停止内战，集中一切国力去为抗日而奋斗。

1935 年 12 月，中共中央政治局在陕北的瓦窑堡召开扩大会议，着重批判了党内存在的关门主义，针对形势的变化，不失时机地制定了抗日民族统一战线的政策。会议指出：随着中日民族矛盾上升为国内主要矛盾，民族革命的新高潮推醒了工人阶级和农民中的落后阶层，广大小资产阶级和知识分子已转入革命，一部分民族资产

---

① 《毛泽东选集》第三卷，人民出版社 1991 年版，第 1037 页。

阶级，许多乡村富农和小地主，甚至一部分军阀对革命也采取同情的态度甚至有参加的可能，就是地主买办阶级也不是铁板一块，因此，应该建立广泛的抗日民族统一战线。瓦窑堡会议后，中共中央加紧了对张学良、杨虎城及其东北军和第十七路军的争取工作，并与之结成了"三位一体"的统战关系，抗日民族统一战线首先在西北地区取得了成功。从 1936 年下半年起，党在山西的上层统一战线工作也成绩显著，成立了实际由党领导的山西抗日团体牺牲救国同盟会，推动了山西抗日救亡运动的高潮。

中央红军到达陕北后，蒋介石一方面加强对陕北革命根据地的"围剿"，另一方面又主观地认为红军经过长征后元气大伤，已成强弩之末，可以用类似招安的方式让共产党就范，并以此应对全国人民日益高涨的抗日呼声。从 1935 年冬天开始，国民党方面先后在南京、上海、莫斯科同共产党人商谈抗日，但由于蒋介石没有诚意，提出中国共产党根本无法接受的条件，谈判没有实质性的结果。1936 年 11 月 10 日，中共代表潘汉年与国民党代表陈立夫会谈，陈立夫提出必须取消对立的政权和军队，红军可以保留三千人，师长以上领导一律解职出洋，半年后按才录用，结果被潘汉年严词拒绝。由此可见，蒋介石当时对红军的态度。

1936 年 5 月 5 日，毛泽东和朱德分别以中华苏维埃人民共和国中央政府主席、中国人民红军革命军事委员会主席的身份，公开发表《停战议和一致抗日通电》，公开放弃反蒋口号，实际上将"抗日反蒋"政策转变为"逼蒋抗日"政策。6 月 20 日，中共中央就停止内战一致对外致电国民党五届二中全会，明确表示"国民党中任何领袖、任何委员起来抗日救国，我们同样愿意以全力支持他们"，中国共产党随时准备与他们进行合作救国的谈判。8 月 25 日，中共中央发出致国民党中央并转全体国民党党员的信，倡议在抗日的大目标下，国共两党实行第二次合作。9 月 1 日，中共中央发出《关于逼蒋抗日问题的指示》，强调目前中国的主要敌人是日本帝国主义，把日本帝国主义与蒋介石同等看待是错误的，"抗日反蒋"的口号也是不适当的，"我们的总方针，应是逼蒋抗日"。①

"逼蒋抗日"的方针无疑是正确的。蒋介石是国民党最大的实力派，中国抗日如果没有蒋介石集团的参加是难以想象的。问题是经过长征，虽然红军的骨干力量得以保存，但人数大减，如果没有张学良、杨虎城的配合，对于顽固反共的蒋介石来说，要使其停止对红军的进攻，转而同共产党合作共同抗日还是有很大难度的。应该承认，蒋介石也有意抗日，但他骨子里坚持反共，自九一八事变以来，在抗日与反共的问题上，他并非不抗日，但一直是反共优先于抗日，用他的话来说就是"攘外必先安内"。他要"安"的"内"，既有共产党问题，也有地方实力派问题，但共产党问题更重要。特别是 1936 年夏解决"两广事变"后，长期向他挑战的桂系李宗仁、白崇禧和广东军阀陈济棠等西南地方实力派表示服从南京政府领导，他认为地方实力派的问题已基本解决，而红军经过长征减员严重，又到了西北贫瘠之区，现在完全有能力从根本上解决共产党问题。

应当说，三支主力红军会师前后，共产党的生存发展遇到诸多的困难。1935 年 10 月，红一方面军到达陕北与红十五军团胜利会

---

① 中共中央文献研究室、中央档案馆编：《建党以来重要文献选编（一九二一——一九四九）》第十三册，中央文献出版社 2011 年版，第 276 页。

师时，仅剩不到八千人，由原红二十五军和陕北红军组成的红十五军团也只有七千余人。不久，红十五军团并入红一方面军序列。随后，红一方面军东渡黄河进入山西，开展扩红筹款和抗日宣传，部队有所发展。1936年10月，红二、红四方面军在将台堡和会宁分别与红一方面军会师。这时，红二方面军约有一万人左右，红四方面军原本有三万余人，三军相加应在六万人左右，当时陕甘宁根据地地广人稀、贫穷落后，三大主力红军会师后，既要面对尾追而来的国民党中央军随时可能对红军的"围剿"，又要面对严重的经济困难。1936年10月8日，中共中央书记处在致中共驻共产国际代表团的电报中说："红军主力一般说来将不得不转向四川、湖北或山西方向寻求发展。""惟目前还要坚持同蒋介石在现地区作战，但物资方面十分困难，特别是已经分文没有，又不能发票子，张学良也没有钱借了。"① 在此之前，中共中央已向张学良借款60万元，接到中共中央的电报后，共产国际虽答应给予一定的经济援助，但远水解不了近渴。为解燃眉之急，中共中央又不得不于11月下旬再次向张学良借10万元以渡过难关。

三支主力红军会师之时，中共中央曾计划组织宁夏战役，红军主力向北发展，夺取宁夏，红四方面军总部及第三十军、第九军、第五军共约2.18万人先期西渡黄河。可是，蒋介石调集了十几个师由北向南大举向红军进攻，国民党军胡宗南部隔断了河东主力与河西部队的联系。这时蒋介石亲赴西安，逼迫张学良、杨虎城率部"剿共"。随后又去洛阳进行"剿共"的军事部署，将其嫡系

① 转引自杨奎松：《革命——西安事变新探》，广西师范大学出版社2012年版，第245页。

中央军 30 个师调到以郑州为中心的平汉、陇海铁路沿线，以便随机开赴陕甘地区。在这样的情况下，红军夺取宁夏的计划被迫中止执行，已过黄河的红四方面军组成西路军西进河西走廊。中共中央甚至准备再次组织红军东征，第一步占领同蒲铁路，第二步出冀豫晋之交，第三步从冀豫晋之交渡过黄河，第四步到皖豫鲁，第五步到鄂豫皖，第六步到鄂豫陕，然后再转西北。①1936 年 11 月 13 日，在中共中央政治局会议上，毛泽东明确指出："红军行动方向主要是向东，预计明春过黄河。四方面军一部分已向西，能否调回来是个问题。现在我们的行动，都是脚踏两边船，最好是，向西的还是向西，向东的还是向东。如果句西不能达到目的，当然可以转向东。"② 可见，当时中共中央已做了万一陕北不能坚守而再次转移的打算。

然而，仅过了一个月，便发生了震惊中外的西安事变，蒋介石被迫接受停止"剿共"政策、联合红军抗日等六项条件，西安事变得以和平解决，从而结束了近十年的国共内战，实现了中共中央"逼蒋抗日"的目标，全国性的抗日民族统一战线初步形成。虽然此后蒋介石在联共的问题上有所反复，但国共第二次合作已是大势所趋。"在当时形势下，能否使掌握着全国政权的国民党最高领导转到团结抗日的政策上来，这对能否顺利地实现全民抗战是关键性的问题。西安事变以独特的方式解决了这个问题。""正是由于西

---

① 参见《毛泽东军事文集》第一卷，军事科学出版社、中央文献出版社 1993 年版，第 653 页。

② 中共中央文献研究室编：《毛泽东年谱（一八九三——一九四九）》（修订本）上卷，中央文献出版社 2013 年版，第 610 页。

安事变的发生及其和平解决，才最终结束十年内战，实现了国内和平，促成以国共合作为基础的抗日民族统一战线的建立，也才有了抗日战争。"①

西安事变不但是国共合作走向共同抗战的起点，也是中国共产党历史命运的一个重要转折点。之所以能实现这样的转折，关键在于中国共产党及时调整自己的政策。试想，如果中央红军到达陕北之后，不是倡导"停止内战、一致对外"，主张建立抗日民族统一战线，就不会有中共、张学良的东北军、杨虎城的西北军之间的"三位一体"，即不会有抗日民族统一战线率先在西北地区的实现，也就没有西安事变的发生。客观地说，如果西安事变不发生，如果张学良、杨虎城配合蒋介石的中央军，对刚刚实现三个方面军会师的红军进行大规模的"围剿"，红军能否在陕北立足确是一个难以预料的问题。西安事变的结果使蒋介石被迫停止了全国性的内战，抗日民族统一战线在全国范围内初步形成，也使中国共产党渡过了十分困难的阶段，随后迎来了抗战中的大发展。而西安事变之所以发生并最终得以和平解决，中国共产党的抗日民族统一战线政策起到了关键性的作用，使张、杨看到只有团结抗日，国家才有前途，他们个人也才能有前途。所以，由"武装保卫苏联"到建立抗日民族统一战线，是一个极为重要的战略转变，它不但促成了全国抗战局面的形成，也极大地改变了中国共产党自身的处境和在全国人民心目中的形象。

---

① 习仲勋：《国共合作有利于国家民族进步和两党发展》，《人民日报》1986 年 12 月 13 日。

十一、全民族抗战爆发后毛泽东为什么要强调独立自主?

1937 年 7 月 7 日,卢沟桥事变爆发,中国驻军奋起抵抗,全民族抗战由此开始。事变的第二天,中共中央发出《为日军进攻卢沟桥通电》,呼吁全中国人民、政府和军队团结起来,国共两党亲密合作,筑起民族统一战线的坚固长城,坚决抵抗日寇的侵略。7 月 15 日,中共代表周恩来等向蒋介石提交《中共中央为公布国共合作宣言》,提出实现国共合作和全国人民大团结的三项基本政治纲领,并郑重地向全国人民作出了四项承诺:(一)孙中山先生的三民主义为中国今日之必需,本党愿为其彻底的实现而奋斗。(二)取消一切推翻国民党政权的暴动政策及赤化运动,停止以暴力没收地主土地的政策。(三)取消现在的苏维埃政府,实行民权政治,以期全国政权之统一。(四)取消红军名义及番号,改编为国民革命军,受国民政府军事委员会之统辖,并待命出动,担任抗日前线之职责。

8 月 18 日,红军正式改编为国民革命军第八路军(不久改称"第十八集团军",但习惯上仍称"八路军"),统辖三个师,以朱德、彭德怀为正副总指挥。8 月 22 日,南京国民政府军事委员会正式发布八路军总部所属三个师的番号。

全民族抗战爆发后,毛泽东、张闻天十分关注如何在统一战线中保持中国共产党的独立性问题。8 月 9 日，中共中央在延安召开中央及各部门负责人会议，讨论平津沦陷后的形势与党的任务。张闻天在会上所作的报告中明确指出："坚持同国民党合作的方针，发扬其每个进步，批评其动摇与妥协。反对急躁病，不断推动它前进，逼它前进。另一方面，合作并不是投降，反对满足、迁就的投降倾向。""提出我党独立的积极的主张，提出保障胜利的办法，来号召与团结全国群众，迫使蒋走向我们方面，使我党实际上起指导作用。"①毛泽东在讲话中也指出："红军应当实行独立自主的指挥与分散的游击战争。必须保持独立自主的指挥，才能发挥红军的长处，集团的作战是不行的。同时还要估计到特别的情形，防人之心不可无，应有戒心，保障红军之发展扩大。"②

8 月 22 日至 25 日，中共中央政治局在陕北洛川召开扩大会议。在 22 日的会议上，毛泽东作了军事问题和国共两党关系问题的报告。关于国共关系问题，毛泽东指出：现在统一战线正在成熟中，但国民党还在限制和破坏我们，我们是继续有原则地让步，即保持党和红军的独立性，要有自由，而采取不决裂的方针。根据大革命失败的教训，"独立性是组织的、政治的独立问题两方面"③。张闻天在发言中提出，尽管国民党还有令人不满意的地方，但还是要坚持联合他。既要防止"左"的急躁病，要想尽一切办法来推动国民党，使其在日本进攻及全国人民的压力下继续前进；但另一方面也要防止右的尾巴主义、

---

① 《张闻天文集》第二卷，中共党史出版社 1992 年版，第 336 页。
② 中共中央文献研究室编：《毛泽东年谱（一八九八——一九四九）》（修订本）中卷，中央文献出版社 2013 年版，第 13 页。
③ 中共中央文献研究室编：《毛泽东传（1893—1949）》，中央文献出版社 2004 年版，第 480 页。

投降主义的倾向，要认清中国共产党有保持独立组织和批评的自由。张闻天强调："在任何情况下都不要失掉自己的立场，不要轻易相信人家。我们只是在抗战问题上与人家联合，而内部是有矛盾的。"①

8 月 27 日，中共中央召开座谈会，重点讨论统一战线问题，而且在讨论的题目中，第一个就是在统一战线中是共产党吸引国民党，还是国民党吸引共产党。毛泽东在座谈会上首先发言。他说：无产阶级的政治和组织程度比资产阶级高，所以统一战线由无产阶级提出。在联合抗日的情况下，要把民族革命与社会革命贯通起来。在统一战线的长期过程中，国民党有计划地吸引共产党及红军，我们要提高政治警觉性。要使农民与小资产阶级随着我党走。国民党内也有些人动摇于国共两党之间，共产党吸引国民党的条件是存在着的。"两党互相吸引的问题，要在斗争中来解决。……统一战线建立以后，主要危险是右倾机会主义，在各方面表现出来的就是投降主义倾向，要注意对党内加强教育。"②

9 月 22 日，国民党中央通讯社全文发表《中共中央为公布国共合作宣言》。9 月 23 日，蒋介石在庐山发表《对中国共产党宣言的谈话》，认为"此次中国共产党发表之宣言，即为民族意识胜过一切之例证"③。这个谈话的发表，实际上是蒋介石承认了中国共产党的合法地位，标志着第二次国共合作正式形成。

国共合作局面正式形成后，中共中央和毛泽东一再重申，在统

---

① 《张闻天文集》第二卷，中共党史出版社 1992 年版，第 339—340 页。
② 中共中央文献研究室编：《毛泽东传（1893—1949）》，中央文献出版社 2004 年版，第 482 页。
③ 重庆市政协文史资料研究委员会等编：《抗战时期国共合作纪实》上卷，重庆出版社 1992 年版，第 401—402 页。

一战线中必须坚持独立自主原则。10 月 13 日，张闻天、毛泽东致电潘汉年、刘晓等人，强调："民族资产阶级的影响，在部分左倾领袖及党员中是在增长，主要表现在对于国民党的投降，只知同国民党统一，处处迁就他的要求，而不知同他的错误政策做斗争。""民族统一战线不但不取消对于国民党的错误政策进行批评与斗争，而且只有在这一基础上，才能使统一战线充实巩固起来，使之继续前进。只有使国民党感觉到群众对于自己的不满与压迫，才能推动它在各方面的彻底转变。同国民党和平共居，只能延长他的错误政策的寿命。"[①]10 月 19 日，毛泽东与张闻天致电周恩来、朱德等，提出在山西须坚持与阎锡山合作，不参加任何倒阎阴谋，但原则问题决不让步。[②]

1937 年 11 月 12 日，即上海陷落的当天，中共中央在延安召开党的活动分子会议。毛泽东在会上作了《上海太原失陷以后抗日战争的形势和任务》的报告。报告指出："在卢沟桥事变以后，党内的主要危险倾向，已经不是'左'倾关门主义，而转变到右倾机会主义，即投降主义方面了。这主要是因为国民党已经抗日了的缘故。"因此，"必须尖锐地提出谁领导谁的问题，必须坚决地反对投降主义"。"'统一战线中的独立自主'这个原则的说明、实践和坚持，是把抗日民族革命战争引向胜利之途的中心一环"。[③]

那么，毛泽东和张闻天为何在国共合作一开始就将反右倾投降

---

① 中央档案馆编：《中共中央文件选集》第十一册，中共中央党校出版社 1991 年版，第 365—366 页。

② 参见中共中央文献研究室编：《毛泽东年谱（一八九三——一九四九）》中卷，中央文献出版社 2013 年版，第 33 页。

③ 《毛泽东选集》第二卷，人民出版社 1991 年版，第 391、392、394 页。

问题如此严重地提出来呢？

原因之一，在此前的国共谈判过程中，蒋介石始终没有放弃消灭至少削弱共产党力量的目标，这就不能不使毛泽东、张闻天对蒋介石保持高度的戒心。西安事变之后，国共两党就合作事宜进行谈判。1937 年 2 月 8 日，蒋介石致电西安行营主任顾祝同·提出在与周恩来谈判时，"我方最要注意之一点，不在形式之统一，而在精神实质之统一。一国之中，决不能有性质与精神不同之军队也，简言之，要其共同实行三民主义，不做赤化宣传工作。若在此点同意，则甚当易商量"①。在随后与国民党代表张冲、顾祝同进行的谈判中，周恩来发现，蒋介石"始终不承认国共合作，而看作红军投降，似无共产党独立地位"，而蒋本人"因为他成功地解决了东北军和十七路军问题，使红军再陷孤立，因此暗下决心要托'共党非人伦、不道德的生活，与无国家、反民族的主义'，'根绝净尽'"②。当周恩来提出红军改编后人数确定为六七万，编制为四个师，每师三个旅六个团约一万五千人时，蒋介石 2 月 16 日指示顾祝同说："当西安事变前只允编三千人，后拟加为五千人，但五千人之数尚未与之明言也。今则时移情迁，彼既有诚意与好意之表示，中央准编其四团制师之两师，照中央编制，八团兵力已有一万五千人以上之数，不能再多，即可以此为标准，与之切商。其余人数，准由中央为之设法编并与安置，但其各师之参谋长与师内各级之副

---

① 秦孝仪主编：《中华民国重要史料初编》第五编（一），中国国民党中央委员会党史委员会 1985 年编印，第 262 页。
② 杨奎松：《失去的机会？——抗战前后国共谈判实录》，新星出版社 2010 年版，第 49 页。

职，自副师长乃至副排长人员，皆应由中央派充也"①。这实际上是拒绝了中国共产党的要求。同一天，蒋介石还在其日记中写道："考虑大局，决定编共而不容共，抗日而非排日，外交更以独立自主为基础。"②

1937年2月，国民党召开五届三中全会。这次全会较大幅度地调整了国民党的政策，确认了和平统一、修改宪法、扩大民主、开放言论、释放政治犯诸原则，间接地接受了中国共产党提出的抗日民族统一战线的主张。即便如此，国民党仍在重谈取消共产党及其领导的军队、政权的老调。会议通过的《关于根绝赤祸之决议案》，仍提出要取消红军、取消苏维埃政府、停止赤化宣传、停止阶级斗争等。这个决议案污蔑中国共产党"封建割裂专制残酷之策略，及其以国际组织为背景，而破坏国家统一之行动与宣传，实与建国立人之要旨绝对相反"，"故赤祸之必须根绝，乃为维护吾国家民族至当不易之大道"。③

在以后的国共谈判中，国民党方面千方百计地限制共产党军队的编制与人数，虽然答应红军可以改编为三个师，但又提出每师人数只能是一万人，总数三万人，蒋介石还对周恩来说，不必说与国民党合作，只是与他个人合作，还说共产党说话不算话，希望这次能够改变，能与他永久合作。中共中央在给共产国际的报告中说，蒋介石知道"共产党不会无条件的拥护他，而他又不能满足于党外

---

① 秦孝仪主编：《中华民国重要史料初编》第五编（一），中国国民党中央委员会党史委员会1985年编印，第264页。
② 秦孝仪主编：《中华民国重要史料初编》第五编（一），中国国民党中央委员会党史委员会1985年编印，第265页。
③ 荣孟源主编：《中国国民党历次代表大会及中央全会资料》，光明日报出版社1985年版，第435页。

合作，故他要我们想新的办法，他认为这一问题如能解决，其他具体问题自可放松一些"①。周恩来曾问蒋介石有何具体办法使共产党能与他永久合作，而蒋却再三说没有，而是要共产党方面商量。显然，蒋介石想要的办法，就是共产党不再是一个独立的、有军队有政权的党，而是溶化到国民党中，维护他的领袖地位。

共产党方面"商量"的结果，形成了《御侮救亡、复兴中国的民族统一纲领（草案）》，由周恩来携带于 6 月上旬前往庐山同蒋介石再次进行谈判。不料，蒋介石见到周恩来后，却将这个文件撇在一边，另外提出一个成立国民革命同盟会的主张，"由蒋指定国民党的干部若干人，共产党推出同等数目之干部合组之，蒋为主席，有最后决定之权"。"两党一切对外行动及宣传，统由同盟会讨论决定，然后执行。关于纲领问题，亦由同盟会加以讨论"。"同盟会在进行顺利后，将来视情况许可扩大为国共两党分子合组之党"。②并且在谈判的过程中，蒋介石提出红军改编后三个师以上不能设总司令部，只能设"政治训练处指挥之"，"请毛先生、朱先生出洋"，陕甘宁边区政府由国民党派正的官长，边区自己推举副的，共产党派代表参加民国大会时"不以共党名义出席"等。③蒋介石这些无理要求，中共方面自然无法接受，这次谈判实际上是无具而终。

此后不久，卢沟桥事变爆发，周恩来再次前往庐山同蒋介石会

---

① 中共中央文献研究室、中央档案馆编：《建党以来重要文献选编（一九二一——一九四九）》第十四册，中央文献出版社 2011 年版，第 140 页。

② 中共中央文献研究室、中央档案馆编：《建党以来重要文献选编（一九二一——一九四九）》第十四册，中央文献出版社 2011 年版，第 334 页。

③ 中共中央文献研究室编：《周恩来传（1898—1949）》，人民出版社、中央文献出版社 1989 年版，第 361 页。

谈，并将《中共中央为公布国共合作宣言》送给蒋介石，而这时蒋的态度却十分冷淡。据周恩来说："我们带去起草好的宣言，他要动手改两句，那时候我们还客气，同意他修改了两点。但修改了他也不发表，总想把共产党合法这一点抹杀掉。"①接着，日本发动了八一三事变，大举进攻上海。在这种情况下，蒋介石才下定抗战的决心，并于9月22日发表《中共中央为公布国共合作宣言》，在事实上承认中共的合法地位。蒋介石的这种态度，无疑促使中共中央和毛泽东、张闻天等对其始终保持高度警惕，同时也一再提醒各级干部，一定要防止在国共合作实现后发生右倾危险。

原因之二，随着抗日民族统一战线的形成和国共合作的建立，党内相继发生了若干在国共合作时丧失原则性、迁就国民党的事件，出现了一些值得注意的倾向。其中一个代表性的例子是何鸣事件。

何鸣曾任中共闽粤边特委代理书记、闽粤边红军独立第三团团长等职，坚持了闽粤边的游击战争。1937年2月后，何鸣通过国民党的报纸了解到已发生西安事变，中共中央提出"停止内战、一致对外"建立抗日民族统一战线的主张，在向中共南方工作委员会（简称"南委"）汇报后，于这年5月开始同粤军第157师进行停战谈判，并于6月26日达成合作抗日、红军游击队改编为福建省保安独立大队的"六二六政治协定"，较早地开创了局部地区国共合作的新局面。但是，由于何鸣对国共合作的复杂性认识不足，没有执行南委提出的"驻防地应在我游击区"的指示，将红军游击队带往漳浦县城集中改编，以致发生近千名游击队员被国民党第一五七师缴械的"漳浦事

---

① 中共中央文献研究室编：《周恩来传（1898—1949）》，人民出版社、中央文献出版社1989年版，第364页。

件"（即"何鸣事件"）。

全民族抗战爆发之后，又相继发生了屈从国民党解散共产党领导的群众团体的事件。1937 年春，中共陇东特委曾不顾国民党方面的限制，建立各种抗日救亡组织。七七事变后，中共陇东特委的一些人却自动解散了这些进步团体。这年 8 月，国民党陕西省党部发出通告，提出要取缔共产党所领导的西北各界救国联合会以及其他进步团体。迫于国民党方面的压力，中共陕西党组织中的一些人未坚持斗争，于 9 月间自动解散西北各界救国联合会，要该会的一些干部参加国民党包办的陕西省各界抗敌后援会设计委员会。

原因之三，鉴于第一次国共合作的教训。中国共产党与国民党曾经有过合作的历史，即 1924 年至 1927 年的第一次国共合作。国共合作固然推动了大革命的高潮，共产党的力量及其影响也随之扩大，但这次国共合作给共产党人留下的最深印象，在很大程度上是蒋介石和汪精卫先后发动"四一二"和"七一五"反革命政变，致使大批的共产党员及其追随者、同情者遭到残酷的屠杀。像毛泽东这样经历过第一次国共合作由兴起到破裂全过程的领导人，对于当年陈独秀和共产国际在处理国共关系时，在蒋介石、汪精卫的进逼面前所采取的妥协退让而造成的严重危害，有着深切的感受，因而在毛泽东、张闻天等人看来，要防止大革命失败那样的悲剧重演，与国民党再度合作时，就必须未雨绸缪、防患于未然，在国共合作未正式形成前，开展反关门主义的斗争，而在国共合作既已实现之时，就应防止右的倾向，警惕右倾危险。

实际上，在全民族抗战爆发后不久国共合作刚刚实现之时，张闻天、毛泽东就曾对为何"目前投降主义的危险在增长"作了解释。

张闻天认为，一个原因是"统一战线愈发展，右倾危险性愈要增长，这是因为统一战线本身就包含右倾危险"。另一个原因是中国共产党的斗争经验不够，党对于土地革命已有丰富的经验，而对其他斗争方式并不熟悉，而"我们与之建立统一战线的国民党是一个统治全国的党，钱、人、地位都有，它还有相当的经验"，这样，党内一些不健全的分子就可能受其影响；同时，党内"农民成分多，容易受人欺骗与引诱，女人、金钱、地位对有些人诱惑力很大，人家只要一灌米汤，就轻于相信"①，这也是内部容易产生右倾危险的因素之一。

毛泽东也就此解释说："一方面，中国资产阶级的妥协性，国民党实力上的优势，国民党三中全会的宣言和决议对于共产党的污蔑和侮辱以及所谓'停止阶级斗争'的叫嚣，国民党关于'共产党投降'的衷心愿望和广泛宣传，蒋介石关于统制共产党的企图，国民党对于红军的限制和削弱的政策，国民党对于抗日民主根据地的限制和削弱的政策，国民党七月庐山训练班提出的'在抗日战争中削弱共产党力量五分之二'的阴谋计划，国民党对共产党干部所施行的升官发财酒色逸乐的引诱，某些小资产阶级急进分子在政治上的投降举动（以章乃器为代表②），等等情况。""另一方面，共产党内理论水平的不平衡，许多党员的缺乏北伐战争时期两党合作的经

---

① 《张闻天文集》第二卷，中共党史出版社 1992 年版，第 350 页。

② 1937 年 9 月 1 日，章乃器发表《少号召多建议》一文，提出："在国策还未确定的时候，我们不能不多作政治的号召，使国策能够早点确定下来。在国策已经确定的今日，我们却应该少作政治的号召，多作积极的建议，使国策可以早点充实起来。国家到了生死存亡的时候，政府既然已经有确定的国策，有点心肝的人，谁还愿标新立异以鸣高？大家应该是集中力量、培养力量之不遑，哪能再存彼此派别之见，在明争暗斗中再消耗一丝一毫的国力。"

验，党内小资产阶级成分的大量存在，一部分党员对过去艰苦斗争的生活不愿意继续的情绪，统一战线中迁就国民党的无原则倾向的存在，八路军中的新军阀主义倾向的发生，共产党参加国民党政权问题的发生，抗日民主根据地中的迁就倾向的发生，等等情况。"①正是基于这样的认识，毛泽东、张闻天始终对国共合作实现后党内可能出现的右倾危险保持着高度的警惕。

---

① 《毛泽东选集》第二卷，人民出版社 1991 年版，第 392 页。

十二、游击战为什么成为八路军、新四军的主要作战方式？

1937 年 7 月 7 日，日本帝国主义在北平西南的卢沟桥附近向中国军队发动猛烈进攻，遭到中国军队的坚决抵抗，史称"七七事变"或"卢沟桥事变"，抗日战争由局部抗战转变为全民族抗战。

卢沟桥事变发生后的第二天，中共中央就发出了《中国共产党为日军进攻卢沟桥通电》，号召"全中国同胞，政府，与军队，团结起来，筑成民族统一战线的坚固长城，抵抗日寇的侵掠！国共两党亲密合作抵抗日寇的新进攻！"同一天，毛泽东、朱德等致电蒋介石，表达红军将士"为国效命，与敌周旋，以达保土卫国之目的"的强烈意愿。也在这一天，中央书记处指示中共中央北方局："不管日方将扩大为大规模战争或将暂时取外交压迫形式"，都要"坚决保卫平津保卫华北"，并"着手组织抗日义勇军，准备进行艰苦的游击战争"①。

8 月 1 日，毛泽东、张闻天在关于红军作战的原则致周恩来等的电报中指出：我军应"执行独立自主的分散作战的游击战争，而不是阵地战，也不是集中作战，因此不能在战役战术上受束缚。只

---

① 中共中央文献研究室、中央档案馆编：《建党以来重要文献选编（一九二一——一九四九）》第十四册，中央文献出版社 2011 年版，第 360 页。

有如此才能发挥红军特长，给日寇以相当打击"①。初步确立了我军在抗战的作战方针。

1937 年 8 月 22 日至 25 日，中共中央政治局在陕北洛川县的冯家村召开扩大会议。会议通过的《中共中央关于目前形势与党的任务的决定》指出，随着全国性抗战局面的形成，存在两条不同的抗战路线：一条是国民党只要政府和军队参加，不愿意发动全国人民参加的片面抗战路线；另一条是共产党所主张的全面的全民族的抗战路线。强调"共产党员及其所领导的民众和武装力量，应该最积极的站在斗争的最前线，应该使自己成为全国抗战的核心"②。关于军事问题，毛泽东指出，我军的军事战略方针是独立自主的山地游击战，包括有利条件下消灭敌人兵团和在平原发展游击战争。我军的战略任务是创建抗日根据地，牵制与消灭敌人，配合国民党军作战（战略支队作用），保存和扩大自己。

在经过与国民党谈判之后，8 月 25 日，中共中央军委发布命令，主力红军改编为国民革命军第八路军，并立即挺进华北敌后。对于八路军的作战方针，毛泽东在 9 月 21 日给彭德怀的电报中明确指出："今日红军在决战问题上不起任何决定作用，而有一种自己的拿手好戏，在这种拿手好戏中一定能起决定作用，这就是真正独立自主的山地游击战（不是运动战）。"③9 月 25 日，毛泽东在致电

① 《毛泽东军事文集》第二卷，军事科学出版社、中央文献出版社 1993 年版，第 20 页。
② 中共中央文献研究室、中央档案馆编：《建党以来重要文献选编（一九二一——一九四九）》第十四册，中央文献出版社 2011 年版，第 474 页。
③ 《毛泽东军事文集》第二卷，军事科学出版社、中央文献出版社 1993 年版，第 53 页。

周恩来等人，明确指出："整个华北工作，应以游击战争为唯一方向。一切工作，例如兵运、统一战线等等，应环绕于游击战争。华北正规战如失败，我们不负责任；但游击战争如失败，我们须负严重的责任。""要告诉全党（要发动党内党外），今后没有别的工作，唯一的就是游击战争。为此目的，红军应给予一切可能的助力。"①11 月 8 日，在太原失守的前一天，毛泽东致电八路军领导人，再次强调："太原失后，华北正规战争阶段基本结束，游击战争阶段开始后。这一阶段游击战争将以八路军为主体，其他则附于八路军，这是华北总的形势。"② 因此，全民族抗战开始，中共中央就确立了坚持敌后游击战的基本方针。

抗日战争时期八路军、新四军之所以将游击战作为主要作战方式，从根本上讲是敌强我弱这一客观形势所决定的。同时，我国是大国，地域广大，日本虽是强敌但兵力有限，只可能占领城市与重要交通沿线，这就为八路军、新四军开展独立自主的游击战提供了生机和发展空间。

众所周知，八路军挺进华北作战取得第一次大胜利是平型关战斗。1937 年 9 月中旬，为了配合第二战区国民党军作战，阻滞日军的攻势，八路军总部命令第 115 师进至山西灵丘的平型关以西大营镇待机。9 月 20 日，日军第 5 师团第 21 旅团一部占领灵丘县城，并继续向平型关进犯。23 日，第 115 师决定利用平型关东北的有利地形，以伏击手段歼灭由灵丘向平型关进犯的日军，配合国民党军长城以内的防御作战。25 日晨，日军第 5 师团第 21 旅团一部

---

① 《毛泽东军事文集》第二卷，军事科学出版社、中央文献出版社 1993 年版，第 57 页。
② 《毛泽东军事文集》第二卷，军事科学出版社、中央文献出版社 1993 年版，第 111 页。

和大批辎重车辆，沿灵丘至平型关公路西进。7时许，全部进入第115师设伏地域，第115师立即抓住有利战机，突然发起攻击，乘势将日军压迫于平型关附近的山谷之中。日军在飞机掩护下疯狂反扑，企图突围，八路军与之展开白刃格斗，激战至13时许将被围日军全部歼灭。此战共歼灭日军一千余人，击毁汽车百余辆、马车两百辆及其他大批军用物资。平型关战斗沉重打击了侵华日军的嚣张气焰，振奋了全国的民心士气，提高了中国共产党和八路军的声威。

参加平型关战斗的八路军第115师有第343旅两个团、第344旅一个团约6000人（当时八路军每师两旅，每旅两团）。进入第115师伏击圈的日军部队有两部分，即新庄淳中佐率领的第六兵站汽车队约500余人，桥本中佐临时指挥的辎重大车队近600人。进入伏击圈的日军被压缩包围在两山之间的山谷里，因为两支日军是汽车队和辎重大车队，因而不全是战斗人员，但仍显示出很强的战斗力，敌我双方激战6小时才解决战斗。

指挥平型关战斗的第115师师长林彪在战后总结说："敌人确是有战斗力的，也可以说我们过去从北伐到苏维埃战争口还不曾碰过这样强的敌人。我所说的强，是说他们的步兵也有战斗力，能各自为战，虽打败负伤了亦有不肯缴枪的。战后只见战场上敌人尸骸遍野，却捉不着活的。敌人射击的准确，运动的隐蔽，部队的掌握，都颇见长。对此种敌人作战，如稍存轻敌观念，作浮躁行动，必易受损失。我们的部队仍不善作疏散队形之作战，特别是把敌人打坍后，大家拢在一团，喧嚷'老乡，缴枪呀！'——其实，对日本人喊'老乡缴枪'，不但他们不懂，而且他们也不是老乡——这种时候，伤兵往往很多。"①

平型关战斗是典型的伏击战，八路军占据了绝对有利的地形，但在战斗中仍付出重大牺牲。日军第六兵站汽车队四五百人与八路军第 343 旅第 686 团反复争夺老爷庙高地，该团第 3 营第 9 连 140人只幸存 10 余人，连排干部全部牺牲。副团长杨勇、营长邓克明身负重伤。有参战者回忆："战斗打响后，第一批伤员约有五六十人于中午过后不久便运抵师救护所。""全部收转工作持续了四五天。前后共收转了约八九百人。此外我方在战场上阵亡约二百余人；轻伤能随团队活动，不需转到后方医院治疗的伤员约三四百人。这样，战斗中我全部伤亡约一千五百余人。"② 这场战斗的残酷由此可见一斑。平型关这样的战斗固然可以提振全国军民的抗战信心，但由于敌我力量悬殊，如果始终采用这样的作战方式，这样若干次大的战斗下来，结果也就可想而知。

到达陕北的主力红军改编成八路军后，全军三个师，按编制每个师 1.5 万人，全军 4.5 万人，全军实际人数也与此不相上下。为了保卫陕甘宁边区，各师抽调一部分组成留守兵团，因此，改编之初开赴前线的每师估计在 1 万人左右。例如，八路军第 129 师由原红四方面军改编而成。改编时，全师下辖两个旅，每旅下辖两个团，全师共 1.3 万人。根据中央军委的决定，第 385 旅的第 770 团，师属炮兵营、辎重营、特务营、工兵营留防陕甘宁边区，开赴抗

---

① 中共中央文献研究室、中央档案馆编：《建党以来重要文献选编（一九二一——一九四九）》第十四册，中央文献出版社 2011 年版，第 587 页。

② 欧阳奕：《平型关战斗中敌我伤亡情况的一点回忆》，载中共灵丘县委党史研究室编：《灵丘党史资料·纪念平型关大捷五十周年》，1987 年编印。

日前线的有 9160 余人。① 到 1937 年 9 月底，全师 9367 人，马 445 匹，骡 90 头；步枪 3412 支，马枪 724 支，自来得式枪 529 支，手枪 93 支，花机关枪 3 挺，重机枪 29 挺，轻机枪 93 挺，手机关枪 72 挺；另有迫击炮 6 门，刺刀 55 把；步马枪弹 43012 发，自来得枪弹 2872 发，手枪弹 6051 发，重机枪弹 23222 发，轻机枪弹 27261 发，冲锋枪弹 310 发；另有迫击炮 67 发，手榴弹 203 枚。② 八路军其他各部队的人员装备也都大体差不多。至于由南方红军游击队改编而成的新四军，由于长期分散游击，刚刚集中之时装备恐怕还不如八路军。

由此可见，八路军用这样劣势的武器装备，根本无法与装备精良、训练有素且深受武士道毒害的日军展开大规模的阵地战，更不用说展开决战。林彪在关于平型关战斗的总结中特别提出："在目前兵力与技术条件下，基本上应以在敌后袭击其后路为主。断敌后路是我们阻敌前进争取持久的最好方法。如经常集中大的兵力与敌作运动战，是不适宜的。"③ 挺进敌后建立根据地之后，虽然八路军、新四军得到了大的发展，但武器装备处于绝对劣势的情况并没有改变，唯有游击战才能在消灭敌人的同时保存自己。正如周恩来后来所说的："在抗日战争时期，敌人装备好，我们只好上山，开展山地游击战。"④

---

① 参见李达：《抗日战争中的八路军一二九师》，人民出版社 1985 年版，第 2 页。

② 参见李达：《抗日战争中的八路军一二九师》，人民出版社 1985 年版，第 14 页。

③ 中共中央文献研究室、中央档案馆编：《建党以来重要文献选编（一九二一——一九四九）》第十四册，中央文献出版社 2011 年版，第 587 页。

④ 中共中央文献研究室等编：《周恩来军事文选》第三卷，人民出版社 1997 年版，第 592 页。

随着抗日战争的发展和八路军的战略展开，抗日游击战争的正确性不断得到验证。1938 年 5 月，毛泽东发表《抗日游击战争的战略问题》一文，以"战争的基本原则是保存自己消灭敌人"为依据，全面系统阐述了游击战在抗日战争中的战略地位。文章指出，中国既不是小国，又不像苏联，是一个大而弱的国家。这一个大而弱的国家被一个小而强的国家所攻击，因此抗日游击战争主要的不是在内线配合正规军的战役作战，而是在外线单独作战，不是小规模的而是大规模的，抗日游击战争虽然在整个抗日战争中仍然处于辅助的地位，但是必须放在战略观点上加以考察。

在 1938 年 11 月召开的党的六届六中全会上，毛泽东进一步指出：全国抗战开始后，人民军队面临的敌人是新的，即日本帝国主义，友军是过去的敌人国民党（它对我们仍然怀着敌意），战场是地域广大的华北（暂时的我军正面，但不久就会变为长期的敌人后方）。在这种特殊的情况下，"必须把过去的正规军和运动战，转变成为游击军（说的是分散使用，不是说的组织性和纪律性）和游击战，才能同敌情和任务相符合"。"这一转变关系于整个抗日战争的坚持、发展和胜利，关系于中国共产党的前途非常之大，只要想一想抗日游击战争在中国民族解放命运上的历史意义，就会知道的。中国的抗日游击战争，就其特殊的广大性和长期性说来，不但在东方是空前的，在整个人类历史上也可能是空前的。"[①] 毛泽东从战略地位强调了游击战的重要性，这对促进抗日游击战争的迅猛发展起了重要作用。

---

① 《毛泽东军事文集》第二卷，军事科学出版社、中央文献出版社 1993 年版，第425、426 页。

十三、党的六届六中全会为什么要提出"四个服从"?

中国共产党历来重视党内纪律与规矩建设，而在党内纪律与规矩中最根本的是政治纪律和政治规矩，其中最重要的又莫过于"四个服从"。1922 年 7 月党的二大通过的中国共产党第一部党章强调："全国大会及中央执行委员会之决议，本党党员皆须绝对服从之。""下级机关须完全执行上级相关之命令；不执行时，上级机关得取消或改组之。""一切会议均取决多数，少数绝对服从多数。"①在这里，已经提出了"三个服从"。至于"四个服从"的完整提出，则是 1938 年召开的党的六届六中全会。

六届六中全会上强调"四个服从"，除了鉴于张国焘分裂党和红军造成严重后果的教训外，也与王明在担任中共中央长江局书记期间不尊重党中央，与党中央闹独立性有很大的关系。1937 年 11 月，王明从莫斯科回国，随后出席 12 月召开的中央政治局会议。在这次会议上，王明在报告中一方面强调要坚持抗战、巩固和扩大以国共合作为中心的统一战线，但另一方面又提出"一切经过统一战线""一切服从抗日"的主张，对中共中央洛川会议以来在统一

---

① 中共中央文献研究室、中央档案馆编：《建党以来重要文献选编（一九二一——一九四九）》第一册，中央文献出版社 2011 年版，第 273、274 页。

战线上本来正确的主张加以批评与指责。十二月会议后，王明担任中共代表团团长和中共中央长江局书记，虽然在国共合作和开展抗日宣传方面做了一些有益的工作，但也存在统一战线中迁就国民党、轻视敌后游击战，而且自以为是，与党中央闹独立性等问题，给长江局的工作和新四军的发表带来一些消极影响。

1938 年 2 月 3 日，国民党中央第 66 次常委会决定召开临时全国代表大会，讨论和制定国民党领导抗日的路线、方针及政策。中共中央和王明领导的长江局对这次大会都很重视。3 月 21 日，王明起草了一份《中共中央对国民党临时全国代表大会的提议》，报送中共中央一份，且未等中共中央答复，就于 24 日将这个建议书交给国民党。3 月 25 日，中共中央收到王明起草的该提议书后，认为这个建议书"有严重缺点"[①]，于是另起炉灶，起草了《中共中央致国民党临时全国代表大会电》。长江局收到中共中央这个电文的时候，国民党临时全国代表大会还未召开（大会 3 月 29 日开幕，4 月 1 日闭幕），本来是有时间将这个建议书送到国民党同时将第一个建议书收回的。但是，"长江局既不送，又不及时报告中央"[②]。等国民党临全大会即将结束，才于 4 月 1 日电告中共中央说："我们根据政治局决议原则所起草的致国民党临时全国代表大会政治建议书于 24 日送去，国民党临时代表大会昨夜已开幕，你们所写的东西既不能也来不及送国民党，望你们在任何地方不要发表你们所写的第二个建议书，否则对党内党外都会发生重大的不良政治影响。"[③]且

---

① 珏石：《周恩来与抗战初期的长江局》，《中共党史研究》1988 年第 2 期。

② 珏石：《周恩来与抗战初期的长江局》，《中共党史研究》1988 年第 2 期。

③ 珏石：《周恩来与抗战初期的长江局》，《中共党史研究》1988 年第 2 期。

不论这两个建议书的内容谁是谁非，以王明为书记的长江局此举确有不尊重中央、闹独立性之嫌。

同年 2 月 15 日，长江局致电中共中央书记处并任弼时、凯丰、朱德、彭德怀，提议在即将召开的政治局会议上讨论两个议题：抗战形势及如何保障继续抗战和取得最后胜利问题，中共七大准备工作问题。①2 月 23 日，王明、周恩来、博古再次致电中共中央书记处，内称：长江局关于政治局会议决议：一、以长江局会议讨论结果，委托绍禹、恩来两同志作为向政治局会议之建议；二、会议日期建议以两日为限；三、长江局由绍禹、恩来同志回云代表参加会议，并在会议后立即返汉；四、会议后请求中央多派能独立领导工作的同志出来担任各方领导工作。②作为中共中央的下属机构，长江局此举从组织原则上确有不妥之处，难免有下级凌驾于上级之上之嫌。

1938 年 5 月 26 日至 6 月 3 日，毛泽东在延安抗日战争研究会上作了《论持久战》的讲演，批驳了"亡国论""速胜论"，指出抗日战争是持久战，要经过战略退却、战略相持和战略反攻三个阶段，最后胜利是中国的。这个演讲集中体现了毛泽东坚持持久抗战的思想。7 月上旬，中共中央致电长江局，要其在《新华日报》上刊登《论持久战》，可是王明等借口文章太长不予登载。随后中共中央再次致电长江局，要他们分期刊登，但王明等仍不同意。由于同样的原因，《群众》周刊也未刊载。以后只是在《新群丛书》中作为第 15 种出了个单行本。后来王明在《中共五一年》一书中曾说：

---

① 参见周国全、郭德宏：《王明年谱》，安徽人民出版社 1991 年版，第 102 页。
② 参见珏石：《周恩来与抗战初期的长江局》，《中共党史研究》1988 年第 2 期。

"在延安发表该文后,毛泽东又将此文送往武汉,要求在《新华日报》上刊登(该报编辑部在我的指导下进行工作)。我和秦邦宪(博古)、项英、凯丰及其他同志一致反对这篇文章,因为该文的主要倾向是消极抵抗日本侵略、等待日本进攻苏联。这个方针既同中国人民的民族利益、又同中国共产党的国际主义义务相矛盾。共产党的政策是,中国人民应当积极同日本侵略者作战,这一方面是为了保卫中国的独立和领土完整;另一方面则借以阻止日本军国主义者发动反苏战争,所以,我们决定不在《新华日报》上发表《论持久战》一文。"[1]

王明在长江局工作期间闹独立性,还表现在到达武汉不久,便未经毛泽东和中共中央书记处审阅同意,在《新华日报》发表由他起草的《毛泽东先生与延安新中华报记者其光先生的谈话》。1938年2月27日至3月1日中共中央政治局会议(史称"三月政治局会议")后,王明既不经中共中央政治局同意,也未同任何人打招呼,公开发表《三月政治局会议的总结——目前抗战形势与如何继续抗战和争取抗战胜利》。王明甚至以陈绍禹(即王明)、周恩来(长江局副书记)、博古(长江局委员)、凯丰(长江局委员)的名义直接向各地及八路军前总发布指示性意见。"特别让中央书记处的领导人难以容忍的是,在张国焘叛逃,朱德、彭德怀及项英又经常去武汉,王稼祥、任弼时在莫斯科,武汉的政治局委员数经常超过延安的情况下,王明居然提出中央书记处不具合法性的问题,指责张、毛等不应以中央书记处的名义发布指示和文件。"[2] 对于这些问题,后来王明辩解说,是自己"在国外单独发表文件做惯了"。

---

[1] 王明:《中共五十年》,现代史料编刊社 1981 年版。

[2] 杨奎松:《毛泽东与莫斯科的恩恩怨怨》,江西人民出版社 1999 年版,第 76 页。

1938 年 9 月 29 日至 11 月 6 日，扩大的中共六届六中全会在延安召开。毛泽东在全会上作了《论新阶段》的政治报告，分析了抗日战争即将进入战略相持这个新阶段后的形势，明确提出了要使马克思主义中国化的历史任务，强调"马克思主义必须和我国的具体特点相结合并通过一定的民族形式才能实现"，"使马克思主义在中国具体化，使之在其每一表现中带着必须有的中国的特性，即是说，按照中国的特点去应用它，成为全党亟待了解并亟须解决的问题"，要求共产党员应成为实事求是的模范。鉴于此前张国焘在长征途中分裂党和红军造成的严重后果，也鉴于王明在领导中共中央长江局期间与党中央闹独立性的问题。在报告中，毛泽东特别讲到了强化党的纪律的重要性，特别指出："纪律是执行路线的保证，没有纪律，党就无法率领群众与军队进行胜利的斗争。""必须重申党的纪律：（一）个人服从组织；（二）少数服从多数；（三）下级服从上级；（四）全党服从中央。谁破坏了这些纪律，谁就破坏了党的统一。"① 全会通过的政治决议案亦强调，每个共产党员应该爱护党和党的团结统一有如生命，认真实行党的民主集中制——个人服从组织，少数服从多数，下级服从上级，中央是全党最高的领导，用以严格党的纪律，使党及其各级领导机关达到在政治上和组织上团结得如像一个人一样的程度。② 从此，这"四个服从"成了中国共产党最根本的政治纪律和政治规矩。

这次会议还通过了《中共扩大的六届六中全会关于中央委员会

---

① 《毛泽东选集》第二卷，人民出版社 1991 年版，第 528 页。

② 参见中央档案馆编：《中共中央文件选集》第十一册，中共中央党校出版社 1991 年版，第 750、754、755—756、757、758 页。

工作规则与纪律的决定》《中共扩大的六届六中全会关于各级党部工作规则与纪律的决定》《中共扩大的六届六中全会关于各级党委暂行组织机构的决定》等一系列党内法规，其中明确规定：各中央委员不得对外任何人发表与中央决定相违反的意见；如果没有中央委托不得以中央名义向党内党外发表言论与文件；各中央局中央分局须完全执行中央的决议和指令，并不得有任何违反中央的文字与行动。①各级党的委员会的委员、代表会的代表，须无条件的执行该委员会或该代表会的决定；凡党员对于党的负责人及党在群众中的领袖有意见与批评时，除开负责的向相当的组织、党的负责人提出必要的批评外，不得随便在同志中及群众中任意品评他们的长短、错误与缺点；等等。②

由此可见，党的六届六中全会不但强调了统一战线中的独立自主原则，从根本上确立了毛泽东在全党的领袖地位，而且确立了许多重要的政治纪律，这对于确保党的团结统一和争取抗战胜利产生了极为重要的作用，在中国共产党制度建设和纪律建设史上有着重要的地位。

① 参见中央档案馆编：《中共中央文件选集》第十一册，中共中央党校出版社1991年版，第761—765页。
② 参见中央档案馆编：《中共中央文件选集》第十一册，中共中央党校出版社1991年版，第769页。

十四、皖南事变后为什么要作出加强党性的决定？

1941 年 1 月 4 日，新四军皖南部队包括其军部在内九千余人，奉命从驻地安徽泾县云岭向长江以北转移，1 月 6 日，部队在途经茂林地区时突遭国民党军队七个师八万余人的包围袭击，激战七昼夜之后终因寡不敌众，仅有两千余人突围，其余大部壮烈牺牲，一部分被俘。

在皖南事变中，新四军军长叶挺被扣押，副军长项英、政治部主任袁国平牺牲。项英名义上虽然只是新四军副军长，但他在党内的职务是中共中央东南局书记，而军长叶挺不是中共党员，所以项英实际上是新四军主要领导人。

项英是中共党内为数不多的工人出身的高级干部。1931 年 1 月党的六届四中全会王明"左"倾教条主义在党内占据领导地位之后，一开始，王明等人对项英并不满意，但项英很快对王明等人采取合作的态度，成为王明路线的支持者。中央苏区第五次反"围剿"战争失败后，项英留下坚持游击战争。全面抗战爆发后，王明从莫斯科回国，曾提出"一切经过统一战线""一切服从抗日"的主张，项英受其影响较深，甚至到 1938 年 10 月在皖南新四军军部传达党的六届六中全会精神时，他仍然表示："一切工作的发展，都要经过统一战线，反过来，工作就不能发展。"① 加之项英在坚持三年南方游击战争中，很长时间无法与中共中央取得直接联系，一些重大问题的处理既得不到中央的及时指示也无法及时向中央直接汇报，这种工作环境难免对项英产生影响，重大问题不向中央及时请示汇报，对中央的重要决定不及时贯彻落实。因而全面抗战爆发后他"对统一战线中的独立自主原则认识不足"，对中共中央提出的"向北发展，向敌后发展"的正确方针"理解不够，贯彻措施不力"②，对国民党顽固派的反共阴谋没有足够的警惕，从而使新四军在皖南事变中遭受重大损失。

皖南事变是抗战过程中国共关系问题上最严重的事件。皖南事变爆发后，中共中央政治局多次召开会议，研究事变后的局势与对策，总结其中的历史教训。中共中央认为，皖南事变之所以造成如此严重的后果，一个重要的原因是项英"犯了右倾机会主义错误的。他不认识统一战线中国共产党的独立性斗争性，他对于国民党的反共政策从来就没有领导过斗争，精神上早已做了国民党的俘虏，并使皖南部队失去精神准备"。作为政治部主任的袁国平，在此问题上"是完全和项英一致的"。更为严重的是"三年以来，项英、袁国平对于中央的指示，一贯的阳奉阴违，一切迁就国民党"，"其所领导的党政军内部情况，很少向中央作报告，完全自成风气。对于中央的不尊重，三年中已发展至极不经（正）常的程度"。③ 今天看

① 王辅一：《项英传》，中共党史出版社 1995 年版，第 425 页。

② 中共中央党史研究室编：《中国共产党历史》上卷，人民出版社 1991 年版，第 577 页。

③ 中央档案馆编：《中共中央文件选集（一九四一——一九四二）》第十三册，中共中央党校出版社 1991 年版，第 31 页。

来，皖南事变造成如此严重的后果，其中的原因自然很复杂，项英作为党在新四军的主要领导人，尽管批评其对中央指示"阳奉阴违，一切迁就国民党"有些言重，但在全民族抗战爆发后对蒋介石可能的反共活动没有保持高度的警惕、对中央的指示贯彻不那么及时却是事实。

中共中央认为，项英之所以"犯了右倾机会主义错误"，从根本上是党性出了问题，因而，中共中央在《关于项袁错误的决定》中强调："军队干部，特别是各个独立工作区域的领导人员，由于中国革命中长期分散的游击战争特点所养成的独立自主能力，决不能发展到不服从中央领导与中央军委指挥，否则是异常危险的。""一切有个人英雄主义思想即是说党性不纯的同志，特别是军队的领导人员，必须深自省察。须知有枪在手的共产党员，如果不服从中央领导与军委指挥，不论其如何自以为是与有何等能力，结果总是要失败的。""必须估计到游击战争环境，即在今后仍有可能产生如像张国焘或项英这类人物，因此加重了全党特别是军队中干部与党员的党性教育与党性学习，决不可轻视这个绝大的问题。"①中共中央第一次向全党提出加强党性教育的问题。中共中央认为，项英、袁国平"不服从中央领导"造成了皖南事变的严重后果，就是党性不纯的表现。因此，加强全党特别是党的高级干部的党性教育，进一步增强党性，对于维护党的集中统一、坚持长期抗战就显得特别重要。

为增强全党对于党性问题的认识，1941 年 3 月 26 日，中共中

---

① 中央档案馆编：《中共中央文件选集（一九四一——一九四二）》第十三册，中共中央党校出版社 1991 年版，第 33—34 页。

央政治局召开会议，就此专题进行讨论，并决定由王稼祥负责起草关于增强党性的决定。王稼祥根据中共中央政治局会议讨论的意见，同王若飞合作，写出了《决定》的初稿。1941 年 7 月 1 日，中共中央政治局召开会议，讨论并通过了王稼祥主持起草的《中共中央关于增强党性的决定》（以下简称《决定》）。

《决定》指出，中国共产党经过 20 年的革命锻炼，现在已成为全国政治生活中重要的决定因素，然而放在党面前的仍然是伟大而艰难的革命事业。这样就要求中国共产党更进一步的成为思想上、政治上、组织上完全巩固的布尔什维克的党，要求全党党员和党的各个组成部分都在统一意志、统一行动和统一纪律上，团结起来，成为有组织的整体。因此，今天巩固党的主要工作是要求全党党员，尤其是干部党员更加增强自己党性的锻炼，把个人利益服从于全党的利益，把个别党的组成部分的利益服从于全党的利益，使全党能够团结得像一个人一样。然而，中国共产党长期处于分散的、独立活动的游击战争环境，党内小生产者及知识分子的成分占据很大的比重，因此容易产生某些党员的"个人主义""英雄主义""无组织的状态""独立主义""反集中的分散主义"等违反党性的倾向。干部中特别是高级干部和军队干部中的这些倾向，假如任其发展，便会破坏党的统一意志、统一行动和统一纪律，可能发展到小组织活动与派别斗争，一直到公开反党，使党与革命受到极大损害。

《决定》指出，党内在党性方面存在的问题，主要表现在以下三个方面：

一是在政治上自由行动，不请示中央或上级意见，不尊重中央及上级的决定，随便发言，标新立异，以感想代替政策，独断独行，或借故推脱，两面态度，阳奉阴违，对党隐瞒。

二是在组织上自成系统，自成局面，强调独立活动，反对集中领导，本位主义，调不动人，目无组织，只有个人，实行家长统制，只要下面服从纪律，而自己可以不遵守，反抗中央，轻视上级，超越直接领导机关去解决问题，多数决议可以不服从，打击别人，抬高自己，在干部政策上毫无原则，随便提拔，随便打击，感情拉拢，互相包庇，秘密勾搭，派别活动。

三是在思想意识上，发展小资产阶级的个人主义，反对无产阶级的集体主义，一切从个人出发，一切都表现个人，个人利益高于一切，自高自大，自命不凡，个人突出，提高自己，喜人奉承，吹牛夸大，风头主义，不实事求是地了解具体情况，不严肃慎重地对待问题，铺张求表面，不肯埋头苦干，不与群众真正密切联系。

《决定》指出，为了纠正上述违反党性的倾向，必须采取以下办法：一是应当在党内更加强调全党的统一性、集中性和服从中央领导的重要性。不允许任何党员与任何地方党部，有标新立异、自成系统及对全国性问题任意对外发表主张的现象。二是更严格的检查一切决议决定之执行，坚决肃清阳奉阴违的两面性的现象。三是即时发现，即时纠正，不纵容错误继续发展，对于屡说不改者，必须及时预防，加以纪律制裁。四是在全党加强纪律的教育，严格遵守个人服从组织，少数服从多数，下级服从上级，全党服从中央的基本原则。无论是普通党员和干部党员，都必须如此。五是用自我批评的武器和加强学习的方法，来改造自己使适合于党与革命的需要，要提倡大公无私，忠实朴素，埋头苦干，眼睛向下，实事求是，力戒骄傲，力戒肤浅的作风。要改造那些把理论与实践、学习与工作完全脱节的现象。六是从中央委员以至于每个党部的负责领导者，都必须参加支部组织，过一定的党的组织生活，虚心听取党员群众对于自己的批评，增强自己党性的锻炼。①

在后来的整风运动中，《决定》成为干部整风学习的必读文件之一。自此之后，"党性"一词被广泛使用，讲党性也就成了每一个共产党员的基本要求。

---

① 参见中央档案馆编：《中共中央文件选集（一九四一——一九四二）》第十三册，中共中央党校出版社 1991 年版，第 144—147 页。

十五、毛泽东为什么要发动延安整风？

遵义会议之后，党在政治上、军事上纠正了"左"倾教条主义的错误，但由于各种条件的限制，对这种错误还没来得及进行思想认识上的彻底清理，因而全民族抗战爆发之初，党内有人机械地执行共产国际关于统一战线的指示，照搬他国共产党建立反法西斯统一战线的经验，对统一战线的独立自主认识不够。1937 年 12 月的中共中央政治局会议上，王明在传达共产国际指示时就明确提出要"一切经过统一战线""一切服从抗日"，这说明教条主义在党内还有一定的市场。此外，党风上的宗派主义、文风上的党八股等不良作风，在党内一些人身上仍然存在。

全民族抗战爆发之时，全国党员约 4 万人左右，诺大一个华北地区，尽管党组织与过去相比有了很大发展，但也只有 5000 余名党员。随着大片抗日根据地的开辟和八路军、新四军影响的日益扩大，党的组织力量和党员数量严重落后于形势的发展。1938 年 3 月 15 日，中共中央作出《关于大量发展党员的决议》，强调"大量的十百倍的发展党员，成为党目前迫切与严重的任务"①。随后，各

---

① 中共中央文献研究室、中央档案馆编：《建党以来重要文献选编（一九二一——一九四九）》第十五册，中央文献出版社 2011 年版，第 186 页。

级党组织大力开展党员发展工作。到 1939 年，仅冀中全区党员就发展到 9 万多人，全国党员发展到 50 万人。到 1940 年 7 月，更是发展到 80 万人。这些新党员革命积极性很高，但他们大都出身于农民和其他小资产阶级，有些人身上还存在着某些非无产阶级思想，容易受到党内教条主义、宗派主义和党八股的影响。如何整顿党的作风，把党锻造成为一个真正的马克思主义政党，在抗战的大环境中保持党的无产阶级先锋队性质，就成为党亟待解决的一个重大问题。

党的建设离不开党内教育。在六届六中全会上，毛泽东在《论新阶段》的政治报告中，不但提出了马克思主义中国化的命题，而且特别强调了学习的重要性，向全党发出了开展马克思主义学习运动的号召，认为"如果我们党有一百个至二百个系统地而不是零碎地、实际地而不是空洞地学会了马克思列宁主义的同志，就会大大地提高我们党的战斗力量，并加速我们战胜日本帝国主义的工作"[1]。

1939 年 5 月 20 日，中共中央干部教育部召开学习动员大会，毛泽东在会上作了讲话，强调中国共产党在担负着打倒日本帝国主义、建立新中国的任务，需要建设一个大党，一个独立的、有战斗力的党，这样就需要有大批的有学问的干部做骨干。他号召各级干部发挥"挤"与"钻"的精神，想法子"挤"出时间来看书，如木匠钻木头一样地"钻"进去把理论问题搞懂。1940 年 1 月 3 日，中共中央书记处发出《关于干部学习的指示》，要求"各级组织的领

---

[1] 《毛泽东选集》第二卷，人民出版社 1991 年版，第 533 页。

导干部，尤其是主要领导干部，必须以身作则的领导与提倡其他干部的学习。建立在职干部平均每日学习两小时制度，并保持其持久性与经常性"。3 月 20 日，中共中央书记处又发出《关于在职干部教育的指示》，规定凡环境许可的地方，可依类编成学习小组并每月开会讨论二次，该指示还决定将每年 5 月 5 日马克思生日定为学习节，总结每年的经验并进行奖励。

中共中央的这些措施，初步建立和健全了干部理论学习制度，取得了很大的成绩，但这两年的学习运动也有缺点，主要是存在理论脱离实际的倾向。对于这种情况，毛泽东很不满意。1941 年 5 月 19 日，毛泽东在延安干部会议上作《改造我们的学习》的报告，不但对"许多马克思列宁主义的学者也是言必称希腊"提出了严厉批评，而且对干部教育中的教条主义也表示了强烈的不满。他说："在学校的教育中，在在职干部的教育中，教哲学的不引导学生研究中国革命的逻辑，教经济学的不引导学生研究中国经济的特点，教政治学的不引导学生研究中国革命的策略，教军事学的不引导学生研究适合中国特点的战略和战术，诸如此类，其结果，谬种流传，误人子弟。在延安学了，到富县就不能应用。经济学教授不能解释边币和法币，当然学生也不能解释。十七八岁的娃娃，教他们啃《资本论》，啃《反杜林论》(这一句话新中国成立后公开出版《毛泽东选集》时删去了)。这样一来，就在许多学生中造成了一种反常心理，对中国问题反而无兴趣，对党的指示反而不重视，他们一心向往的，就是他们从先生那里学来的据说是万古不变的教条。"①

---

① 解放社编：《整风文献（订正本）》，新华书店山东总分店 1950 年版，第 69—70 页。

因此，有必要对这种教条主义的学习态度进行彻底的改造。

1938年的六届六中全会在党的历史上十分重要。在这次会议上，形成了马克思主义必须中国化的共识，强调在统一战线中必须坚持独立自主原则，也使毛泽东在党内的领袖地位进一步巩固。王明在会上表示："全党必须团结统一，我们党一定能统一团结在中央和毛同志的周围（领袖作用，譬如北辰而众星拱之）。"①1939年春，王明从重庆参加完国民参政会回延安到抗大总校作报告，有人递条子问："为什么参政会我方七参政员只有毛泽东同志不出席？"王明回答说："你们下过象棋没有？两边的将帅是不能见面的，一见面不是就要将起军来了。"② 这个比喻不一定恰当，但说明王明确实承认了毛泽东的领袖地位。张闻天也在六届六中全会上说："中央的极高的威信，中央主要领导者毛泽东同志的极高威信。"③ 张甚至提出将总书记（或称负总责）一职让给毛泽东，但毛泽东当时没有同意。尽管如此，自此之后，张"即把政治局会议地点，移到杨家岭毛泽东同志住处开。我只在形式上当主席，一切重大问题均毛主席决定"。此后的张闻天"实际上只负责宣传部和干部教育部的工作"④。

抗战爆发之后从莫斯科回来的王明，虽然在1937年12月的中共中央政治局会议上打着传达共产国际指示的旗号，一时唬倒不少人，但经过一段时间的实践证明，他主张的"一切经过统一战

---

① 《王明言论选辑》，人民出版社1982年版，第639页。

② 参见《何方谈史忆人：纪念张闻天及其他师友》，世界知识出版社2010年版，第26页。

③ 中央档案馆编：《中共中央文件选集》第十一册，中共中央党校出版社1991年版，第722页。

④ 转引自程中原：《张闻天传》，当代中国出版社1993年版，第427页。

线""一切服从抗日"根本行不通。因为中国的统一战线是比较松散的、遇事协商谈判式的统一战线，并没有统一战线的组织形式。而且八路军、新四军名义上是国民革命军的一部分，理论上国民革命军是以蒋介石为最高统帅的，陕甘宁边区也是国民政府之下的特区，共产党对于统一战线的领导权是政治上的引导而非组织上的掌握。如果"一切经过统一战线""一切服从抗日"，等于要一切经过和服从蒋介石，这只能捆住共产党自己的手脚。因此，王明那一套主张并没有多大的市场，在实际工作中也没产生多大的影响，何况在六届六中全会的结论中，毛泽东已经明确对"一切经过统一战线""一切服从抗日"提出了批评。加之王稼祥在六届六中全会上传达了共产国际关于中共领导机关要"以毛泽东为首"的指示，王明在党内的影响力自然无法同毛泽东比拟，此后他虽然仍是中共中央书记处书记，但主要只负责统一战线工作和妇女工作。所以，毛泽东发动延安整风之时在党内的领袖地位已经完全巩固，双方之间自然也不存在所谓权力之争的问题。

不过，党的六届六中全会后，王明虽然已是风光不再，但在当时许多人看来，他仍然是党内著名的理论家。王明在莫斯科系统地学习过马克思主义理论，能说会写，发表的一些文章还颇有理论色彩，在延安的许多干部看来，党内有马列主义理论水平的还是王明这样的人。1938年年底，王明从重庆回到延安后，"频繁地出席了各种会议，作了很多报告和讲演，发表很多文章，显得十分活跃"①。王明不但能背诵许多马列著作中的词句，而且颇有口才，"当

① 郭德宏等：《王明传》（增订本），人民出版社2014年版，第345页。

113

时他的一些观点还并非完全没有市场，有人听了他口若悬河的演讲之后，还受到迷惑，认为他了不起，理论有一套"①。1940年3月，王明将其1930年写的、集中反映他观点的《为中共更加布尔什维克化而斗争》一书，在延安印了第三版，并且在第三版"序言"中写道："我们党近几年来有很大的发展，成千累万的新干部新党员，对我们党的历史发展中的许多事实，还不十分明了。本书所记载着的事实，是中国共产党发展史中的一个相当重要的阶段，因此，许多人要求了解这些历史事实，尤其在延安各学校学习党的建设和中共历史时，尤其需要这种材料的帮助。"随着王明这本小册子的出版，"应该怎样看待党的历史上的路线是非这个问题，便更迫切地摆到中共中央面前"②。同月下旬，中共中央政治局举行会议，听取从莫斯科回来的周恩来、任弼时的汇报。当周恩来传达共产国际执行委员会书记曼努伊尔斯基说张闻天是中国共产党的理论家时，毛泽东当即反驳：什么理论家，背了几麻袋教条回来。③ 这也促使毛泽东思考什么是真正的理论和真正的理论家。

1942年2月1日，毛泽东在中央党校的开学典礼上作《整顿学风党风文风》的报告，重点讲到了什么是理论和理论家的问题。他说："我们读了许多马列主义的书籍，能不能就算是有了理论家呢？也不能的。因为马列主义是马恩列斯他们根据实际创造出来的理论，从历史实际和革命实际中抽出来的总结论。我们如果仅仅读

---

① 吴介民主编：《延安马列学院回忆录》，中国社会科学出版社1991年版，第12页。
② 中共中央文献研究室编：《毛泽东传（1893—1949）》，中央文献出版社1996年版，第626页。
③ 参见《在历史的激流中——刘英回忆录》，中共党史出版社1992年版，第127页。

了它，但是没有根据它来研究中国的历史实际和革命实际，没有创造出合乎中国实际需要的自己特殊的理论，我们就不能妄称为马克思主义的理论家。""如果我们只知道背诵马克思主义的经济学或哲学，从第一章到第十章都背得烂熟了，但是完全不能应用，这样是不是就算得一个马克思主义的理论家呢? 大概不能算，这样的'理论家'实在还是少一点好。"① 他还说:"空洞的理论是没有用的，不正确的，应该抛弃的。好谈这种空洞理论的人，应该伸出一个指头向他刮脸皮。马列主义是从客观实际产生出来又在客观实际中获得了证明的最正确最科学最革命的真理，但是读马列主义的人却把它看成是死的教条，这样就阻碍了理论的发展，害了自己，也害了同志。"②

在毛泽东看来，虽然王明这些犯过教条主义错误的人言必称马列，写文章动辄引经据典，但对中国实际缺乏了解，结果理论不能与实际联系起来。所以，他们掌握的不是真正的马克思主义理论，更不是真正的马克思主义理论家，但党内相当多的人却没有认识到其危害性，仍把他们看成是理论权威。要解决理论与实际相脱离的问题，树立理论联系实际的学风，就必须认识到教条主义者的真面目。

1941 年 5 月，毛泽东在延安高级干部会议上作了《改造我们的学习》的报告，号召全党树立马克思主义与中国实际相结合的作风。同年 7 月，中共中央作出《关于增强党性的决定》，号召全党坚持实事求是的原则，加强党的团结，从思想上、政治二、作风上

---

① 解放社编:《整风文献（订正本）》，新华书店山东总分店 1950 年版，第 13—14 页。
② 解放社编:《整风文献（订正本）》，新华书店山东总分店 1950 年版，第 19 页。

克服各种不良作风。同年 9 月 10 日至 10 月 22 日，中共中央政治局召开扩大会议，集中讨论土地革命时期党内的路线是非问题，并决定在党内开展整风学习，反对主观主义和宗派主义。随后，在延安高级干部中开展马克思主义理论和党的历史的学习，整风运动在高级干部中率先开展。

全党整风是以 1942 年 2 月毛泽东先后作《整顿党的作风》和《反对党八股》的讲演开始的，它的主要内容是反对主观主义以整顿学风、反对宗派主义以整顿党风、反对党八股以整顿文风，采取的方针是"惩前毖后，治病救人"，目的是既要弄清思想又要团结同志。随后，整风运动在各个根据地广泛开展。整风运动是一次全党性的马克思主义思想教育运动，使全党真正认识到了马克思主义与中国具体实际相结合的重要性，也在全党完全确立了实事求是的马克思主义思想路线。整风运动开创了通过整风学习、开展批评与自我批评进行党内教育，实现党的自我革命的有效方式。

十六、抗日战争时期我党我军经费从哪里来？

吃饭穿衣是人最基本的生存需求，革命者也概莫能外。八年全民族抗战，中国共产党领导的力量得到了巨大的发展，仅军队人数就由抗战之初的几万人发展到抗战胜利时的百余万人，那么，抗战期间中国共产党是如何解决自身的生存问题的？

全民族抗战之初，八路军、新四军相当一部分经费来自国民党政府的拨款。根据国共谈判达成的协议，陕北主力红军改编成八路军后，全军编制为三个师 4.5 万人，国民党政府据此拨发经费。根据 1941 年 3 月国民党政府军事委员会编制的《第十八集团军及新四军编制经费情形报告表》列述，国民党政府对八路军的拨款是：（一）1937 年度月发经常费 30 万元（法币），战务费 20 万元，补助费 5 万元，医药补加费 1 万元，米津及兵站补助费 7 万元，合计月发 63 万元。（二）1939 年 8 月份起加兵站临时补助费 2.5 万元，连前月共到发 65.5 万元。（三）1940 年元月份起，每月增发米津 4.5 万元，连前月共发 70 万元。

国民党政府拨给新四军的经费为：（一）1938 年 1 月核定全军 4 个支队月各发经费 1.5 万元，军部 0.6 万元，自 3 月份起每月增发经费 2 万元，5 月起成立军直属分站一，独立派出所一，核定月支兵站费 0.3 万元；自 5 月 16 日起，月发米津 1.3534 万元。自 6 月份重新核定新四军经费每月 11 万元。（二）1939 年全年度经费仍旧月发 11 万元，另发战临费 2.2 万元，共月发经费 13.2 万元。（三）1940 年度经费核定每月为 11.5 万元，又战临费 2.2 万元，共月发 13.7 万元。

第二次国共合作实现后，国民党同意将长期坚持在海南岛的红军游击队改编为"广东省民众抗日自卫团第十四区独立队"，即"琼崖纵队"，改编之初，国民党海南岛当局同意每月发给琼崖纵队经费 0.8 万元，但到 1939 年 6 月后，大量削减琼崖纵队的经费，由原来的每月 0.8 万元缩减到 0.1 万元。[①]

在全民族抗战之初军队数量有限的情况下，国民党政府拨给八路军、新四军的军费，尚可维持部队所需。问题在于八路军、新四军发展迅速，到 1938 年 10 月，八路军人数达 15.6 万人、新四军 2.5 万人，到 1940 年八路军发展到 40 万人、新四军发展到 10 万人。八路军、新四军总人数增加近 10 倍，但国民党政府仍按改编之初原编制拨发经费，40 万八路军月经费 70 万元，人均不到两元，新四军以 10 万之众月经费 13 万余元，人均 1.3 元。这点经费对于八路军、新四军来说已是杯水车薪。为此，共产党方面一再要求增加编制和经费，可国民党方面不但一再拒绝，而且从 1940 年 11 月起，国民党方面停止了对八路军、新四军的经费供给。

全民族抗战初期中共方面的第二项经费来源是国内外捐款和共产国际的援助。

---

① 参见总后勤部财务部、军事经济学院编著：《中国人民解放军财务简史》，中国财政经济出版社 1991 年版，第 109—110 页。

募捐是全民族抗战之初八路军、新四军经费的重要来源。应当说，全民族抗战之初，这种自愿与带有某种强迫性的摊派，为敌后抗日根据地募集了一定数量的资金与物资。1937 年秋冬，八路军第 120 师开辟晋西北抗日根据地时，仅在山西兴县，杨家坡地主杨笃仁将卖土地和城里商号所得的 1.5 万元银元全部捐出，黑峪口王家村的王则相捐出 2000 银元和一条船，著名开明士绅牛友兰不但捐出自己"复庆永"商号的货物，而且一次捐献银元 2.3 万元，到这年 12 月，全兴县民众捐助八路军达 6 万元银元、粮食 700 余担。①各抗日根据地都有组织地开展募捐活动，如 1938 年年初山东和冀中抗日根据地募集的"抗日救国捐"，1940 年晋绥抗日根据地开展的献金、献粮、献鞋、扩兵的"四献"运动等。

全民族抗战一爆发，红军改编为八路军和新四军后迅速开赴前线，并且取得了平型关战斗等一系列的胜利，赢得了良好的声誉，国内各阶层及一些海外华人华侨纷纷解囊捐助八路军和新四军。1938 年至 1939 年，上海未被日军占领的租界区开展群众性的支援新四军运动，组织义演、义卖，共募集到几十万元，为新四军购买了一批药品和 5 万套军装所需布匹。宋庆龄及其领导的保卫中国同盟，在海外为八路军、新四军募捐了数量不菲的医疗器械、药品、现款和其他物资，仅 1936 年 12 月至 1939 年 2 月，宋庆龄就向延安寄去了 6 万元法币。

一些地方实力派也曾提供一些物资帮助。一段时间，新疆军阀盛世才对中国共产党比较友好，双方建立了较密切的合作关系，盛

---

① 参见中共山西省委党史办公室编著:《刘少白传》，中共党史出版社 2014 年版，第125 页。

世才曾向中国共产党提供了一些物款。1939 年 7 月 8 日，毛泽民在共产国际中国问题研究小组的发言中说："在新疆省，开展过为八路军购买防毒面具的募捐活动，募集到 6 万元。盛世才送给八路军 5 万件毛皮大衣，给了 10 万元，并将大衣从兰州运往前线。"①

据八路军供给部的统计，从 1937 年至 1941 年，各部队上缴给供给部的捐款有账可查共为 892.4 万元，其中：1937 年 3.6 万元，1938 年 200.1 万元，1939 年 60.4 万元，1940 年 555.3 万元，1941 年 78 万元。"因各部队分散活动，加上缺少统一的收支手续，账目记载不全，实际上部队所得要多得多。"②

当时，中国共产党是共产国际的一个支部，中共成立之后，共产国际一直提供经济上的帮助。全民族抗战爆发后，中共中央一再向共产国际提出经济援助问题。1938 年 2 月 2 日，康生在延安同共产国际派来的代表安德里阿诺夫谈话时提出，中国共产党"经受着严重的财政危机"，因为"从老百姓那里得到经费的希望很小"，而"蒋介石拨给我们用来养活八路军的款项更加不够用，因为军队增加了一倍，而军饷总数依然如故"，要求尽快落实"在我们动身来这里之前，共产国际执委会答应拨给我们 150 万美元，国际革命战士救济会也答应我们拨款 3 万美元用于治疗从监狱中释放出来的同志"。③至于这笔经费后来是否给了中共，不得而知，但同年 2 月

① 中共中央党史研究室第一研究部译：《共产国际、联共（布）与中国革命档案资料丛书》第 18 册，中共党史出版社 2012 年版，第 229 页。
② 总后勤部财务部、军事经济学院编著：《中国人民解放军财务简史》，中国财政经济出版社 1991 年版，第 120 页。
③ 中共中央党史研究室第一研究部译：《共产国际、联共（布）与中国革命档案资料丛书》第 18 册，中共党史出版社 2012 年版，第 29 页。

18 日共产国际执委会总书记季米特洛夫在其日记中写道"援助中国共产党 50 万美元"。①

1941 年 1 月皖南事变后，蒋介石宣布新四军为"叛军"并取消其番号，彻底断绝对八路军和新四军的经费供应，加之日伪军的"扫荡"和连续天灾，各抗日根据地的经济十分困难。同年 5 月 16 日，中共中央致电季米特洛夫："从今年 1 月至今，蒋介石没有拨给我们一分钱。我们遇到了很大的财政困难。请允许拨给我们今年总额一百万美元的款项。"中共中央这项要求不久得到了满足。7 月 3 日，联共（布）中央政治局召开会议，同意"拨给共产国际执委会 100 万元，用来援助中国共产党中央"。7 月 7 日，季米特洛夫致电毛泽东："您关于资金援助的请求得到了满足，已采取措施，使您能尽快分批得到全部款项。"②100 万美元在当时不是一笔小数目，对于缓解当时严重的经济困难无疑起到了雪中送炭的作用。1943 年 6 月，共产国际解散，给中国共产党的经费援助自然中止。

税收往往是一个政权财政收入的主要来源，但在全民族抗战之初各抗日根据地的收入中，税收所占的比例并不大。各敌后抗日根据地建立之时，由于政权系统不完善，税赋的征收比较困难，所以基本上是在"合理负担"的口号之下，按照有钱出钱、钱多多出、钱少少出的原则，以县为单位逐级向下摊派的方式解决军队的粮草问题。但摊派的方式难免有强迫命令的色彩，而且造成畸轻畸重的不合理现象，摊派较重的往往是地主、富农或商人，所以随着各级

---

① 《季米特洛夫日记选》，马细谱等译，广西师范大学出版社 2002 年版，第 64 页。

② 中共中央党史研究室第一研究部译：《共产国际、联共（布）与中国革命档案资料丛书》第 19 册，中共党史出版社 2012 年版，第 195、201 页。

政权的建立，摊派这种筹款的方式被征税所取代。各抗日根据地的税种和税率不完全相同，总体来说，1940 年之前各地税赋均比较轻。在抗日根据地的税赋中，爱国公粮的征收最为重要，在陕甘宁边区，所征公粮占实产的比例，1937 年为 1.27%，1938 年为 1.25%，1939 年为 3.80%。1937 年 10 月，晋察冀边区政府通过的《征收救国公粮条例》规定，全部收入每人平均小米 1.4 石以下者免征，1.5—2 石者征收 3%，2.1—3 石者征收 5%，以上每增加 1 石增加 1%，以征收 20% 为限度。1941 年之后，各抗日根据地加强了税收工作，如陕甘宁边区成立了税务总局，各县设立了税务局，公布了货物税修正条例、营业税条例，统一了税制，1941 年的税收比 1940 年增加了 3 倍多，占当年财政收入的 30%，在财政收入中占有比较大的比重。

此外，发行公债亦是抗日根据地的一项财政收入，不过数量不是很多。1937 年夏，陕甘宁边区发行过 200 万元法币的公债。1940 年后，各根据地开展大生产运动，自己动手建立公营经济，如建立银行自行发行货币，成立贸易公司开展对外贸易（如陕甘宁边区成立盐业公司外销三边地区所产食盐，成立土产公司推销边区土产，换取日用必需品，经营进出口业务），办起一些小型工矿企业（如胶东抗日根据地的黄金生产），机关、军队开展生产，这些生产经营活动所得，成为抗战后期各抗日根据地经费的重要来源。

1940 年前，各抗日根据地的经济虽然也很紧张，但总体来说尚可勉强维持。但是到了 1940 年年底，根据地的财政经济遇到了前所未有的困难。由于八路军、新四军发展迅速，由抗战之初的数万人发展到 50 万人之众，各抗日根据地的政权系统和各种群众团体也健全起来，地方的脱产人员也随之增加。而蒋介石不但停发了八路军、新四军的经费，还加紧对抗日根据地进行经济封锁，严格限制与根据地的货物人员往来。这样一来，大后方和海外对根据地的资金物资援助也几乎被断绝。在此之前，国民党政府提供的经费和海内外援助曾是陕甘宁边区的主要经济支柱。据统计，1937年，外援占边区收入的77.2%，其他占边区收入的22.8%；1938年外援占51.69%，其他占48.31%；1939年外援占85.79%，其他占14.21%；1940年外援占70.50%，其他占29.50%，这4年外援合计占82.42%，其他占17.58%。① 包括国民党政府提供的军饷在内的外援的断绝，对根据地经济的影响由此可见一斑。

相对而言，其他抗日根据地在经济上对外援的依赖度要小一些，其经费来源除了国民党政府一定数量的军饷外，主要是在"合理负担"口号下的捐助与摊派，这些捐助和摊派往往主要由家境较好者承担，但其所承受程度毕竟有限。经过几年的抗战，在根据地的脱产人员大量增加之后，这种方式亦难持久维持，筹款日益困难。与此同时，自1940年起，包括陕甘宁边区在内的各抗日根据地连续发生旱灾、虫灾等自然灾害。1940年底百团大战结束后，日军又加强了对敌后抗日根据地的"扫荡"，造成大量人力物力的损失，敌后根据地的面积和人口大为减少。晋冀鲁豫根据地的太岳区在最严重的时候，全区没有一个完整县，已建立的12个县政府，被迫搬迁到沁源县工作，后来沁源县城也被日军占领，全区没有一座县城。1940年和1941年，根据地财政经济发生了极其严重的

① 参见陕甘宁边区财政经济史编写组、陕西省档案馆：《抗日战争时期陕甘宁边区财政经济史料摘编·第六编·财政》，陕西人民出版社1981年版，第23页。

困难。

为了克服严重的经济困难，尽量减轻根据地群众负担，各根据地普遍开展了大生产运动和精兵简政。例如，陕甘宁边区各机关、部队、学校大生产运动后，不仅开荒种地，还建立起了各种副业，如养猪、做豆腐等，使生活有了很大的改善。1943 年 1 月至 10 月，八路军第 359 旅吃肉为 318262 斤，平均每人每月约 3 斤肉。根据地人民的负担也大为减轻。以陕甘宁边区为例，1941 年是边区群众负担最重的一年，其负担情况是，人力负担：每个劳动力平均100—115 天；畜力负担：每畜平均 65—75 天；正式财粮负担：每人平均 54 斤小米，占总收入的 15.31%；非正式财粮负担：每人平均81 斤小米，占总收入的 23.14%。仅财粮负担就占边区群众总收入的 38.45%，这还不包括人力和畜力负担，边区群众的负担是比较重的。经过大生产运动和精兵简政，边区人民的负担逐渐减轻，以救国公粮为例，如果以 1941 年为 100，1942 年为 82.1，1943 年为91.3，1944 年为 79.4，1945 年为 61.5。边区救国公粮占农业产值的比重也逐年下降，1943 年全边区的公粮负担率为 11.51%，1944 年为 9.14%，1945 年为 7.75%。救国公粮占财粮总收入的比重：1940年至 1942 年平均为 52.23%，1943 年至 1945 年平均为 29.53%；农民缴纳的各项税收占财粮总收入的比重：1940 年至 1942 年平均为60.65%，1943 年至 1945 年平均下降为 35.38%。经过大生产运动和精兵简政，达到了毛泽东号召的"自己动手，丰衣足食"的目的。

十七、抗日战争中共产党只牺牲了一位将军吗？

近些年来，对抗日战争的研究不论是关于敌后战场还是正面战场，都有大量的成果面世。尽管如此，时至今日，如何看待国共两党在抗日战争中的地位和作用，仍然众说纷纭，莫衷一是。

一段时间，网上曾流行一篇题目为《谁是抗日的"中流砥柱"?》的帖子，引起了很大的反响。概括来看，这篇帖子的主要说法有：其一，国民党在抗战中的牺牲比共产党大，"国军将领阵亡206人，而共产党方面仅有左权将军1人"，"国民党军队伤亡341万，共产党军队伤亡61万"；其二，国民党的战果比共产党辉煌，"有126名日军将领在和国民党军队作战中阵亡；另有3名是死于跟八路军的作战，包括阿部规秀中将"，"国民党军队在正面战场组织了22次大规模战役，1117次重要战斗，38万多次小规模战斗……而共产党自我吹嘘了半个世纪的抗战功绩，仅有平型关和百团大战而已"。该文最后写道："通过这些数字对比，人们可以很清楚地看到，谁是抗日战争的主体力量。因为如果共产党是中流砥柱，它怎么可能伤亡人数少、阵亡将领少、消灭日军数量少、击毙日本将领人数少、组织的战役少?"此外，社会上所谓如果不是因为日本大举侵华，使得蒋介石只得停止对红军的"围剿"转而抗日，给了共产党以喘息进而发展的机会，共产党早已失败这样的观点也颇为流行。

应该说，在过去的中共党史研究中，对正面战场在抗战中的地位和作用确实存在重视不够的问题，但近年来又存在否认或低估中共在抗战中地位与作用的倾向，而且以往的研究往往对于两个战场均是采取各自述说的方式，鲜有将二者作为一个整体进行研究的成果。

判断国共两党在抗战中的地位与作用，不必以贬损对方为前提，也不能简单地以组织了多少战役、牺牲了多少将领为依据，而应尊重历史事实。客观而论，在全面抗战的过程中，国民党领导的正面战场付出了重大牺牲，在战场上伤亡了大量的官兵，其中还包括相当数量的高级将领，如曾任第33集团军总司令的张自忠上将、第36集团军总司令的李家钰上将等。有人统计，抗日战争中为国捐躯的国民党少将以上将领多达200名左右（需要说明的是，其中有的人牺牲时为校级军官，当时国民党政府为褒奖他们而追授为少将，也有相当一部分由低一级军衔追授到上一级，如原本少将追授中将，原本中将追授上将）。他们这些人都是为中华民族的独立和解放而英勇牺牲的，永远值得后人尊敬与怀念。正因为如此，张自忠和李家钰分别在1982年和1984年被国家民政部追授为革命烈士，2009年9月，张自忠还入选"100位为新中国成立作出突出贡献的英雄模范人物"，北京市还有为纪念抗战牺牲的国民党将领而命名的街道，如张自忠路、赵登禹路、佟麟阁路。

如果单讲军队伤亡的人数与阵亡的高级将领数量，国民党军队无疑要远远超出共产党军队。一方面，当时国民党军队的人数要远远超过共产党军队，不要说全民族抗战爆发之初，即便是抗战即将胜利之时，共产党军队经过大发展之后达到了 100 余万人，国民党军队的数量仍是共产党军队的数倍。另一方面，其实也是更重要的，国民党军队在抗战中主要与日军进行的是大规模的阵地战，如抗战初期的淞沪会战、徐州会战、太原会战、武汉会战，抗战中期的几次长沙会战、桂南会战、上高会战、枣宜会战、鄂西会战、滇西会战、常德会战等，抗战后期衡阳会战、桂（林）柳（州）会战、湘西会战等。尤其在抗战前期、中期日军武器装备、军队训练都要远远强于国民党军队，特别是在日军几乎完全取得了制空权的情况下，进行这种大规模的阵地战，国民党军队必然要付出重大伤亡。而在抗战中，共产党军队除初期的平型关战斗、中期的百团大战等阵地战外，主要采取的是游击战的方式。游击战最大的特点就是打得赢就打、打不赢就跑，这样既能消灭敌人的有生力量，又能比较有效地保存自己。而且事实上，共产党军队的规模尤其是武器装备，也不具备与日军进行大规模阵地战的能力。加上共产党军队主要活动于敌后，这些地方群众的负担很重，有的甚至要承担敌我两面负担，兵源有限，所以抗战中后期还不得不实行精兵简政。国民党尽管丢掉了大片国土，但毕竟还掌握着西南、西北地区及中南的部分地区，还可以获得比较充足的兵源。所以相对而言，在全面抗战过程中国民党军队的伤亡数量包括阵亡的高级将领，远远多于共产党军队，这是事实。

但同时要看到的是，共产党军队在抗战中同样付出了巨大牺牲，更不能说共产党在抗战中只牺牲了一位将军（指八路军副总参谋长左权），因为共产党军队仅在抗战之初红军被改编为八路军之际，国民党政府曾授予一部分八路军旅以上将领以少将至中将的军衔（朱德为中将加上将衔），后来则根本没有实行军衔制度。但在全面抗战中，共产党军队牺牲的团长以上将领（按照国民党军队的惯例，一般团长为上校，如果阵亡有可能追授为少将）数量亦相当多。抗日战争时期，中国共产党领导的大面积的敌后抗日根据地，有晋察冀、晋冀鲁豫、山东、晋绥和华中。其中，晋冀鲁豫边区是八路军第 129 师的主要活动区域，在行政上划分为 4 个行署，即 4 块根据地，分别是太行、太岳、冀南和冀鲁豫。仅冀南抗日根据地，牺牲的八路军旅级或军分区级正职干部就有新七旅旅长、六分区司令员易良品，新八旅政治委员、七分区政治委员肖永智，新九旅旅长、一分区司令员桂干生，五分区司令员赵义京，四分区司令员李荣，二地委书记兼二分区政治委员李忠，新九旅副旅长、四分区司令员杨宏明，一分区司令员、二十五团团长李林，津浦支队政治委员王育民，等等。至于旅级、军分区副职和正团职干部就更多了。因此，不能简单以伤亡人数作为国共两党在抗战中地位与作用的依据。

更有人完全否定中国共产党在抗战中的地位与作用，在网络文章说："除了抗战头两年共产党的军队打过几次抵抗日本军队的仗，从 1939 年以后就没有打过一场稍微大一点的仗。共产党的主要精力放在扩大解放区，培养自己的武装力量。这时候是中华民族生死存亡的关键时刻，毛泽东放着日本人不打，打自己的小算盘，准备胜利后摘果子。他确实做到了。"其实，一个简单的事实是，如果中国共产党及其领导的武装果真是"游而不击"，进行抗战的主要是国民党军队的话，那么中国共产党为何能在抗战中取得重大发展，军队和党员从抗战之初的几万人发展到抗战胜利时的一百余万人,根据地由一个发展至十九个,根据地人口由一百余万发展至近一个亿,难道老百姓会拥护一支不带领他们抗日的军队吗?

抗日战争时期中国共产党何以发展壮大,这是一个值得深入研究的问题,概其要点,至少与以下因素有关:

其一,始终高举抗日的旗帜,建立和维护抗日民族统一战线,坚持统一战线的独立自主原则,对于国民党顽固派破坏抗日民族统一的行为进行坚决的斗争,但以斗争求团结,做到有理有利有节,斗争以不破裂统一战线为限度,斗争的目的是为了团结抗日,因而得到了社会各阶层的理解与尊重。

其二,在全民族抗战之初国民党丧师失地、丢弃大片国土的情况下,八路军、新四军及时挺进敌后,既避免了与国民党军队可能发生的摩擦与冲突,又在全国人民面前树立起坚持抗战的良好形象,并且由此开辟了大片抗日根据地,成为中国共产党坚持敌后抗战的基地。在抗战中制定适合自身特点的战略战术,坚持敌后游击战,以小胜积大胜。

其三,采取有利于团结抗日的方针政策,如政权建设上的"三三制",即在根据地的政府与同级参议会的人员构成中,明确规定共产党员不能超过三分之一,非党进步分子占三分之一,中间分子(主要是开明绅士)占三分之一,在保证党对根据地政权领导地位的同时,充分调动各阶级阶层参加抗战的积极性;在根据地实施广泛的民主选举,使各阶层群众感受到自己是新社会的主人;经济上实行有钱出钱、有力出力的合理负担政策,并在抗战中后期广泛开展减租减息、大生产运动和实行精兵简政政策,尽量减轻各阶层的负担,以利于持久抗战等。

其四，大力发展党的同时加强党的自身建设，创造性地运用整风的方式解决自身长期存在的教条主义和山头主义，党内形成了以毛泽东为核心的坚强有力的领导集体，树立了毛泽东思想在全党的指导地位，实现全党的完全团结统一。

坊间曾流行一种观点，说毛泽东曾不止一次说过"感谢日本"的话，之所以如此，是因为日本人救了共产党的命，如果不是日本人大举进攻中国，使得蒋介石不得不停止对红军的进攻转而集中力量对付日本人，共产党和红军早就被消灭光了，而且由于日本的侵略使国民党的力量受到重挫，共产党乘机坐大。毛泽东的确讲过类似"感谢"的话，但如果读了他讲话的原文，就不难明白他的原意了。1956年9月4日，毛泽东在与访华的日本前陆军中将远藤三郎谈话时说："你们也是我们的先生，我们要感谢你们。正是你们打了这一仗，教育了中国人民，把一盘散沙的中国人民打得团结起来了。所以，我们应该感谢你们。"[1]1961年1月24日，毛泽东在会见日本社会党国会议员黑田寿男等人时发表谈话："我们国家的人民，也是由国内敌人和国外敌人教育过来的，其中也包括日本军国主义者的教育。日本的南乡三郎见我时，一见面就说：日本侵略了中国，对不住你们。我对他说：我们不这样看，是日本军阀占领了大半个中国，因此教育了中国人民，不然中国人民不会觉悟，不会团结，那末我们到现在也还在山上，不能到北京来看京戏。就是因为日本'皇军'占领了大半个中国，中国人民别无出路，才觉悟起来，才武装起来进行斗争，建立了许多抗日根据

---

① 孙平化：《中日友好随想录》，世界知识出版社1986年版，第39页。

地，为解放战争的胜利创造了条件。"①1964 年 7 月 9 日，在与亚洲、非洲、大洋州一些国家和地区参加第二次亚洲经济讨论会的代表谈话中，毛泽东也说了类似的话。可见，毛泽东为 闩 "感谢" 日本，其含义不是十分明确吗?

---

① 《毛泽东外交文选》，中央文献出版社、世界知识出版社 1994 年版，第 460—
461 页。

十八、抗战胜利后中共中央为什么曾考虑从延安迁往淮阴？

抗日战争胜利后，蒋介石虽然一意发动内战，但抗日战争刚刚结束，全国人民都渴望和平，反对他的内战政策，所以他一下子还不敢挑起全面内战。况且他的军队还主要在西南地区，要开赴到内战前线的华北、华东和东北地区尚需时日。于是，他一连向延安发了三封电报，邀请毛泽东去重庆"共定大计"。中国共产党为了尽可能地争取和平，同时也为了让全国人民认清蒋介石的所谓"和平"的真相，决定派毛泽东、周恩来、王若飞赴重庆同国民党谈判。

1945 年 8 月 28 日，毛泽东在国民党政府代表张治中、美国驻华大使赫尔利的陪同下，偕同周恩来、王若飞前往重庆，与国民党进行了前后长达 43 天的谈判。双方于 10 月 10 日签署了《国民政府与中共代表会谈纪要》，即"双十协定"。会谈纪要接受中共方面关于和平建国的基本方针，提出以和平、民主、团结、统一为基础，"长期合作，坚决避免内战，建设独立、自由和富强的新中国"[1]；同意结束国民党的所谓训政，召开各党派代表及社会贤达参加的政治协商会议共商国是；承认人民享有一切民主国家应有的民主自由权利；

---

[1] 中共中央文献研究室、中央档案馆编：《建党以来重要文献选编（一九二一——一九四九）》第二十二册，中央文献出版社 2011 年版，第 729 页。

等等。但是，对军队和解放区问题，尽管共产党方面作出了重大让步，但由于国民党方面执意要取消解放区政权和人民军队，这两个问题未能达成协议，表示以后双方"继续协商"。

1946 年 1 月 10 日，有国共代表和中间党派代表参加的政治协商会议在重庆开幕。会议通过了政府组织案、国民大会案、和平建国纲领、军事问题案、宪法草案五项决议后，于 1 月 31 日闭幕。在政治协商会议召开的同一天，国共两党又签订了停战协议，双方协定"停止国内各地一切军事冲突并恢复一切交通"①。

政治协商会议召开和停战协议签订之时，中共中央对形势的发展曾一度给予乐观的估计。在停战协议签订的当天，中共中央指示各级党委、解放区各级政府和各级部队指挥员："本党代表与国民政府代表对于停止国内军事冲突之办法、命令及声明，业已成立协议，并于本日公布在案。凡在中国共产党领导下之一切部队，包括正规军、民兵、非正规军及游击队，以及解放区各级政府，共产党各级委员会，均须切实严格遵行，不得有误。""全中国人民在战胜日本侵略者之后，为建立国内和平局面所作之努力，今已获得重要之结果。中国和平民主新阶段，即将从此开始。"②

1946 年 2 月 1 日，中共中央发出经毛泽东修改审定的《关于目前形势与任务的指示》（以下简称《指示》），指出："重庆政治协商会议，经激烈争论之后，已获得重大结果。决定改组政府，并通过

① 中共中央文献研究室、中央档案馆编：《建党以来重要文献选编（一九二一——一九四九）》第二十三册，中央文献出版社 2011 年版，第 25 页。
② 中央档案馆编：《中共中央文件选集》第十六册，中共中央党校出版社 1992 年版，第 15 页。

施政纲领、宪草原则，又决定召开立宪国民大会，整编全国军队，实行军党分立，军民分治，以及议会制、内阁制、地方自治、民选省长等项原则。由于这些决议的成立及其实施，国民党一党独裁制度即开始破坏，在全国范围内开始了国家民主化。这就将巩固国内和平，使我们党及我党所创立的军队和解放区走上合法化。这是中国民主革命一次伟大的胜利。从此中国即走上了和平民主建设的新阶段。"《指示》明确表示："政治协商会议的各项决议，现已陆续公布"，"在我们自己方面，则准备为坚决实现这些决议而奋斗"。

既然中国即将"走上和平民主建设的新阶级"，斗争形式自然也应相应地发生转变，中共中央为此指示全党："中国革命的主要斗争形式，目前已由武装斗争转变到非武装的群众的与议会的斗争，国内问题由政治方式来解决。党的全部工作，必须适应这一新形势。""我党即将参加政府，各党派亦将到解放区进行各种社会活动，以至参加解放区政权，我们的军队即将整编为正式国军及地方保安队、自卫队等。在整编后的军队中，政治委员、党的支部、党务委员会等即将取消，党将停止对于军队的直接指导（在几个月之后开始实行），不再向军队发出直接的指令，我党与军队的关系，将依照国民党与其军队的关系。""我们还要准备将全党的工作转变到非武装的群众的与议会的斗争中去，用心去学习与组织合法斗争及上层统一战线与下层统一战线工作的配合，把党的工作推进到全国范围去，推进到一切大城市去，并在广大范围内，参加全国经济建设，使国家工业化的工作。"①《指示》对和平民主建设的新阶段即

---

① 中央档案馆编：《中共中央文件选集》第十六册，中共中央党校出版社 1992 年版，第 62—66 页。

将到来的乐观情绪跃然纸上。这也说明，当时中国共产党对国内和平是抱着极大诚意的，真心希望抗战胜利之后中国进入和平民主建设的新阶级，并且作出了军队改编、进入议会的准备。

同一天，刘少奇在延安干部会议上作关于时局问题的报告，对形势的估计同样表现出很乐观。其中说："目前的时局已经开创了一个新的局面。重庆的政治协商会议已获得了重大的成果。政协会议通过的决议案基本上是好的。这些决议案，在政治协商会议上通过、成立以及它的实行，就会做到在全国范围内使国民党的一党独裁开始破坏，全国民主化开始实现，使我们中国变为一个民主化的国家，进一步巩固国内和平，并且使我们的党及我们党所建立的军队及解放区在全国范围内走向合法化。这是中国民主革命的历史上一次伟大的胜利。从此中国就走上和平民主建设的新阶段。"①

这时，中共中央还开始着手参加政府的准备。2月6日，刘少奇主持中共中央政治局会议，讨论周恩来关于国府委员及宪草审议委员人选的请示电。会议一致通过后，中共中央即复电中共谈判代表团，同意周恩来、董必武、吴玉章、秦邦宪、何思敬5人为宪草审议委员的共产党方面人选；国府委员共产党人选仍照周恩来在延安所提毛泽东、林伯渠、董必武、吴玉章、周恩来、刘少奇、范明枢（山东解放区著名开明绅士，时任山东省参议会参议长）、张闻天8人，如范明枢不能去则提彭真；同意以周恩来、林伯渠、董必武、王若飞分任行政院副院长和政府部长。

2月9日，毛泽东接见美联社记者时说：政协会议成绩圆满，

① 中共中央文献研究室编：《刘少奇年谱（1898—1969）》下卷，中央文献出版社1996年版，第16页。

令人兴奋。今后当然还有困难，但相信各种障碍都可以扫除。总的方面，中国走上民主舞台的步骤已经部署完成。各党当前任务，最主要的是在履行政治协商会议的各项决议，组织立宪政府，实行经济复兴。共产党于此准备出力拥护。对于政治的及经济的民主活动，将无保留，出面参加。

就在这段时间，中共中央甚至计划将领导机关迁到华中解放区首府江苏的淮阴（中共中央华中局和新四军军部所在地），其中一个考虑是中共领导人参加联合政府后往来南京开会方便。

1946 年 1 月 27 日，在重庆参加政治协商会议的周恩来返回延安，于第二天向中共中央政治局报告关于停战、三人小组（即由国民党代表张治中、共产党代表周恩来、美国代表马歇尔组成的最高军事小组会议，研究国共军队的整编统编问题）、政协等情况，并提出将来共产党方面参加政府时中央要考虑搬迁问题。[1]

2 月 2 日，刘少奇在中共中央书记处讨论实施政协协议问题时说：华中我们应该保留，也可能党中央将来搬去。同一天，中共中央致电陈毅，指出："必须巩固华中现有地区，因中央机关将来可能迁淮阴办公。"[2]

3 月 4 日，马歇尔、张治中、周恩来从重庆飞抵延安，在中共中央举行的欢迎晚会上，张治中对毛泽东说："和平实现了，政府改组了，中共中央就应该搬到南京去，您也应该住到南京去。"毛

---

[1] 参见中共中央文献研究室编：《周恩来年谱（1898—1949）》，中央文献出版社、人民出版社 1989 年版，第 641 页。

[2] 中共中央文献研究室编：《毛泽东年谱（一八九三——一九四九）》（修订本）下卷，中央文献出版社 2013 年版，第 56 页。

泽东回答说："我们将来当然要到南京去，不过听说南京热得很，我怕热，希望常住在淮安（阴），开会就到南京。"①

然而，中国共产党期待的这种"和平民主建设的新阶段"并没有真正到来，而是迎来了蒋介石的背信弃义与倒行逆施。3 月 7 日，国民党六届二中全会举行第八次大会，在检讨政协报告时，谷正纲、潘公展等人声称要共产党"放弃割据之政权"，"放弃武力夺取政权之野心"，"不应以种种问题束缚领袖"。

这时的局势是：一方面，国民党军队不停地向解放区进行蚕食进攻；另一方面，除东北外，关内大规模的军事冲突还没有发生，由国民党、共产党和美国三方组成的军事调处执行部，也不停地派人到各冲突地区进行调处。但是，这只是暴风雨前短暂的宁静，蒋介石正是利用这段时间抓紧全面内战的准备，和平民主发展的可能性正在迅速消逝。

随着蒋介石破坏政协决议和停战协定的行动不断加快，中共中央对和平民主新阶段已经到来的乐观情绪迅速消退，认识到蒋介石专制独裁的本性并没有改变，战争的危险有可能超过和平的可能，要求全党在全力争取和平的同时，认真做好应对内战爆发的准备。

3 月 15 日，中共中央政治局召开会议，讨论国际国内时局问题。毛泽东在发言中指出："资产阶级和苏和共派又包括两部分人：资产阶级的中派和左派，如蒋介石就是中派。他的主张有两条：第一条是一切革命党全部消灭之；第二条是如果一时不能消灭，则暂时保留，以待将来消灭之。而左派则和蒋介石不同，如张东荪等

---

① 《张治中回忆录》，文史资料出版社 1985 年版，第 750 页。

人。这两派今天都是能和我们合作的，因为中派有'暂时保留'一说，这就产生了妥协的可能性。"毛泽东同时又说：蒋介石的这两条，"第一条很清楚。第二条是人们容易忘记的，稍微平静一点就忘了"。他还说："我们的军队是要缩编的，但不是缩编得越少越好，一些同志不知道这些，需要说清楚。"① 主持会议的刘少奇在作总结时肯定了毛泽东的分析，提出中共的态度是："打起来，有了准备；不打，更好。"②

同一天，中共中央发出《关于目前时局及对策的指示》，要求"除开审慎应付东北问题外，华北、华中各地应即提起警觉，密切注意顽方动态，并在军事上作必要准备，加强整训，加强侦察，严防反动派突然袭击。如果反动派发动进攻时，必须能够在运动中坚决、彻底、干净、全部消灭之"。同时要求各地将减租、生产两件大事抓紧推动，以"造成解放区不可动摇的群众基础和物质基础"③。

3月18日，中共中央发出《关于坚决反对国民党反动派破坏政协决议的指示》，提醒各战略区主要负责人："最近时期一切事实证明，蒋介石反苏、反共、反民主的反动方针，一时不会改变的，只有经过严重斗争，使其知难而退，才有作某些较有利于民主的妥协之可能。""停战协定、政协决议，整军方案我们是不愿其破坏的。但反动派必欲破坏，只要使人民了解这是由国方破坏的，而不是由我方破坏的，那对于中国的前途，也会是有好处的。因此，我们不

---

① 《毛泽东文集》第四卷，人民出版社1996年版，第97、98页。
② 转引自中共中央文献研究室编：《毛泽东传（1893—1949）》，中央文献出版社2004年版，第783页。
③ 中央档案馆编：《中共中央文件选集》第十六册，中共中央党校出版社1992年版，第93—94页。

破坏它们，但我们决不怕反动派破坏，我们反对分裂、反对内战，但我们不怕分裂、不怕内战，我们在精神上必须有这种准备，才能使我们在一切问题上立于主动地位。"①

4月16日，在重庆的周恩来致电中共中央并转东北局说，蒋介石表面愿求妥协以欺骗国人，暗中布置军事，阴谋甚大，马歇尔来后态度如何，尚难断定。4月18日，毛泽东以中共中央名义致电各中央局，通报了周恩来来电的内容，要求各地"准备一切条件，应付任何事变。各战略区主要负责人不得中央许可，不要离开队伍"②。5月1日，中共中央发出关于练兵的指示，指出："国民党反动派除在东北扩大内战外，现正准备发动全面内战，在此种情况下，我党必须有充分准备，能够于国民党发动内战时坚决彻底粉碎之。"③6月底，蒋介石大举进攻中原解放区，同时向各解放区发动全面进攻，全面内战爆发，中国共产党不得不以革命战争应对蒋介石的反革命战争。

---

① 中央档案馆编：《中共中央文件选集》第十六册，中共中央党校出版社 1992 年版，第 97—98 页。

② 中共中央文献研究室编：《毛泽东年谱（一八九三——一九四九）》（修订本）下卷，中央文献出版社 2013 年版，第 70 页。

③ 《毛泽东文集》第四卷，人民出版社 1996 年版，第 114 页。

十九、怎样看待解放区进行的土地改革运动？

    中国共产党 28 年的新民主主义革命有 22 年是在农村进行的，而在农村进行革命的主要方式是围绕土地做文章。十年内战时期是"打土豪，分田地"即开展土地革命，全民族抗战时期主要的土地政策是减租减息，解放战争时期则实行"耕者有其田"政策即土地改革。其实，不论是土地革命还是减租减息，本质上都是土地改革。

    以往对土地改革及土地改革运动的意义都是高度评价的，但近些年来，社会上也出现一些对土地改革否定性的声音。2010 年第 8 期《书屋》杂志发表一篇题为《地主：一个百年难尽的话题》的文章，其中写道：地主在那个社会不是完全阻碍社会发展的力量，他本身有许多积极因素。当年地主将土地出租，解决了贫苦农民的就业问题，与资本家办工厂给城市贫民提供就业机会，与当今外资进入中国解决城乡富余劳动力的就业问题是一码事。地主收租是土地投资的回报，工商企业利润提成是资本的回报，同样是一码事。而土地改革的结果，"流氓、地痞、盗贼这些人在'土改'中跻身'干部'队伍，使农村基层领导彻底恶质化"，成为新中国成立以来农业生产长期搞不好的根源。①

---

①   参见王宏任：《地主——一个百年难尽的话题》，《书屋》2010 年第 8 期。

还有一些网络博文提出要为地主"平反"。如有博文说:"土地改革的实质是剥夺中国存在近两千年的士绅阶级的合法财产,无偿得到了土地的混混和无赖抽大烟的自然要跟着共产党闹革命了。"还有人在网上发表公开信,"呼吁中共拿出勇气面对土改的历史错误,还地主及其后代以公道",并且认为中国农村的贫困和中共的土改有着直接的关系。当年农村的地主其实是乡土中国的精英,用现在的话说,至少也都是"种田能手"。对他们的斗争和剥夺表面上看是把土地"公平"地分给了农民,但实际上严重破坏了中国农村的生产力。更有人认为,土改是中国历史上的第一大冤案,也是世界历史上的第一大冤案,它严重违背了人类历史的基本规律及人性价值。还有网文认为,地主其实是当时农村先进生产力的代表,地主集中土地,更有利于农业的集约经营和规模化生产,能比将土地分散给农民耕作更有效率,更有利现代农业的发展。

对于这个问题,最关键的是要弄清楚地主的阶级属性。20 世纪 40 年代后期和 50 年代初期中国大陆进行的土地改革运动,主要的内容是没收地主阶级的土地分配给无地或少地的农民。要研究土地改革运动的是非得失,就必须对何为地主作一点讨论。

农村主要有两大对立的阶级,即地主与农民,而农民又分不同的阶层,其中可以细分为富农、中农、贫农和雇农。什么人应划为地主和富农? 1933 年 10 月,毛泽东写作的《怎样分析农村阶级》一文,对此分别作了这样的界定:

> 占有土地,自己不劳动,或只有附带的劳动,而靠剥削农民为生的,叫做地主。地主剥削的方式,主要地是收取地租,此外

或兼放债，或兼雇工，或兼营工商业。但对农民剥削地租是地主剥削的主要的方式。……有些地主虽然已破产了，但破产之后仍不劳动，依靠欺骗、掠夺或亲友接济等方法为生，而其生活状况超过普通中农者，仍然算是地主。军阀、官僚、土豪、劣绅是地主阶级的政治代表，是地主中特别凶恶者。富农中亦常有较小的土豪、劣绅。帮助地主收租管家，依靠地主剥削农民为主要的生活来源，其生活状况超过普通中农的一些人，应和地主一例看待。依靠高利贷剥削为主要生活来源，其生活状况超过普通中农的人，称为高利贷者，应和地主一例看待。

富农一般占有土地。但也有自己占有一部分土地，另租入一部分土地的。也有自己全无土地，全部土地都是租入的。富农一般都占有比较优裕的生产工具和活动资本，自己参加劳动，但经常地依靠剥削为其生活来源的一部或大部。富农的剥削方式，主要是剥削雇佣劳动（请长工）。此外，或兼以一部土地出租剥削地租，或兼放债，或兼营工商业。富农多半还管公堂。有的占有相当多的优良土地，除自己劳动之外并不雇工，而另以地租债利等方式剥削农民，此种情况也应以富农看待。富农的剥削是经常的，许多富农的剥削收入在其全部收入中并且是主要的。

中农许多都占有土地。有些中农只占有一部分土地，另租入一部分土地。有些中农并无土地，全部土地都是租入的。中农自己都有相当的工具。中农的生活来源全靠自己劳动，或主要靠自己劳动。中农一般不剥削别人，许多中农还要受别人小部分地租债利等剥削。但中农一般不出卖劳动力。另一部分中农（富裕中农）则对别人有轻微的剥削，但非经常的和主要的。

贫农有些占有一部分土地和不完全的工具；有些全无土地，只有一些不完全的工具。一般都须租入土地来耕，受人地租、债利和小部分雇佣劳动的剥削。中农一般不要出卖劳动力，贫农一般要出卖小部分的劳动力，这是区别中农和贫农的主要标准。[①]

可见，地主与富农的共同特点是对农民进行剥削，其不同之处在于地主剥削的主要方式是收取地租，富农剥削的主要方式是雇工。同时，地主与富农还有一个重要的差别，那就是地主不劳动，或只有附带劳动，而富农自己劳动，这是区别地主与富农的主要标准。这里所说的劳动，在普通情形下，全家有一人每年有三分之一时间从事主要劳动，叫作有劳动。全家有一人每年从事主要劳动的时间不满三分之一，或每年虽有三分之一时间从事劳动，但非主要劳动，均叫作附带劳动。富农虽然属于农民阶级的范畴，但这个阶层带有剥削性质，所以人们习惯将之与地主并列，称之为地主富农，其实富农与地主并不是同一个阶级。

说起地主，人们自然容易联想到 4 个人，即小说《半夜鸡叫》中的周扒皮、歌剧《白毛女》中的黄世仁、泥塑《收租院》中的刘文彩、芭蕾舞剧《红色娘子军》中的南霸天（《半夜鸡叫》和《收租院》曾进了小学课本，《白毛女》和《红色娘子军》拍成了电影，产生了广泛的社会影响）。这是当年文艺作品塑造出来的 4 个典型的地主形象，也是相当多的中国人对于地主最深刻的记忆。

其实，不论是周扒皮，还是黄世仁、南霸天和刘文彩，都是文

---

① 《毛泽东选集》第一卷，人民出版社 1991 年版，第 127—129 页。

学家、艺术家塑造出来的艺术形象。艺术是允许虚构的。文学家、艺术家塑造艺术形象时当然也要忠实于历史，但艺术创作可以进行合理的加工，也就是从艺术创作的原则上，是允许将各种坏地主、恶霸地主的种种恶行集中在"周扒皮""南霸天"等人物身上加以体现，成为恶霸地主各种恶行之集大成者。虽然这些艺术形象或许可以找到具体的原型，但与现实中的地主不是完全画等号的，即是说他们是艺术化了的地主形象。这4个典型地主形象中，只有刘文彩不是虚构的人物，而是确有其人。当然，作为泥塑《收租院》中的刘文彩，应当讲也是个艺术人物。至于以往在刘文彩庄园建立的"地主庄园陈列馆"中对于刘文彩罪恶的陈列，是否有不实的地方，那是另外一个问题。

准确地说，这4个艺术形象应当称之为恶霸地主，并且是集恶霸地主罪恶之大成者。

应当指出的是，恶霸与地主是两个不同的概念。按照1950年8月中央人民政府政务院《关于划分农村阶级成分的决定》规定，恶霸是指"依靠或组成一种反动势力，称霸一方，为了私人的利益，经常用暴力和权势去欺压与掠夺人民，造成人民生命财产之重大损失，查有实据者"[①]。恶霸横行乡里，欺男霸女，为非作歹，无恶不作，恶霸尤其是恶霸地主最为农民所痛恨，但恶霸并非都是地主，地主也并非人人都是恶霸，那种同时具有地主和恶霸两种身份者，便是通常讲的恶霸地主。毛泽东在1948年年初曾有过推算，"地主

---

① 中共中央文献研究室编：《建国以来重要文献选编》第一册，中央文献出版社1992年版，第406页。

和旧式富农占农村人口十分之一，全国共有三千六百万人"①。如果其中地主占一半，那么全国的地主总数在 1800 万至 2000 万人，其中可称为恶霸地主者毕竟是少数。据当年的调查，在农村中恶霸地主一般只占地主的十分之一。

从阶级属性来看，地主是剥削阶级，这些人在土地改革中之所以被划为地主，主要是因为他们利用自己所占有的土地对农民进行剥削。但是，作为每一个个体的地主，作为个体的人，自然是千人千面。因此，地主的品行是恶还是善，人品是好还是坏，无须说是各不相同的。人作为具体的社会个体，不论他的出身属于那个阶级，同一个阶级的人，个人品德与品行可能是千差万别的。有的地主为非作歹、欺男霸女、鱼肉乡邻，成为恶霸地主。也有的地主一方面出租土地剥削农民；另一方面又办学堂、修道路从事社会公益，甚至在灾荒之年还做点办粥厂施舍穷人之类的善事。刘文彩一方面利用其担任川南禁烟查缉总办、川南捐税总局总办等职务时搜刮来的钱财，大肆购置土地成为远近闻名的大地主；另一方面又花巨资举办有名的文彩中学，甚至还设立"清寒补助金"，定向资助那些家境贫寒的学生。但有一个基本的事实不能否定，刘文彩有良田万顷，家中珍宝无数，生活奢华富足，他的大量财富既非劳动所得致富，也非靠经营工商业发家，而且是通过占有大量土地过着不劳而获的生活。

当然，地主并非清一色，农民中也有少量好逸恶劳、偷鸡摸狗之类的"二流子"。但从总体上来看，因为地主占有土地，可以凭

---

① 《毛泽东文集》第五卷，人民出版社 1996 年版，第 24 页。

借土地收取地租剥削农民；而贫雇农由于缺少土地或根本没有土地，不得不租种地主的土地而接受地主的剥削，所以二者之间构成了剥削与被剥削的关系，土地改革的根本目的就是要改变这种社会关系。

其实，地主与农民的身份并不是固定不变的。大体说来，除了那种祖、父辈本身是地主，靠继承上辈的土地财产成为地主者外，一个人地主身份的形成，大致可以分为这样几种情况：

一是在科举时代出身贫寒的普通知识分子，通过获取功名得到官职，"一年清知府，十万雪花银"，由此积累一定数量的财富，在官场失意或告老还乡后购买土地成为地主。当然，这种情况随着科举制度的废除不再产生。

二是进入北洋军阀统治时期后，中国出现了大大小小各类军阀，他们依仗军事实力和政治特权，强占或用极低的价格购买大量土地成为大地主。袁世凯在河南彰德、辉县等地有田产4万亩。徐世昌在河南辉县也有田5000亩。山东军阀靳云鹏在邹县、济宁一带占有土地3万亩；直系军阀王占元在鲁西北和冀南占有土地5万亩。阎锡山在山西省占有的土地不下20万亩。西北军阀马鸿逵有土地10万余亩。[①] 各类军阀的亲信或家人也用同样的办法搜刮土地。刘文彩就是依仗其弟刘文辉（曾任川军第一混成旅旅长、第9师师长、国民革命军第24军军长等职）积累财富购置土地成为大地主的。不过，这类地主占有的土地数量虽大，但他们的人数并不多。

三是普通农民上升为地主者。这些人原本就是普通农民，由于某种机缘，慢慢积累一些财富，购进了若干土地，随着土地的增多

---

① 参见章有义编：《中国近代农业史资料》第二辑，生活·读书·新知三联书店1957年版，第13—19页。

自己耕种不了，乃将土地出租给其他农民以收取地租，当地租剥削达到一定量的时候，这样的农民也就演变为地主了。

对于这个问题，毛泽东在 1930 年进行寻乌调查时就已经作了剖析。据毛泽东的调查，在江西寻乌县，大地主只占地主全数的 1%，中地主占 19%，小地主占 80%。寻乌的小地主包括两个部分：一部分是从所谓老税户传下来的，这部分人的来源多半是由大中地主的家产分拆，所谓"大份分小份"，即由大中地主分成许多小地主。这部分地主的人数在整个地主阶级中占 32%。除上述老税户部分外，另有一个占地主全数 48% 的不小的阶层，那就是所谓"新发户子"。这一个阶层的来历与从老税户破落下来的阶层恰好相反，"是由农民力作致富升上来的，或由小商业致富来的。……他们的经济情形是一面自己耕种（雇长工帮助的很少，雇零工帮助的很多），一面又把那窎远的瘦瘠的土地租与别人种而自己收取租谷。他们看钱看得很大，吝啬是他们的特性，发财是他们的中心思想，终日劳动是他们的工作。他们的粮食年有剩余，并且有许多不是把谷子出卖，而是把谷子加工做成米子，自己挑了去大圩市……以期多赚几个铜钱。他们又放很恶的高利贷……所有放高利贷，差不多全属这班新发户子"①。

这说明，农民与地主的身份并非是固定不变的。地主如果破产，就有可能下降为贫农乃至雇农；即便祖辈是大中地主，但经过诸子继承家产分拆之后，大地主变成中地主，中地主变成小地主，小地主再分家就可能变成一般农民。普通农民也有可能由于"力作致富"或"由

---

① 《毛泽东文集》第一卷，人民出版社 1993 年版，第 197 页。

小商业致富"而上升为地主。但一个农民一旦上升为地主，其本人可能仍过着勤俭的生活，但其必定将土地出租给农民以收取地租从而带有剥削性质，而且其家中有劳动能力的人主要不从事生产劳动，或者不从事主要劳动，其身份也就从普通劳动者演变成剥削阶级了。

当下有人认为：从生产力发展的角度来看，土地集中在地主手中，有利于集约经营和规模化生产，有利于农业生产效率的提高。因此，地主阶级不应该被打倒，旧的土地制度没有必要改变。

对于这个问题，毛泽东在寻乌调查中已作了解答。他在调查中发现："收租二百石以上的中等地主，收租五百石以上的大地主，他们对于生产的态度是完全坐视不理。他们既不亲自劳动，又不组织生产，完全以收租坐视为目的。固然每个大中地主家里都多少耕了一点田，但他们的目的不在生产方法的改良和生产力的增进，不是靠此发财，而是为了人畜粪草堆积起来了弃之可惜，再则使雇工不致闲起，便择了自己土地中的最肥沃者耕上十多二十石谷，耕四五十石谷的可以说没有。这种地主家中普通都是请一个工人，只有'万户'以上的大地主而又人丁单薄的方才请两个工人。为使工人不致'闲嫐'（"嫐"，当地读廖，"东走西走"或"玩下子"的意思），除开做杂事外，便要他耕点田。"① 由此可见，这种以收租坐视为目的之地主，集中在他们手中的土地并非为了集约经营与规模生产。说地主集中土地是为了集约经营，恐怕有点想当然。

其实，关心土地改良和生产工具改进的不是地主而是富农。因为地主占有土地的目的，不是自己耕种，而是出租给农民，然后收

---

① 《毛泽东文集》第一卷，人民出版社 1993 年版，第 192 页。

取一定数量的地租。既然土地已经租给他人耕种，他自然不必关心土地的经营状况，也不会关心土地改良与生产工具改进的情况，他所关心的是地租的收取。与地主将土地租给他人耕种不同的是，富农则是雇佣长工或短工到自己的土地上进行劳作，如果土地得到了改良，生产工具得到了改进，生产效率得到了提高，土地的收益也就会相应增多，而他付给雇工的工钱是一定的，这就意味着富农的收入也会增多。从这个角度来看，虽然地主与富农都集中了一部分土地在自己手中，而且都是通过占有他人的劳动进行剥削，但地主集中土地并非为了集约经营和规模化生产，所关心的也是地租的收取而非农业生产工具和技术的改进，客观上有利于农村生产力发展的不是地主而是富农。正因为如此，不论是 1946 年 5 月《中共中央关于土地问题的指示》即"五四指示"，还是 1950 年 6 月《中华人民共和国土地改革法》，对于地主与富农都采取了区别对待的政策。

土地改革本身不能增加新的土地，只能是对现有土地进行再分配。所以，进行土地改革的前提，是农村的土地占有状况不合理，人口占少数的地主富农占有大量的土地，并通过出租土地或雇工耕种而剥削他人劳动，贫雇农却因土地不够甚至没有土地，只得租种他人的土地或出卖劳动力而受人剥削。如果说农村的土地并不集中，地主没有集中较大数量的土地，贫雇农也并非无自己的田可耕，自然没有必要进行一场几乎涉及农村全部人口的土地改革运动。

很长一段时间，在论证土地改革的必要性时，基本上是认为不到农村人口 10% 的地主富农占有 70%—80% 的土地，而占人口 90% 的雇农、贫农、中农，只占有 20%—30% 的土地。这些年来，学术界根据历史文献和档案史料，对新中国成立前的土地占有情况重新进行了估计分析，虽然这些数据各不相同，但都基本上认为当时土地集中的情况并没有以往宣传的那样严重，地主富农并非占有80％的土地，而多认为只占有50％以下的土地。

虽说当年中国农村土地集中的情况并非以往宣传的那样严重，但地主富农所占有的土地远远多于中农更不用说贫农，恐怕是一个历史事实。地主富农占有30％—40％的土地，是多数学者认可的数字，考虑到地主富农所占的人口一般在10％以内，仅此简单推算，地主富农的土地也是三四倍于普通农民的。问题在于中农及以下各阶层占有的人口达90％，而且并非是这90％的人口占有地主富农之外的60％—70％的农村土地，如果除掉其中10％左右的公田和城镇工商业者在农村占有的土地，中农及以下各阶层占有的土地可能在50％—60％之间。而在中农、贫农和雇农三者间，据新中国成立初期华东地区的统计，中农占全部农村人口的36.4％，占全部土地的33.65％；贫农占全部人口的45.71％，占全部土地的18.01％；雇农占全部人口的3.19％，占全部土地的0.49％。也就是说，占全部人口近50％的贫雇农，所占有的土地不到20％。如此推算，地主富农占有的土地10倍于贫雇农。所以，即使地主富农占有的土地根本没有达到以往所说的80％而是减半，中国农村的土地占有状态仍不能说是合理的。

1944年7月14日，毛泽东在会见英国记者斯坦因时指出："工业必须是新民主主义社会的主要经济基础。只有工业社会才能是充分民主的社会。但为了发展工业，必须首先解决土地问题。没有一场反对封建土地制度的革命，就不可能发展资本主义，西方国家许多年前的发展已十分清楚地表明了这一点。……土地革命扫除了封建障碍,为资本主义民主制度的发展开辟了道路。"可见,消灭封建剥削、实行土地改革是一个国家工业化的必备条件。

不可否认,老区土改中一度出现过乱打乱斗,但随后中共中央及时作了认真纠正。通过土地改革,激发了解放区军民参加战争的热情,使亿万农民成为中国共产党的坚定支持者;土地改革还实现了党的基层组织与农村基层政权的有机融合,使中国共产党获得了农民对自己执政地位的充分认同。从这个意义上来讲,土地改革运动获得了巨大成功。任何一个国家或地区要完成工业化和实现现代化,废除封建土地制度进行土地改革是其基本前提。对土地改革如何评价,很大程度上涉及怎样看待中国共产党二十多年的革命历史。

二十、为什么解放战争只用了三年时间就取得了彻底胜利？

　　1946 年 6 月下旬，国民党军队 22 万人进攻鄂豫边境的中原解放区。接着，又向其他解放区大举进犯，全面内战由此爆发。

　　当时，从实力对比上来看，国民党要比共产党强大得多。国民党军队不但数量上远远超过共产党军队（国民党军队的总兵力达 430 余万人，其中正规军约 200 万人；人民解放军总兵力只有 127 万人，其中野战军为 60 余万人），而且有空军，有海军，有大量的重武器和特种兵，而共产党海空军根本没有，重武器也不多，因而蒋介石认为可以速战速决结束战争，声称只要 3 个月到 6 个月，他就可以取得胜利。国民党军参谋总长陈诚也吹嘘说，"也许三个月至多五个月便能解决"共产党问题。

　　从战争的实际结果来看，到 1947 年年初，蒋介石的全面进攻就遭受失败，不得不转入所谓重点进攻；全面内战爆发仅一年，人民解放军就转入战略进攻，将战争引向了国民党统治区，用陈毅的话说"是用蒋介石的骨头熬蒋介石的油"①；到 1948 年 6 月底，经过两年的作战，人民解放军的总兵力，已由原来的 127 万人发展

---

① 《陈毅军事文选》，解放军出版社 1996 年版，第 441 页。

到 280 万人，同国民党军总兵力的对比，已从战争开始时的 1∶3.37 变为 1∶1.3；并且经过新式整军运动士气高涨，武器装备也得到极大改善，已经具备了与国民党军队进行大规模战略决战的能力，随后发动了著名的辽沈、淮海、平津三大战役，长江中下游以北的广大地区获得解放。到 1949 年 9 月底，除西南和广东、广西部分地区外，全国大陆绝大部分地区获得了解放，人民解放战争取得彻底胜利。

解放战争时期，中国共产党只用了三年多的时间，就从根本上打倒了国民党蒋介石集团，其中的原因自然很多，但归根到底是一点——民心向背决定战争胜败。1946 年 7 月 20 日，即全面内战刚刚爆发之际，毛泽东就在一份党内指示中明确指出："蒋介石虽有美国援助，但是人心不顺，士气不高，经济困难。我们虽无外国援助，但是人心归向，士气高涨，经济亦有办法。因此，我们是能够战胜蒋介石的。全党对此应当有充分的信心。"① 同年 8 月 6 日，毛泽东在和美国记者安娜·路易斯·斯特朗谈话时，斯特朗问毛泽东："共产党能支持多久？"毛泽东回答说："就我们自己的愿望说，我们连一天也不愿意打。但是如果形势迫使我们不得不打的话，我们是能够一直打到底的。"就在这次谈话中，他提出了"一切反动派都是纸老虎"的著名论断，强调"从长远的观点看问题，真正强大的力量不是属于反动派，而是属于人民"。② 解放战争的胜利，充分验证了毛泽东的这个论断的正确。

普鲁士著名的军事家、理论家克劳塞维茨曾有句名言："战争

① 《毛泽东选集》第四卷，人民出版社 1991 年版，第 1187 页。
② 《毛泽东选集》第四卷，人民出版社 1991 年版，第 1192、1195 页。

是政治的继续。"战略战术、武器装备对战争的胜负固然重要，但决定战争的根本因素还是民心的向背。在 1946 年至 1949 年的全面内战中，蒋介石之所以彻底失败，就在于国民党蒋介石集团一步步地失掉民心。

1945 年 9 月抗日战争胜利时，蒋介石在国内的威望达到了顶点。抗日战争是近代中国取得的反对外来侵略的第一次彻底胜利，中国也因为在反法西斯战争中成为东方主战场而为世界瞩目，成为五大国之一。当时，长期遭受战争灾难的全国人民十分渴望和平，但蒋介石却错误地估计了形势决意内战，因而日本刚刚宣布投降，他就要求长期坚持敌后抗战的八路军、新四军"原地待命"，而命令国民党军队从人民军队手中"收复失地"，局部内战实际上已经爆发。在这个过程中，为了争取时间将他的军队从西南、后方运送到内战前线，曾装模作样地邀请毛泽东前往重庆谈判，迫于内外压力也曾召开了有共产党、国民党和其他党派人士参加的政治协商会议，但这一切都是他准备内战的烟幕，抗战胜利不到一年便悍然发动了全面内战。近代以来，中国人民经受了太多的战争，尤其是长达 14 年的抗日战争，是人民遭受了无穷的苦难、付出了巨大的牺牲才取得的胜利。把国内引向战争还是和平，直接关系到民心的向背。蒋介石的内战政策，首先在全国人民面前输掉了道义。

全民族抗战时期，西南、西北之外的全国大中城市沦入敌手。抗日战争胜利后，在美国的支持下，蒋介石获得了中国战区的受降权，在调遣军队向解放区进攻的同时，派遣大批的"接收大员"前往各大中城市"接收"。由于政治腐败导致官僚机器贪污，这些"接收大员"到沦陷区之后，不是安抚长期受到日伪摧残的民众，而是趁机大肆搜刮，劫收横财，时称"五子（位子、金子、房子、车子、女子）登科"，使国民党政权的腐败无能暴露无遗，加剧了民心的丧失。1945 年 9 月 27 日的《大公报》发表社评说，这种"接收""几乎把京沪一带的人心丢光了"。蒋介石的政权本来就是建立在枪杆子基础上的，抗日战争爆发前国民党在东北、华北这些地区的组织基础原本就十分薄弱，没有群众根基。抗战胜利之时到沦陷区"接收"的结果，彻底打碎了人们对蒋介石和国民党的幻想。

蒋介石不但在国民党内搞个人独裁，而且顽固地坚持一党专政，拒绝给人民群众基本的民主权利。1944 年 9 月，在重庆召开的三届三次国民参政会上，根据中共中央的指示，中共代表林伯渠明确提出废除国民党一党专政、成立民主联合政府的主张，得到了全国各阶层的广泛响应。从这之后，中国共产党一再倡议成立民主联合政府，并提出了结束国民党一党专政、建立民主联合政府的两个步骤：第一个步骤，目前时期，经过各党各派和无党无派代表人物的协议，成立临时的联合政府；第二个步骤，将来时期，经过自由的无拘束的选举，召开国民大会，成立正式的联合政府。这本来是合情合理的主张，但蒋介石害怕这种"自由的无拘束的选举"会把国民党选掉，对建立联合政府始终予以拒绝。

1946 年 1 月的政治协商会议本来通过了《和平建国纲领》，提出"以期迅速结束训政，开始宪政"，"邀集各党派人士暨社会贤达参加政府"，即同意组成联合政府，但蒋介石根本无意实行，迷信战争能解决问题。1946 年 10 月，国民党军队占领晋察冀解放区的首府张家口，蒋介石被其"胜利"冲昏头脑，悍然决定召开由国民党一党把持的所谓"国民大会"。这个"国民大会"的召开，等于是蒋介石彻底堵死了由各党各派与其共建联合政府之路，不但为中国共产党所坚决反对，也遭到了中国民主同盟等中间党派的拒绝，使蒋介石集团在政治上完全陷入孤立地位。

战争是大量人力物力的消耗。抗战胜利前后，蒋介石虽然取得了大量的美援，但这些援助无法支撑他如此大规模的内战，战争所需的人力物力只能通过加紧对人民的搜刮，使人民群众负担繁重的苛捐杂税。由于国民党的阶级属性，决定其必然站在地主阶级和官僚资产阶级的立场上。在广大农村，不要说解决农民的土地问题，实现孙中山先生提出的"耕者有其田"，就连减租减息都做不到，农民日益贫困，为解决战争所需的兵源，国民党都不得不采用"拉壮丁"这种极其拙劣且容易失去民心的办法，其军队的战斗力也就可想而知。农村的地主、富农理论上应是蒋介石的支持者，但正如陈毅所说的，"他们反对土地改革，但不一定都拥护蒋介石"。因为蒋军多是南方人，而解放区多在北方，"他们把解放区一概认为匪区，到处奸淫烧杀，对地主、富农更凶，因为地主、富农的女人更漂亮，财产多，房子多"①，因此，真正拥护蒋介石的地主、富农并不多。在城市，由于蒋介石顽固地坚持内战政策与独裁专制统治，引起广大青年学生和知识分子的严重不满，反内战反独裁的民主运动此起彼伏。为了应对长期战争所需的巨额经费开支，国民党政府滥印钞票，造成日益严重的通货膨胀，一般民众可谓苦不堪言。

由于失去民心，国民党内的正义人士对蒋介石的内战独裁政策也日益不满，导致内部人心不稳。解放战争开始后不久，就有国民

---

① 《陈毅军事文选》，解放军出版社1996年版，第417页。

党将领果断地举起义旗，投入人民革命阵营。1945 年 10 月 10 日，国共双方代表签订了《国民政府与中共代表会谈纪要》（即"双十协定"），双方协议"长期合作，坚决避免内战，建设独立、自由和富强的新中国"①。但是，10 月 14 日，国民党第十一战区副司令长官马法五就率 7 个师 4.5 万人，企图侵占晋冀鲁豫解放区首府邯郸。在共产党的争取下，同为国民党第十一战区副司令长官的高树勋，毅然于 10 月 30 日率新八军及由他指挥的河北民军共万余人宣布战场起义。此后，在每次大的战役中，几乎都有国民党军的战场起义或投诚。例如，1948 年 9 月的济南战役中，吴化文率整编第 84 师在济南起义，大大缩短了解放济南的时间；1948 年 10 月的辽沈战役中，曾泽生率第 60 军在长春起义，使解放军首创和平解放大城市的先例；淮海战役打响之后，中共秘密党员、国民党第三绥靖区副司令长官何基沣、张克侠率三个半师 2.3 万人举行战场起义，使解放军顺利通过该部防区，切断了敌人的退路；1948 年 12 月的平津战役中，傅作义率北平 20 万守军接受和平改编，使千年古都免遭战火之灾。1949 年 4 月人民解放军发动渡江战役之后，国民党军起义投诚者众多。在 3 年多的解放战争被消灭的 800 万国民党军队中，起义投诚者近 200 万人。另有一些国民党将领还以各种方式对人民解放军予以配合帮助。例如 1947 年 2 月的莱芜战役中，与解放军有秘密联系的国民党第 46 军军长韩练成，为策应解放军行动，故意离开指挥岗位，使被围的国民党军陷入更大的混乱，为莱芜战役的胜利创造了条件。这些国民党将领之所以起义投诚或以各

---

① 中共中央文献研究室、中央档案馆编：《建党以来重要文献选编（一九二一——一九四九）》第二十二册，中央文献出版社 2011 年版，第 729 页。

种方式为我提供帮助，从一个侧面说明了民心向背的重要。

反之，中国共产党之所以仅用三年多的时间就取得了这场战争的胜利，就在于顺应了民心。抗战胜利之时，毛泽东亲赴重庆谈判。要知道，蒋介石对于政治对手一向是不择手段的，当时全党上下无不为毛泽东此行的安全担忧，但这一行动向全国各阶层表达了中国共产党维护国内和平的诚意。在重庆谈判的过程中，中国共产党作了重大让步，包括在公平合理整编全国军队的原则下，愿意将军队按照与国民党军队 1∶6 的比例，缩编为 24 个师或至少 20 个师，并且同意把分散在广东、浙江、苏南、皖南、皖中、湖南、湖北、河南（豫北不在内）的 8 个解放区的部队撤退到苏北、皖北及陇海路以北等。这无疑获得了全国各阶层的理解与同情。

在蒋介石挑起全面内战的情况下，战争不可避免，但此时中共中央明确将战争定性为自卫战争。直到 1947 年 10 月 10 日，也就是南京政府的国庆日这一天，中共中央公布《中国人民解放军宣言》（即"双十宣言"），才第一次明确提出"打倒蒋介石，解放全中国"的口号。虽然蒋介石以全面内战回应建立民主联合政府的主张，但中国共产党始终高举起民主联合政府的旗帜，并且明确提出："联合工农兵学商各被压迫阶级、各人民团体、各民主党派、各少数民族、各地华侨和其他爱国分子，组成民族统一战线，打倒蒋介石独裁政府，成立民主联合政府。"①1948 年 4 月 30 日，中共中央发出纪念"五一"劳动节口号，号召召开没有反动分子参加的政治协商会议，筹建民主联合政府，得到各民主党派和各阶层代表

---

① 中共中央文献研究室、中央档案馆编：《建党以来重要文献选编（一九二一——一九四九）》第二十四册，中央文献出版社 2011 年版，第 535 页。

人士热烈响应，并先后通过各种渠道进入解放区，为中国共产党领导的多党合作与政治协商制度的形成奠定了基础。

与国民党"上面贪污腐化，下面民不聊生"①形成鲜明对比的是，中国共产党领导层清正廉洁，上下团结一心，而且想方设法为群众谋利益。特别是确定了没收封建阶级的土地归农民所有、没收官僚资本归新民主主义的国家所有、保护民族工商业的三大经济纲领。在解放区已经开展了轰轰烈烈的土地改革运动。土地改革运动的重要意义，不仅仅是让解放区的农民得到了土地，更重要的是提高了他们的政治地位，使广大农民意识到自己翻身做了主人，要保护土地改革的成果，就必须积极参军参战，这就把广大农民与解放战争密切地结合起来，为战争的胜利赢得了深厚的人力物力资源。保护民族工商业的政策，不但有利于生产力的发展，而且稳定了广大民族资产阶级。总之，人民解放战争的迅速胜利，充分验证了"得民心者得天下"这个真理。

当然，人民解放战争的迅速胜利，还有许多其他的原因。如重庆谈判期间中共中央确定的"向南防御、向北发展"战略方针，在很短的时间抽调十余万部队开辟和巩固东北根据地；制定了集中优势兵力、各个歼灭敌人的作战原则，不计较一城一地的得失，而以歼灭敌人的有生力量为目标；及时由战略防御转入战略进攻，以减轻解放区人民的战争负担；抓住时机组织大规模的战略决战，将国民党军队主力消灭在长江以北地区；等等。

---

① 《毛泽东选集》第四卷，人民出版社 1991 年版，第 1188 页。

二十一、党内请示报告制度是如何建立的？

中国革命走的是农村包围城市的道路，先在农村建立若干相对独立的根据地，然后各根据地联成一片，最后夺取大中城市实现全国的解放。正是一个个根据地的发展壮大，才使中国革命在全国的胜利日渐成为可能。由于这些根据地大都远离中共中央且处于被敌人分割的状态，各根据地需要独立自主地解决财政经济等自身发展的重大问题，因而在各方面具有相当大的自主性。这种相对独立的工作环境，固然可以充分发挥根据地干部的积极性、主动性，但也容易导致一些干部"地方主义的和经验主义的恶劣作风，事前不请示事后不报告的恶劣作风，多报功绩少报（甚至不报）错误缺点的恶劣作风，对于原则性问题粗枝大叶缺乏反复考虑慎重处置态度的恶劣作风，不愿精心研究中央文件以致往往直接违反这些文件中的某些规定的恶劣作风，仍然存在"①。1947年以晋冀鲁豫野战军千里挺进大别山为标志，人民解放军由战略防御转入战略进攻，各根据地彼此相隔的情况开始打破，各个根据地即将连成一片。在这种情况下，克服以往各根据地各自为政的现象，强化中央权威，加强全

---

① 《毛泽东文集》第五卷，人民出版社1996年版，第86页。

党的集中统一显得日益重要。

作为加强中央集中统一领导的重要步骤，就是建立党内报告制度。1948 年 1 月 7 日，毛泽东为中共中央起草《关于建立报告制度》的党内指示，规定"各中央局和分局，由书记负责（自己动手，不要秘书代劳），每两个月，向中央和中央主席作一次综合报告。报告内容包括该区军事、政治、土地改革、整党、经济、宣传和文化等各项活动的动态，活动中发生的问题和倾向，对于这些问题和倾向的解决方法"。要求"从今年起，全党各级领导机关，必须改正对上级事前不请示、事后不报告的不良习惯"。"各野战军首长和军区首长，除作战方针必须随时报告和请示，并且照过去规定，每月作一次战绩报告、损耗报告和实力报告外，从今年起，每两个月要作一次政策性的综合报告和请示。"①3 月 25 日，毛泽东又为中共中央起草至各中央局、分局、前委电，对报告制度作了补充规定，要求各中央局、分局、前委给下级发出的一切有关政策策略性质的指示与答复，都须同时报送中共中央一份，每一个中央委员、中央候补委员都有单独向中央或中央主席反映情况陈述意见的义务及权利。

1948 年 4 月 10 日，中共中央更是明确提出各战略区"将全国一切可能和必须统一的权力统一于中央"。毛泽东在为中共中央起草的一份给各中央局、分局、前委的电报中强调："中国新的革命高潮的到来，我党已经处在夺取全国政权的直接的道路上，这一形势要求我们全党全军首先在一切政治上的政策及策略方面，在军事

---

① 《毛泽东选集》第四卷，人民出版社 1991 年版，第 1264、1264—1265 页。

上的战略及重大战役方面的完全统一，经济上及政府行政上在几个大的区域内的统一，然后按照革命形势的发展进一步地考虑在军队的编制和供应上，在战役行动的互相配合上，以及在经济上在政府行政上（那时须建立中央政府）作更大的统一。"同时要求"各地领导同志必须迅速完成在这方面的一切必要的精神准备和组织准备"①。这些规定，对于保证全党集中统一起到了重要作用。

毛泽东对建立报告制度抓得很紧。当时，中共中央东北局没有及时向中央作综合报告，毛泽东于 1948 年 3 月 25 日和 8 月 9 日两次致电东北局予以严肃批评。8 月 13 日，东北局呈报一份综合报告，但内容比较简单，毛泽东于 8 月 15 日致电东北局，再次批评东北局有关领导人在请示报告这件事上，"心中存在着一种无纪律思想"。毛泽东的严厉批评引起了东北局的重视，随即开会检讨，并于 8 月 15 日和 19 日向中央提交了综合报告和检讨报告，承认"对于按期给中央作报告，没有提到政治的组织的原则高度去认识"，"没有完全自觉的意识到不按期向中央作报告，就是一种政治上的错误与组织上的违犯纪律的行为"。今后将"保证定期向中央作报告"，"与各种无纪律观念继续作斗争"。8 月 20 日，毛泽东致电东北局书记林彪，强调："必须有此种报告，并要有多次此种报告之后，才能使我们看得出一个大战略区的全貌。对于写作此种报告的同志亦有一种好处，就是他必须在写作时既要联系又要超脱各项具体问题、各项事务工作，在全局上，在共同性上，好好思索一会。而这种思索则是一个领导同志所不可缺少的，缺少了此种思索，领

---

① 《毛泽东文集》第五卷，人民出版社 1996 年版，第 86—87 页。

导工作就会失败。"①8 月 22 日,毛泽东又复电东北局,表示"你们这次检讨是有益的,这样,你们就可以脱出被动状态,取得主动",并且认为加强纪律建设是取得全国胜利的"一个中心环节"②。

1948 年 9 月,中共中央政治局召开扩大会议(即"九月会议"),主要议题就是"军队向前进,生产长一寸,加强纪律性,革命无不胜"。毛泽东提出,必须切实纠正从中央机关、中央代表机关一直到各地,报喜不报忧,瞒上不瞒下,封锁消息的现象,"要在战争的第三年内,在全党全军克服无政府、无纪律状态"③。九月会议通过了《中共中央关于各中央局、分局、军区、军委分会及前委会向中央请示报告制度的决议》,其目的在于"为适应目前革命形势发展的需要,保证全党全军所执行的各种政策的完全统一,及军事计划的完满实施,克服目前党内军内存在着的某些严重的无纪律状态或无政府状态"。该决议对"各项工作中何者决定权属于中央,何者必须事前请示中央,并得到中央批准后才能付诸实行,何者必须事后报告中央备审"作了具体规定。④

1948 年是人民解放战争取得决定性胜利的一年,中共中央在这年所制定的党内请示报告制度,对于克服长期游击战争所形成的地方主义、分散主义,增强各级干部的组织纪律性,确保党的集中统一,发挥了重要作用。

---

① 中共中央文献研究室编:《毛泽东年谱(一八九三——一九四九)》(增订本)下卷,中央文献出版社 2013 年版,第 338 页。

② 《毛泽东文集》第五卷,人民出版社 1996 年版,第 125 页。

③ 《毛泽东文集》第五卷,人民出版社 1996 年版,第 138—139 页。

④ 中央档案馆编:《中共中央文件选集》第十七册,中共中央党校出版社 1992 年版,第 356 页。

二十二、新中国成立前夕为何确定"一边倒"的外交政策?

　　1948 年 9 月 12 日,东北野战军发动规模巨大的辽沈战役。11 月 2 日,辽沈战役胜利结束,此役共歼敌 47 万人,使东北全境获得解放。到这时,国民党的全部军队包括陆海空军、正规军非正规军、作战部队和后勤机关在内,只有 290 万人左右。人民解放军则增至 300 余万人。11 月 14 日,新华社发表毛泽东撰写的关于中国军事形势的评论,指出:"原来预计,从一九四六年七月起,大约需要五年左右时间,便可能从根本上打倒国民党反动政府。现在看来,只需从现时起,再有一年左右的时间,就可能将国民党反动政府从根本上打倒了。至于在全国一切地方消灭反动势力,完成人民解放,则尚需较多的时间。敌人是正在迅速崩溃中,但尚需共产党人、人民解放军和全国各界人民团结一致,加紧努力,才能最后地完全地消灭反动势力,在全国范围内建立统一的民主的人民共和国。"[①] 也正是从这时起,中共中央开始进行筹建新中国的准备工作,在确定新中国的国体、政体和各项经济政策的同时,开始确立新中国的对外政策和外交方针。

---

① 《中共中央负责人评论中国军事形势　根本上打倒国民党反动政府从现时起只需一年左右时间》,《人民日报》1948 年 11 月 15 日。

由于中国共产党尚未建立自己的中央政府，自然与任何外国均未建立正式的外交关系，而长期以来，帝国主义国家出于其反共意识形态，对中国革命一直采取敌视的态度，所以中国共产党在即将全国执政之际，对国民党政府与帝国主义各国所建立的外交关系，一概采取不承认的态度。1948 年 11 月 10 日，沈阳刚刚解放，中共中央就指示东北局：英、美、法等国政府未承认我们的政府，我们对他们现在的领事亦应采取不承认而只承认为普通侨民的方针。[1]11月 23 日，中共中央再次指示东北局：不承认国民党与美、英、法这些国家的外交关系，使我外交立于主动，并不等于我们永远不与这些国家发生外交关系，也不等于对待这些国家毫无区别。[2]

在 1949 年 1 月召开的中共中央政治局会议上，毛泽东在谈到外交问题时说，现在帝国主义在中国没有合法地位，不必忙于要他们承认。我们是要打倒它，不是承认它。但政策不乱，侨民要保护。将来要通商，可以考虑，但亦不忙。忙的是同苏联及民主国家通商建立外交关系。周恩来说：外交政策以不承认为好，对帝国主义国家要观察，根据需要将来再说。总的观念是百年来受压迫，现在站起来了。应该有这样的气概。[3] 这就是新中国成立初期重要外交方针之一的"另起炉灶"。

根据这样的指导思想，1949 年 1 月 19 日，中共中央发出《关于外交工作的指示》，指出："目前我们与任何外国尚无正式的国家

---

① 中共中央文献研究室编：《周恩来年谱（1898—1949）》，中央文献出版社、人民出版社 1989 年版，第 796 页。

② 中共中央文献研究室编：《周恩来年谱（1898—1949）》，中央文献出版社、人民出版社 1989 年版，第 799—800 页。

③ 《胡乔木回忆毛泽东》，人民出版社 1994 年版，第 539 页。

的外交关系"，因此，不承认这些国家现在派在中国的代表为正式的外交人员，实为理所当然。采取这种态度，"可使我们在外交上立于主动地位，不受过去任何屈辱的外交传统所束缚。在原则上，帝国主义在华的特权必须取消，中华民族的独立解放必须实现，这种立场是坚定不移的。但是在执行的步骤上，则应按问题的性质及情况，分别处理"。"总之，在外交工作方面，我们对于原则性与灵活性应掌握得很恰当，方能站稳立场，灵活机动。"① 该指示还对外交关系、外资关系、对外贸易关系、海关税收、外国传教士、外国人办的学校、外国人办的医院、外国人办的报纸、外国人办的文化机关、外国人办的救济机关、外国雇员、外国人入境等项作了具体规定。

1949 年 3 月，在党的七届二中全会上，毛泽东在谈及新中国的外交政策时，进一步指出："不承认国民党时代的任何外国外交机关和外交人员的合法地位，不承认国民党时代的一切卖国条约的继续存在，取消一切帝国主义在中国开办的宣传机关，立即统制对外贸易，改革海关制度，这些都是我们进入大城市的时候所必须首先采取的步骤。在做了这些以后，中国人民就在帝国主义面前站立起来了。剩下的帝国主义的经济事业和文化事业，可以让它们暂时存在，由我们加以监督和管制，以待我们在全国胜利以后再去解决。对于普通外侨，则保护其合法的利益，不加侵犯。关于帝国主义对我国的承认问题，不但现在不应急于去解决，而且就是在全国胜利以后的一个相当时期内也不必急于去解决。我们是愿意按照

---

① 中共中央文献研究室、中央档案馆编：《建党以来重要文献选编（一九二一——一九四九）》第二十六册，中央文献出版社 2011 年版，第 55 页。

平等原则同一切国家建立外交关系的，但是从来敌视中国人民的帝国主义，决不能很快地就以平等的态度对待我们，只要一天它们不改变敌视的态度，我们就一天不给帝国主义国家在中国以合法的地位。"①

既然将不承认国民党政府与各国政府建立的旧有的外交关系，也不急于取得帝国主义对新中国的外交承认，但新中国毕竟需要发展对外关系，于是，中共中央将发展对外关系的重点，放在联合苏联和其他社会主义、人民民主主义国家上，也就是所谓的"一边倒"的外交政策。

1947 年年初，毛泽东曾提出访问莫斯科。6 月 15 日，斯大林复电表示同意，但要求对此事绝对保密。可是，到了这年 7 月 1 日，斯大林又致电在陕北担任医生兼联络员的奥尔洛夫（又名阿洛夫）："鉴于即将举行的战役，鉴于毛泽东若离开，会对战事发生不良影响，我们认为暂时推迟毛泽东的出行为宜。"②1948 年 4 月 12 日，毛泽东再次提出访苏的问题，并同周恩来、任弼时商量了此事，周、任对此都表示同意。4 月 26 日，毛泽东致电斯大林，表示决定提早动身赴苏联。斯大林先是复电同意，但过了十余天又致电毛泽东说，考虑到中国战局的发展和途中的安全，再次建议他推迟访苏。这年 7 月，毛泽东又向斯大林提出访苏要求，但斯大林回电说苏联粮食征购工作马上开始，领导同志要分赴各地开展这项工作，要到 11 月才能回来，如果毛泽东一定要来，也要等到 11 月底，

---

① 《毛泽东选集》第四卷，人民出版社 1991 年版，第 1434—1435 页。

② ［俄］安·列多夫斯基：《米高扬与毛泽东的秘密谈判（1949 年 1—2 月)》，李玉贞译，《党的文献》1995 年第 6 期。

实际上是再次拒绝毛泽东的访苏要求。后来，毛泽东"又几次致电斯大林提出访苏问题，但由于种种原因最终也未能成行"[1]。

毛泽东的访苏要求虽然一再为斯大林所拒，但由于中国革命的形势发展迅速，中国革命胜利在望，于是1949年1月斯大林委托苏共中央政治局委员米高扬秘访西柏坡，了解中国革命的形势和中国共产党的内政外交政策。

1月31日，米高扬从大连飞抵石家庄，然后前往西柏坡。当天下午，毛泽东与朱德、刘少奇、周恩来等会见了米高扬。对于此行的目的，米高扬说，中国革命形势发展迅猛异常，在这关键的时候，毛泽东同志不能离开指挥岗位；再者，中国境内交通不便，还要通过敌人的封锁线，也要考虑到安全问题；到苏联往返的时间太长，怕影响毛泽东同志的身体健康，因而，斯大林不主张毛泽东到苏联去。斯大林十分关心中国革命形势的发展，派我代表他到中国来听取你们的意见。你们所讲的话我回国后向斯大林汇报。任何事情均可由斯大林决定。[2]米高扬这番话，算是对斯大林为何一再拒绝毛泽东访苏作了解释。

米高扬的这个解释虽然并非毫无道理，但恐怕不是斯大林拒绝毛泽东访苏的全部原因。实际上，斯大林曾一度怀疑毛泽东是南斯拉夫铁托式的民族主义者。1948年6月，斯大林作出将南共联盟开除出各国共产党情报局的决定。7月10日，中共中央发表声明，明确表示"完全同意由保、罗、匈、波、苏、法、捷、意各国共产党所参加的情报局会议关于南斯拉夫共产党问题所通过的决议"，

---

① 《胡乔木回忆毛泽东》，人民出版社1994年版，第540页。
② 《在历史巨人身边——师哲回忆录》(修订本)，中央文献出版社1995年版，第374页。

公开批评以"铁托、卡德尔、德热拉斯、兰科维奇为代表的南斯拉夫共产党的领导集团，在其对内对外的背叛性的和错误的行动中，违反了马克思列宁主义的基本观点"，并且认为"南斯拉夫党内所发生的事件，不是偶然的和孤立的现象，这是阶级斗争在无产阶级革命队伍中的反映"，要求"全党干部都应当认真研究共产党情报局会议关于南斯拉夫共产党问题的决议，借以加强党内关于阶级的、党的、国际主义的、自我批评精神和纪律性的教育"。① 到这时，斯大林才确认毛泽东并非铁托式的人物。

此外，第二次世界大战结束后，苏美从战时的合作走向对抗，1947 年 3 月 12 日，美国总统杜鲁门在国会正式提出"对苏联发动冷战以遏制共产主义"。同年 7 月，美国又正式启动抵制苏联影响的马歇尔计划，苏联亦随后实施莫洛托夫计划与之相对抗。显然，在苏美冷战已拉开序幕而美国又明确支持蒋介石政府的情况下，如果毛泽东前往苏联访问，不管如何保密，恐怕也很难保证毛泽东访苏的消息不被外界所知，而这样的消息一旦透露出去，必定引起美国的强烈反应。所以，在国共内战胜负未分的情况下，斯大林显然不愿让毛泽东出现在苏联的土地上。

在米高扬访问西柏坡期间，毛泽东明确提出了"打扫干净屋子再请客"的方针。他说，我们这个国家，如果形象地把它比作一个家庭来讲，它的屋内太脏了，柴草、垃圾、尘土、跳蚤、臭虫、虱子什么都有。解放后，我们必须认真清理我们的屋子，从内到外，从各个角落乃至门窗缝里，把那些脏东西通通打扫一番，好好加以

---

① 《中共中央委员会关于南共问题的决议》，《人民日报》1948 年 7 月 14 日。

整顿。等屋内打扫清洁、干净，有了秩序，陈设好了，再请客人进来。我们的真正朋友可以早点进屋子来，也可以帮助我们做点清理工作，但别的客人得等一等，暂时还不能让他们进门。

毛泽东又说，我想，打扫干净，陈设好了，再请客人进门，这也是一种礼貌，不好吗？我们的屋里本来就够脏的，因为帝国主义分子的铁蹄践踏过。而某些不客气、不讲礼貌的客人再有意地带些脏东西进来，那就不好办了。因为他们会说："你们的屋子里本来就是脏的嘛，还抗议什么？"这样我们就无话可说啦。我想，朋友们走进我们的门，建立友好关系，这是正常的，也是需要的。如果他们又肯伸手援助我们，那岂不更好么！关于这方面的问题目前只能讲到这里。但我们知道，对我们探头探脑，想把他们的脚踏进我们屋子里的人是有的，不过我们暂时还不能理睬他。至于帝国主义分子，他们抱着不可告人的目的，一方面想进来为自己抓几把，同时也是为了搅浑水。浑水便于摸鱼。我们不欢迎这样的人进来。①

在米高扬访问西柏坡期间，毛泽东详细地向他介绍了中国革命的进展情况和中国共产党即将采取的方针政策。米高扬此行加深了斯大林对中共和毛泽东的了解，对推动中苏两党关系的发展以及中共决定采取"一边倒"的外交政策，起了重要作用。就莫斯科方面而言，减少了对毛泽东和中国共产党人的疑虑，米高扬称赞毛泽东"有远大的眼光，高明的策略，是很了不起的领袖人物"②。虽然米高扬表示自己"只是带耳朵来的，没有权利发表意见"，但在此关

---

① 参见《在历史巨人身边——师哲回忆录》（修订本），中央文献出版社1995年版，第379—380页。

② 《在历史巨人身边——师哲回忆录》（修订本），中央文献出版社1995年版，第385页。

键时刻斯大林和苏共中央将其派来，本身就是对中国共产党取得革命胜利的肯定与支持。

在 1949 年 3 月召开的党的七届二中全会上所作的总结中，毛泽东特地就十月革命与中国革命的关系讲了很长的一段话，并且明确表示："我们不能设想，没有苏联，没有欧洲的和美国的工人运动吸引美帝国主义的力量在西方，我们中国革命也能胜利。我说，东方的空气比较稀薄，而西方的气压很重，我们就在东方冲破帝国主义力量比较薄弱的这一环。中国革命胜利以后的巩固也是一样，帝国主义是要消灭我们的，没有各国无产阶级，首先是苏联的援助，巩固是不可能的。自然，我们受人帮助，也要时刻准备帮助别人。这就是国际主义。中苏关系是密切的兄弟关系，我们和苏联应该站在一条战线上，是盟友，只要一有机会就要公开发表文告说明这一点。现在对非党人士也要说明这一点，也要做这种宣传。"①

中共中央很快就作了这样的"宣传"。这年 4 月 3 日，中国共产党和各民主党派联合发表毛泽东亲自草拟的《中国各民主党派联合声明反对北大西洋公约》，第一次公开点明苏联是新中国的盟友。其中说："如果帝国主义侵略集团竟敢挑动这个危害全世界人民的反动战争，那么我们将团结全国人民，遵守孙中山先生的不朽遗嘱，采用必要的方法，与中国的盟友苏联和各国和平民主势力，携手并进，向侵略战争的发动者作坚决的斗争，打败侵略者，推翻整个帝国主义制度，实现全人类的解放和永久的和平。"②

6 月 30 日，毛泽东又公开发表《论人民民主专政》一文，其

① 《毛泽东文集》第五卷，人民出版社 1996 年版，第 262 页。
② 《中国各民主党派联合声明反对北大西洋公约》，《人民日报》1949 年 4 月 4 日。

中更是明确提出，新中国在对外关系上要"一边倒"。他说："一边倒，是孙中山的四十年经验和共产党的二十八年经验教给我们的，深知欲达到胜利和巩固胜利，必须一边倒。积四十年和二十八年的经验，中国人不是倒向帝国主义一边，就是倒向社会主义一边，绝无例外。骑墙是不行的，第三条道路是没有的。我们反对倒向帝国主义一边的蒋介石反动派，我们也反对第三条道路的幻想。不但中国，全世界也一样，不是倒向帝国主义，就是倒向社会主义，绝无例外。中立是伪装的，第三条道路是没有的。"①

对于为什么要实行"一边倒"，这年 7 月 19 日邓小平在向中共中央华东局负责人传达毛泽东的口头指示时，曾作了如下解释："帝国主义的各种花样直到封锁，其目的在于迫我就范，我们的斗争也在于迫使帝国主义就范。我们绝不会就帝国主义之范，而一个多月的经验看出，帝国主义就我之范亦非易事。这一时期双方斗争实际上都是试探的性质，直到英美摊出封锁的牌。封锁，在目前说来，虽增加我们不少困难，但对我仍属有利，即使不封锁，我们许多困难也是不能解决的。但封锁太久了，对我则是极不利的。打破封锁之道，毛主席强调从军事上迅速占领两广云贵川康青宁诸省，尽量求得早日占领沿海各岛及台湾。同时我们提出的外交政策的一面倒，愈早表现于行动则对我愈有利（毛主席说，这样是主动的倒，免得将来被动的倒）；内部政策强调认真的从自力更生打算，不但叫，而且认真着手做（毛主席说，更主要的从长远的新民主主义建设着眼来提出这个问题），毛主席说这两条很好，与中央精神

---

① 毛泽东：《论人民民主专政》，《人民日报》1949 年 7 月 1 日。

一致。我们这样做,即占领全国、一面倒和自力更生,不佢可以立于坚固的基础之上,而且才有可能迫使帝国主义就我之范。"①

因此,新中国成立后的一段时间,对外政策上实行"一边倒",主要是重点发展同以苏联为首的社会主义阵营的关系,这在当时是必要的。出于意识形态的因素,在解放战争中美国政府采取的是扶蒋反共政策,千方百计阻挠中国革命的胜利。新中国成立后,不是新中国不愿意以平等的姿态与以美国为首的西方发达资本主义国家发展关系,而是他们继续采取敌视政策,政治上孤立,经济上封锁,人员交流上几乎断绝,在这样的情况下,试图执行一条完全中立的外交路线,同时与苏美平行地发展关系显然是不可能的。如果不实行"一边倒",那就只能完全自我封闭,回到闭关锁国状态。

---

① 《邓小平文选》第一卷,人民出版社 1994 年版,第 134 页。

二十三、近代以来中国实现社会变革为什么只能通过革命的方式？

社会变革有两种方式，即革命和改良。有人认为，如果当年不进行革命而是改良，就可以避免革命带来的流血，也可以避免革命之后仍搞阶级斗争。毫无疑问，如果以不流血的、和平的方式，或曰改良的方式，能够实现民族独立、国家富强和人民幸福，自然没有必要非得进行暴力革命。问题是当年的革命恰恰是在改良无法实现上述目标的情况下发生的。晚清以来，改良一直是那个时代的人们解决社会问题的首选方式。孙中山在选择革命之前，就曾希望以改良的方式实现自己的政治理想；早期中国共产党人在走上革命道路之前，也有不少人赞成"科学救国""教育救国""实业救国"。革命都是他们对改良失败或失望后的选择。

革命之所以发生，自然离不开少数革命家的组织、动员、宣传、鼓动，但最初的革命家总是少数人，如果单凭他们的力量，革命难以成为社会大潮，更难以成为实现新旧政权更替的方式。最重要的是革命者的身后，有一大批他们能够影响与带领的民众，这些民众才是革命的基本力量。没有民众的参与革命成功是很难想象的。辛亥革命以前，孙中山领导的革命党人曾多次以刺杀、制造爆炸等为革命手段，虽然也给满清政府造成了很大的震动，但没有从根本上动摇其统治。

以武昌起义为标志, 辛亥革命成为一个群众性的运动, 终于推翻了满清王朝。

俄国十月革命和五四运动之后, 有一部分中国知识分子决定"以俄为师", 提出要走十月革命的道路。这是一条实现社会主义的道路, 也是一条通过暴力的方式实现革命目标的道路, 但他们在整个知识分子群体中毕竟只占少数。中国共产党成立的时侯, 全国只有 50 多名党员, 到 1924 年国共实现第一次合作的时候·乜不过是 400 多名党员, 实事求是地说, 当时中国共产党在国内政治生活中的影响力还很有限。第一次国共合作之后, 很快迎来了大革命的高潮, 工农运动在南中国迅速兴起, 北伐战争势如破竹, 中共自身的力量也得到很大发展, 到 1927 年党的五大时全国党员已达 5 万余人。1927 年国共关系破裂之后, 国民党由革命转向反革命, 中国共产党一度元气大伤, 党员人数由革命高潮时的近 6 万人急骤减少到 1 万余人, 但此后又再度恢复发展起来, 到 1933 年又一度发展到近 30 万人, 并建立了若干个农村根据地。中国共产党之所以能在挫折中奋起, 在国民党的白色恐怖中重生, 其中自然有诸多的原因, 但最根本的, 是中国共产党得到了生活在社会底层的劳苦民众的支持。

那么, 这些民众为什么能支持中国共产党, 能参与中国共产党领导的革命呢? 要知道, 革命是同现有统治力量的公开对亢, 这种对抗的后果往往有一大批的革命参与者流血甚至牺牲生命。生命对于任何人都是宝贵的, 但为什么在革命过程中有那么多的人, 不怕流血甚至不怕失去生命而义无反顾地投身到革命中来, 其中有少数革命组织者、领导者确实出于他们的信仰, 但对于大多数革命的参与者而言，更多的还是残酷的现实，使他们除了参与革命之外无法改变所处的政治、经济地位，而他们革命前的这种状况，不能保障他们基本的生存权利与作为一个人的基本尊严。列宁曾经论述过革命的一般规律："只有'下层'不愿照旧生活而'上层'也不能照旧维持下去的时候，革命才能获得胜利。"他还说，"一切真正的革命的标志，就是在以前不关心政治的被压迫劳动群众中，能够进行政治斗争的人成十倍以至成百倍地迅速增加"。①

无须说，统治者无法继续统治下去，前提是被统治者无法继续生存下去。外敌入侵不但损害了民族尊严，甚至毁坏了人们的家园，剥夺人们的生存权利，不抵抗只能国破家亡。为什么中国共产党领导的革命主要没有发生在城市而是乡村，而且大片的根据地没有开辟在长江三角洲、珠江三角洲这样经济相对发达的农村，而是井冈山、赣南、闽西、大别山、秦巴山、陕北这样的落后地区，革命的主力不是城市的产业工人而是农民？一个重要的原因，工人和城市游民虽然生活在城市的底层，但他们的生活状况很可能要好于进城之前，否则他们不会留在城里。亨廷顿在他的《变化社会中的政治秩序》一书中说："从农村到城市的移民显示了地理上的流动性。总的来说，通过迁居城市改善了自己的生活条件。在城市的经济状况与过去的状况相比较，移民便产生'一种相对有所获的感觉。即使他们仍处在社会阶梯的底部，这种感觉也会产生'。"② 同样，长三角、珠三角这些商品经济相对发达的地方，农民的生存条

---

① 《列宁选集》第4卷，人民出版社1995年版，第193页。

② ［美］塞缪尔·P.亨廷顿：《变化社会中的政治秩序》，王冠华等译，生活·读书·新知三联书店1989年版，第255页。

件无疑总体要好于赣南、闽西等落后农村。1930 年 5 月，毛泽东在江西寻乌调查时了解到，寻乌农村的剥削形式，分为地租剥削、高利贷剥削和税捐剥削 3 类。高利贷剥削有多种方式，如钱利、谷利、油利等，其中谷利是"富农及殷实中小地主剥削贫农的一种最毒辣的方法"，6 个月乃至 3 个月就要付 50% 的利息。贫农还不起债，或生活不下去了，就只有最后一条路：卖奶子（即卖亲生子）。毛泽东在《寻乌调查》中写道："我就是历来疑心别人的记载上面写着'卖妻鬻子'的话未必确实的，所以我这回特别详细问了寻乌的农民，看到底有这种事情没有？细问的结果，那天是三个人开调查会，他们三个村子里都有这种事。"所以毛泽东说："旧的社会关系，就是吃人关系！"[1] 这就不难解释为什么中国共产党能在这样的地方扎下根，并且能够组织动员众多的农民参与到革命当中来。

很难设想，如果广大农民生活小康、日子安逸、温饱已经解决甚至衣食无忧，能够参加中国共产党领导的革命。"如果没有农民便没有革命，那么，关键问题是，究竟是什么把农民变成了革命者？如果造成农民反叛的条件可以通过改革来得到改善而不使之恶化，那么，就存在着某种和平的社会变革的可能性，而不一定非发生暴力动乱不可。"[2] 因此，革命从根本上讲，不是革命的组织者、领导者策动、鼓动的结果，而是社会矛盾尖锐的结果。当年革命之所以发生，最根本的原因是有相当多的民众已经无法按照原有的方式生存下去。试想，当有一部分人连生存都发生困难的时候，革命

---

① 《毛泽东农村调查文集》，人民出版社 1982 年版，第 147、150、153 页。

② ［美］塞缪尔·P.亨廷顿：《变化社会中的政治秩序》，王冠华等译，生活·读书·新知三联书店 1989 年版，第 296 页。

对他们来说也就成为改变命运的选择。要"告别革命"，前提是告别经济上的贫穷、落后，政治上的专制、独裁，实现民族独立、国家富强与人民幸福。改良的方式或许也能够实现这样的目标，而且可以避免革命产生的流血与社会的动荡，问题是中国农村的贫困使广大农民无法继续忍受，他们需要解决当下的生计问题。革命是有代价的，它不但会带来流血牺牲、社会动荡，革命的终极目的是解放和发展生产力，而在革命的过程中却可能在一段时间造成对生产力的破坏，但如果不革命，人们基本的生存权利都无法得到保障，革命其实是社会矛盾无法调和的产物。

二十四、"抗美援朝、保家卫国"的决策是如何作出的?

　　1950 年 6 月 25 日，朝鲜战争爆发。两天后，美国政府宣布武装援助南朝鲜，派出海军和空军人员入侵朝鲜领海、领空，进攻朝鲜人民军，同时命令第七舰队开进台湾海峡，阻挠中国人民解放军解放台湾的既定部署。6 月 30 日，美国陆军在朝鲜参战。7 月 7 日，联合国安理会在苏联缺席的情况下通过决议成立"联合国军"，任命麦克阿瑟为"联合国军"总司令。9 月 15 日，美军在朝鲜中部的仁川登陆。接着，美军和南朝鲜军越过三八线，大举向朝鲜民主主义共和国进犯，把战火烧到了中朝边境的鸭绿江边，中国人民的生命财产安全受到严重威胁。

　　中朝两国是山水相依的邻邦。朝鲜战争爆发后的第三天，即 6 月 28 日，毛泽东发表讲话，严厉谴责美国对朝鲜和中国领土台湾的侵略，并号召全国和全世界的人民团结起来，进行充分的准备，打败美帝国主义的任何挑衅。同日，中国政府发表声明，抗议美国侵略中国领土台湾，宣布中国人民必将为解放台湾而奋斗到底。坊间有人认为是抗美援朝战争影响了解放台湾，显然是把朝鲜战争与抗美援朝战争混为一谈了。应当是由于朝鲜战争的爆发，美国在参与朝鲜战争的同时侵略我国台湾，才使台湾问题变得复杂起来，是先有朝鲜战争战火烧到了中国的家门口，才有"抗美援朝、保家卫国"的决策。

朝鲜战争的爆发必然影响中国国防安全，尤其是紧靠朝鲜的东北是当时中国工业最发达的地区，必须早作应对准备。7月7日，根据毛泽东的建议，由周恩来主持中央军委会议，研究保卫国防、组建东北边防军的问题。7月13日，中央军委作出决定，迅速调集4个军、3个炮兵师、4个高射炮团等部队共25.5万人组成东北边防军，限8月5日前到达东北指定地区。同时向苏联订购武器装备，加快空军、炮兵等军、兵种建设。8月4日，中共中央政治局专门召开会议讨论朝鲜战争后中国的对策问题。毛泽东在讲话中指出：如果美帝得胜，就会得意，就会威胁我国。对朝鲜不能不帮，必须帮助，用志愿军的形式，时机当然还要适当选择，我们不能不有所准备。[1]

8月27日起，美军飞机不断侵入我国领空，中国的安全受到越来越严重的威胁。9月15日，美军在仁川登陆后切断了朝鲜人民军南进部队的退路，朝鲜战争的形势急转直下。9月28日，美军占领汉城；30日，美军全力推进到三八线附近。10月1日，麦克阿瑟向朝鲜发出"最后通牒"，要朝鲜人民军无条件"放下武器停止战斗"。当天，斯大林要求中国立即派出至少五六个师到三八线，以便让朝鲜组织三八线以北的战斗。同一天深夜，金日成紧急约见中国驻朝鲜大使倪志亮，向中国政府提出出兵支援的请求。

要不要出兵朝鲜，对中国领导人来说是一个非常艰难的决策。当时，中国革命刚刚胜利，新解放地区还没有进行土地改革，人民

---

[1] 参见中共中央文献研究室编：《毛泽东年谱（一九四九——一九七六）》第一卷，中央文献出版社2013年版，第168页。

政权还在巩固之中,原有的经济基础十分薄弱,又经过长期的战争,经济的困难程度可想而知。人民解放军武器装备主要依靠解放战争时期从国民党军的缴获,海、空军尚处于初创阶段。美国是当时世界上经济最发达的国家,美军经过第二次世界大战具有很强的战斗力,而且拥有包括原子弹在内世界上最先进的装备和现代化的后勤保障。这些都是中国领导人不得不考虑的问题。

10月2日下午召开的书记处会议上,虽然毛泽东认为出兵朝鲜已是万分火急,但会上多数人不赞成出兵。会议决定10月4日召开扩大的中央政治局会议,讨论出兵入朝作战问题,毛泽东要周恩来派飞机到西安,接彭德怀到北京参加会议。

10月4日,中共中央政治局扩大会议召开,讨论朝鲜战争和中国出兵朝鲜的问题。毛泽东首先让大家讲出兵的不利情况,不赞成出兵或对出兵有疑惑的人认为,中国打了多年的仗,迫切需要医治战争创伤;新中国成立才一年,经济十分困难;新解放地区的土地改革和城市的民主改革还未进行;国民党留下的大量土匪、特务、反革命分子还没有肃清,人民政权还不巩固;我军的武器装备差且不掌握制空权、制海权;等等。因此,不到万不得已,最好不要打一仗。毛泽东说:"你们说的都有理由,但是别人处于国家危急时刻,我们站在旁边看,不论怎样说,心里也难过。"第二天,政治局扩大会议继续举行。周恩来在发言中明确支持出兵朝鲜的主张。彭德怀在发言中说,出兵朝鲜是必要的,打烂了,等于解放战争晚胜利几年。如美军摆在鸭绿江岸和我国台湾,它要发动侵略战争,随时都可以找到借口。会议经过讨论,最后作出了"抗美援朝、保家卫国"的战略决策。①

10月8日，中国人民革命军事委员会主席毛泽东发布命令，将东北边防军组成中国人民志愿军，任命彭德怀为司令员兼政治委员，待命出动。同一天，毛泽东致电金日成："根据目前形势我们决定派遣志愿军到朝鲜境内帮助你们反对侵略者。"② 同一天，周恩来飞赴莫斯科，同斯大林等商谈抗美援朝和苏联给予军事援助并向志愿军提供空军掩护等问题。斯大林表示苏联可以满足中国提出的飞机、大炮、坦克等军事装备，但苏联空军尚未准备好，必须两个月或两个半月后才能出去支援志愿军作战。中央政治局于13日再次召开会议就此讨论。与会者一致认为，即使苏联不出空军支援，在美军越过三八线大举北进的情况下，仍应出兵援朝不变。

10月18日，中央政治局会议再次讨论出兵朝鲜问题。会上，周恩来汇报了去苏联同斯大林等人会谈的情况，彭德怀汇报了志愿军准备入朝的情况。毛泽东认为现在敌人已围攻平壤，再过几天敌人就进到鸭绿江了，时间也不能再推迟。会议决定，志愿军按预定计划10月19日跨过鸭绿江。当天晚上，毛泽东向中国人民志愿军下达赴朝作战的正式命令。19日夜，中国人民志愿军从安东（今丹东）、长甸河口、辑安（今集安）跨过鸭绿江，秘密进入朝鲜战场，从此开始了抗美援朝战争。10月25日，已做好战斗准备的志愿军与长驱直入的敌军遭遇，打响出国作战的第一次战役。到

---

① 参见中共中央文献研究室编：《毛泽东年谱（一九四九——一九七六）》第一卷，中央文献出版社2013年版，第204—205页。

② 中共中央文献研究室编：《毛泽东年谱（一九四九——一九七六）》第一卷，中央文献出版社2013年版，第207页。

1951 年 6 月 10 日, 志愿军连续发动五次战役, 歼敌 23 万人, 把战线稳定在三八线附近。

中国人民志愿军入朝作战后, 国内掀起了轰轰烈烈的抗美援朝、保家卫国运动。刚刚获得翻身解放的人们踊跃报名参军, 奔赴朝鲜战场, 大批的铁路工人、汽车司机、医务人员到前线担任战勤工作, 农民积极开展爱国丰产运动, 工人广泛进行劳动竞赛, 社会各界还深入开展向志愿军捐献飞机大炮的活动。抗美援朝运动不但为抗美援朝战争提供了充足的兵源和后勤保障, 而且极大地激发了全国人民的爱国热情, 促进了全国人民的大团结。

1951 年 7 月, 双方开始举行停战谈判。但是美国不甘心失败, 企图凭借其空中优势, 利用绞杀战迫使中朝方面屈服。中朝军队针锋相对, 以打促谈, 粉碎了敌人的所谓夏季攻势。随后, 双方边打边谈, 中国人民志愿军采取阵地防御与运动反击相结合的作战方式, 消灭了敌人大量的有生力量。到 1953 年 7 月, 志愿军共歼敌 71 万余人, 终于迫使美国于 1953 年 7 月 27 日在停战协定上签字。抗美援朝战争取得了伟大胜利。

抗美援朝战争是新中国与美国互为主要对手进行的较量, 是中国人民反对帝国主义的长期斗争在新中国成立的历史条件下的继续。这场战争的胜利, 打破了美国不可战胜的神话, 打出了新中国的国威、军威, 极大地提高了中国人民的民族自信心和民族自豪感, 提高了中国共产党在全国人民心目中的威信, 也极大地增强了中华民族的凝聚力, 提高了中国的国际威望和国际地位。抗美援朝战争也进一步地检验了人民军队的战斗力, 获得了现代化战争的初步经验, 改进了武器装备, 促进了人民军队正规化、现代化建设。

二十五、社会主义改造是"早知今日，何必当初"吗？

　　1953 年下半年，中共中央提出了党在过渡时期的总路线，这就是："从中华人民共和国成立，到社会主义改造基本完成，这是一个过渡时期。党在这个过渡时期的总路线和总任务，是要在一个相当长的时期内，逐步实现国家的社会主义工业化，并逐步实现国家对农业、对手工业和对资本主义工商业的社会主义改造。"① 随着过渡时期总路线的提出，我国开始了大规模的社会主义改造。到 1956 年社会主义改造基本完成，中国由此实现了由新民主主义向社会主义的转变。

　　社会主义改造的主要内容，就是将原来具有私有制性质的个体农业、个体手工业及私人资本主义工商业，分别改造成为集体所有制的农业生产合作社、手工业生产合作社和全民所有制的国营企业，即将多种所有制改造成为单一的公有制。党的十一届三中全会之后，个体经济与民营经济不但有了恢复而且发展迅速，所有制结构又由单一公有制发展到多种所有制共存，于是有人认为当年的社会主义改造，根本不是搞早了还是搞晚了、搞快了还是搞慢了、形

---

① 《毛泽东文集》第六卷，人民出版社 1999 年版，第 316 页。

式多样还是简单划一的问题，而是该不该搞、要不要搞的问题，是有没有积极意义的问题。党的十一届三中全会后在农村推广家庭联产承包责任制，允许个体经济和民营经济存在和发展，证明当年进行社会主义改造是根本错误的。

还有人认为，既然新民主主义是多种所有制共存，当下的社会主义初级阶段亦是如此，于是发出"早知今日，何必当初！"的感慨，意即早知社会主义初级阶段可以搞多种所有制，那又何必在20世纪50年代进行大规模的社会主义改造？因为社会主义改造的目的，就是将新民主主义社会的多种所有制改造成为单一的公有制，而党的十一届三中全会之后，经济体制改革的一项重要内容，就是将单一的公有制恢复为多种所有制共存，特别是大力发展的民营经济，实际上就是当年私人资本主义工商业的"复活"。既然如此，当年进行社会主义改造根本没有必要。

所有制的变革是否具有积极意义，关键要看这种变革对社会生产力的发展起到了怎样的作用。对于这个问题，一个基本的事实是，社会主义改造的几年，确实是新中国成立至党的十一届三中全会前国民经济发展比较好的时间。就全国公私合营工业的产值而言，本年与上一年比较，1950年增长17.3％，1952年增长32.2％，1953年增长28.3％，1954年增长25.1％，1955年增长2.91％。公私合营工业企业的人均劳动生产力与私营企业相比，1951年超过18％，1952年超过52％，1953年超过73％，1954年超过87％，1955年超过100％。1956年全行业公私合营后，全国公私合营工业企业的总产值比1955年增长32％，1957年又比1956年增长8％；公私合营商业零售额1956年比1955年增长 15%。①

就农业而言，虽然增长的速度没有工业迅速，但农业生产得到了较快的发展。1957 年全国农业总产值 536.7 亿元（1957 年不变价格），比 1952 年的 417 亿元增长 24.8%，平均每年递增 4.5%。占农业总产值 80% 以上的农作物产值从 1952 年的 346.6 亿元，增长到 1957 年的 432.6 亿元，增长 24.8%，平均每年递增 4.5%。1957 年粮食总产量 19505 万吨，比 1952 年的 16392 万吨增长 19%，平均每年递增 3.5%。其中，稻谷总产量 8678 万吨，比 1952 年的 6843 万吨增长 26.8%。小麦总产量 2364 万吨，比 1952 年的 1813 万吨增长 30.4%。棉花总产量 164 万吨，比 1952 年的 130.4 万吨增长 25.8%。糖料总产量 1189.3 万吨，比 1952 年的 759 万吨增长 56.6%。茶叶总产量 11.2 万吨，比 1952 年的 8.2 万吨增长 36.6%。烤烟总产量 25.6 万吨，比 1952 年增长 15.3%。水果总产量 324.7 万吨，比 1952 年的 244 万吨增长 32.9%。与此同时，畜牧业、林业、渔业、副业也得到了较大的发展，农民生活水平也有所提高。增长较慢或有所下降的是油料、黄红麻和蚕丝。油料总产量 419.6 万吨，仅比 1952 年的 419 万吨增长 0.1%。黄红麻总产量 30.1 万吨，比 1952 年下降 1.6%。蚕丝总产量 11.2 万吨，比 1952 年下降 8.9%。②

当然，这几年国民经济的发展，其中的原因是多方面的。如结束多年的国内战争，抗美援朝战争到过渡时期总路线提出时也已经

---

① 参见李定主编：《中国资本主义工商业的社会主义改造》，当代中国出版社 1997 年版，第 302 页。

② 参见陈廷煊：《1953—1957 年农村经济体制的变革和农业生产的发展》，《中国经济史研究》2001 年第 1 期。

结束，这种环境应当说是自近代以来少有的，因为中国过去是长期战乱不断，而这种国内和平环境为经济的发展创造了条件；由于新中国的成立和抗美援朝战争胜利，中国共产党在全国人民面前树立了良好的形象，人民对于执政党和新政权充满期待，也确实以很高的热情投入国家建设和各项工作之中；"一五"期间以苏联援助的156项重点工程的开工建设，有力地加强了我国的工业基础，苏联在此间给予中国的援助也对国民经济的恢复发展产生了积极作用。

公私合营工业企业生产效率较合营前有了很大提高，一个重要的原因是1955年之前合营主要是那些生产条件较好、规模较大的私营企业。1956年全行业公私合营时主要是中小企业，这期间全国共有7.07万户私营工业实现公私合营，职工总数为114万人，平均每个企业只有16人。这些企业多数不但规模小，有的甚至是前店后厂，而且设备陈旧，管理落后，生产效率自然很低。公私合营后采取对这些企业实行合并改组，原则是"以大带小，以先进带落后"，有的是若干小厂合并成一个大厂，有的是将若干小的、落后的企业合并到大的、相对先进的企业中去，至于各小厂一些过于陈旧落后的设备则干脆淘汰，购置相对先进的设备，建立比较规范的管理制度。采用这样的办法，公私合营企业的生产效率无疑比原来的私营小厂要高得多。同时，这几年农业生产的发展，也与国家提高农副产品的收购价格，稳定农业税收，增加对农业生产的投资，开展农田水利建设，增加对农业生产资料的投放数量，开展爱国增产竞赛运动，推广新的农业生产技术等有密切的关系。因此，从总体上来讲，社会主义改造期间社会生产力水平没有下降，而且这些年间工农业生产还得到了发展。

同时也应看到，由于原定需要 15 年左右才能完成的社会主义，实际只用了 3 年左右的时间，改造的时间过于急骤，因而在改造中也出现了一些问题。

通过农业社会主义改造，使土地等主要生产资料实现了公有化。从长远来看，农业集体化消除了农村可能产生的两极分化的根基，而且有利于开展较大规模的农田水利建设和农业机械化，也有利于国家进行大规模的经济建设所需土地的征用，但在农业生产资料公有制后如何真正实现按劳分配，当时没有找到有效办法。农业合作社建立后实行以"评工记分"为主要内容的分配制度。表面看，这种分配制度体现了按劳分配原则，但实际上，评工记分不但手续烦琐，而且社员之间也往往抹不开情面而对每个人的劳动认真进行"评工"，所以许多农业合作社建立后往往在"记分"问题上记的是"大概工"，即固定工分，这样做固然简便易行，但容易变成平均主义，使得社员间干多干少、能力强弱都是得一样的工分，挫伤了那部分劳动积极、生产技能强的社员的积极性，以至于能干的也不干、能多干的也少干。一些地方针对这种情况，曾探索出了在不改变所有制性质的前提下进行"包产到户"的做法，但在 1957 年反右派斗争后农村开展的两条道路大辩论中，却将"包产到户"当作走资本主义道路而加以批判，而这种固定工分的做法在后来的人民公社时期进一步强化，成为长期以来农民生产积极性不高、农业生产效率低下的重要原因。党的十一届三中全会后以家庭联产承包责任制为特征的农村改革，并没有否定农业集体化的成果，而是农村经营方式和分配方式的变革。

在手工业的改造问题上，忽视个体手工业经营模式灵活、快捷、便民的特点，在建立手工业合作社时过于强调统一的工作制度，统一核算、进货、工资福利等，不但给人民生活带来不便，而且在分配上也存在平均主义的问题。

在资本主义工商业改造中也存在对私方人员未得到合理使用；过分强调集中统一，盲目合并了一些小厂和商业点，不仅使许多有特色的商品质量下降，还给消费者带来了诸多不便；并存在将很多小商小贩小手工业者也当成私方人员，也合并到公私合营的企业之中，后来给这部分小商小贩们背负了资本家的名号，遭受了不应有的歧视等问题。

更重要的是，由于受历史条件的限制，当时没有认识到建立社会主义制度并不等于在所有制问题上搞单一的公有制，在分配方式上实行单一的按劳分配，而可以在确保公有制和按劳分配的主体地位的前提下，允许多种所有制和多种分配方式同时存在，这样更有利于经济的发展。因此，在社会主义改造完成之后，非公有制经济几乎不复存在，而按劳分配又变成了固定工分和固定工资，不但使经济发展缺乏活力，而且也不利于调动劳动者的积极性，成为改革开放前中国经济没有得到应有的发展，人民生活没有得到应有的改善的重要原因。

用今天的眼光来看，当年的新民主主义社会存续的时间自然可以更长些，这样可能更有利于中国经济社会的发展，而且进行社会主义改造时，在所有制的问题上完全没有必要搞清一色的公有制。问题在于当年的人们不可能有这样的认识。1953 年 12 月，中共中央宣传部根据毛泽东的指示，起草了宣传过渡时期总路线的提纲《为动员一切力量把我国建设成为一个伟大的社会主义国家而奋斗》，其中指出："党在过渡时期的总路线的实质，就是使生产资料的社会主义所有制成为我国国家和社会的唯一的经济基础。"毛泽东在审阅这个提纲时，特地加了这样一段解释性的话："我们所以必须这样做，是因为只有完成了由生产资料的私人所有制到社会主义所有制的过渡，才利于社会生产力的迅速向前发展，才利于在技术上起一个革命，把在我国绝大部分社会经济中使用简单的落后的工具农具去工作的情况，改变为使用各类机器直至最先进的机器去工作的情况，借以达到大规模地出产各种工业和农业产品，满足人民日益增长着的需要，提高人民的生活水平，确有把握地增强国防力量，反对帝国主义的侵略，以及最后地巩固人民政权，防止反革命复辟这些目的。"[1]1954 年 3 月 4 日，吴玉章（时任中国人民大学校长）撰写了一篇纪念斯大林逝世一周年的文章，其中写道："百战百胜的列宁斯大林的学说为我们指出：建成社会主义是一个艰巨的深刻的社会改造事业。要完成这一伟大任务，我们必须坚决地克服一切困难，在劳动中竭尽我们创造性的才能，以便最后消灭一切形式的生产资料的私有制度，而使生产资料的公有制度成为中国社会唯一的经济基础。"[2] 从这里不难看出当时包括毛泽东在内的中国共产党人对于社会主义的理解与认识。

在当时的人们看来，社会主义在所有制上必须是公有制的，而且公有化的程度越高越好；社会主义也只能搞按劳分配，而不能有其他的分配形式，否则会出现不劳而获的剥削，剥削现象的存在将

---

[1] 《建国以来毛泽东文稿》第四册，中央文献出版社 1990 年版，第 702 页。

[2] 吴玉章：《中国人民沿着过渡到社会主义的道路前进——纪念斯大林逝世一周年》，《人民日报》1954 年 3 月 4 日。

背离社会主义的根本原则；社会主义只能搞计划经济，自由竞争会导致社会生产的无序与社会资源的巨大浪费。当时人们基于对社会主义的这种认识和理解，开展了大规模的社会主义改造，其目的就在于使新民主主义社会时期的多种所有制中的非公有制，改造为单一公有制，消灭剥削，实现按劳分配以体现社会的公平正义。在大规模的社会主义改造进行的同时，还开始了第一个五年计划的实施，国民经济的计划体制开始形成。所以，对于"早知今日，何必当初"这个问题，其实应当是"早不知今日，才有当初"。也就是说，当年进行社会主义改造之时，人们还不知道社会主义应当允许搞多种所有制，应当允许多种分配方式，计划与市场都是资源配置的手段，更没有认识到即使通过所有制的改造，建立了社会主义制度，这样的社会主义还只是初级阶段。

党的十一届三中全会之后，之所以在农村实行家庭联产承包责任制，在全国城乡允许乃至鼓励包括个体经济、民营经济在内的多种所有制共同发展，逐步用市场经济体制取代计划经济体制，正是由于社会主义改造完成后在如何建设社会主义上积累了丰富的经验教训，对于什么是社会主义、怎样建设社会主义的认识得到了深化的结果。从这个角度上看，人们的认识总会受时代条件的限制，在总结历史经验时，只能将有关人与事放在当时特定的历史条件下进行考察，才能对历史现象作出合理的解释和客观的评价。

二十六、党的八大确立的正确路线为什么 未能坚持下去？

1956 年 9 月 15 日至 27 日，中国共产党第八次全国代表大会在北京举行。大会正确分析了国内外形势和国内主要矛盾的变化，提出要把我国尽快地从落后的农业国变为先进的工业国，然而令人惋惜的是，八大提出的许多正确或比较正确的主张，后来并没有真正坚持下来。

用历史的眼光来看，八大制定的正确路线，主要集中在两个方面，一是关于国内主要矛盾的分析和今后主要任务的判断；二是关于经济建设采取什么样的方针。

关于国内主要矛盾的分析和今后主要任务，党的八大通过的《关于政治报告的决议》强调：由于资产阶级民主革命和社会主义革命的胜利，"我们国内的主要矛盾，已经是人民对于建立先进的工业国的要求同落后的农业国的现实之间的矛盾，已经是人民对于经济文化迅速发展的需要同当前经济文化不能满足人民需要的状况之间的矛盾。这一矛盾的实质，在我国社会主义制度已经建立的情况下，也就是先进的社会主义制度同落后的社会生产力之间的矛盾。党和全国人民的当前的主要任务，就是要集中力量来解决这个矛盾，把我国尽快地从落后的农业国变为先进的工业国"。该决议还说："由于社会主义革命已经基本上完成，国家的主要任务已经由解放生产力变为保护和发展生产力，我们必须进一步加强人民民主的法制，巩固社会主义建设的秩序。"①

党的八大对国内主要矛盾的分析和国家主要任务的判断，被认为是"中共八大最重要的理论贡献"②，"是八大最重要的理论贡献"③。令人遗憾的是，在八大闭幕后不久，毛泽东就对决议中提出的"这一矛盾的实质，在我国社会主义制度已经建立的情况下，也就是先进的社会主义制度同落后的社会生产力之间的矛盾"，表示不同意见。据参加决议起草工作的邓力群回忆：大概在八大闭幕两个星期以后，毛泽东对这个问题提出怀疑。他说列宁讲的是亚洲与欧洲比较，你们讲的是自己与自己比。胡乔木后来也说："这个问题是陈伯达提出的，陈伯达找了康生，这时大会已经快闭幕了。他们商量了一个修改的意思，把我找去。陈伯达搬出列宁的《落后的欧洲和先进的亚洲》这篇文章的一些话作为依据，说明先进的社会制度和落后的生产力之间的矛盾问题。然后我和陈伯达两个人去找毛主席，把修改的方案拿给他看，他琢磨了半天以后，同意了。他说，好，赶快去印。"④

刘少奇的夫人王光美后来也回忆说："国庆节（1956 年）那天

---

① 《中国共产党第八次代表大会关于政治报告的决议》，《人民日报》1956 年 9 月 28 日。

② 中共中央文献研究室编：《毛泽东传（1949—1976)》（下），中央文献出版社 2003 年版，第 537 页。

③ 中共中央党史研究室：《中国共产党历史（1949—1978)》第二卷，中共党史出版社 2011 年版，第 396 页。

④ 中共中央文献研究室编：《毛泽东传（1949—1976)》（下），中央文献出版社 2003 年版，第 537 页。

在天安门城楼，毛主席对少奇同志说：八大《决议》关于我国主要矛盾的提法不正确。少奇说：'《决议》已经公布了，怎么办？'当时毛主席只是提了一下，没有说改变或者采取什么措施，后来中央将八大《决议》等文件照常发出了，事实上也没有办法改变了，来不及了，而且刚刚通过就改也不合适。"①

据中共中央文献研究室编纂的《毛泽东传（1949—1976）》介绍，八大《关于政治报告的决议》中"先进的社会主义制度同落后的社会生产力之间的矛盾"这一句话，在决议的历次修改稿上都没有，9月27日（这天大会闭幕）凌晨，大会主席团常委会通过的稿子上也没有，而是在大会闭幕式开会前临时加上的，陈伯达和胡乔木把加了这一句话的修改稿急急忙忙地送毛泽东审阅，而这时离大会闭幕式开会只有一个小时。②

这说明，八大决议关于国内主要矛盾"是先进的社会主义制度同落后的社会生产力之间的矛盾"的提法，是临时提出的，事先既没有在领导层中充分酝酿，又没有在大会上通过认真的讨论，在如此匆忙之中送给毛泽东审阅，尽管后来胡乔木说毛泽东"琢磨了半天"，实际上并没有留给毛泽东多久的琢磨时间。在那种情况之下，毛泽东既不便又难以提出不同意见，但会后毛泽东"琢磨"的结果，就是明确表示八大关于主要矛盾的提法"不正确"，这就为反右派运动后毛泽东改变八大关于国内主要矛盾的提法埋下了伏笔。

---

① 黄峥执笔：《王光美访谈录》，中央文献出版社2006年版，第166—167页。
② 参见中共中央文献研究室编：《毛泽东传（1949—1976）》（下），中央文献出版社2003年版，第537页。

1957 年 10 月 9 日，在扩大的党的八届三中全会上的讲话中，毛泽东对于我国社会的主要矛盾作了这样的论述："无产阶级和资产阶级的矛盾，社会主义道路和资本主义道路的矛盾，毫无疑问，这是当前我国社会的主要矛盾。我们现在的任务跟过去不同了。过去主要是无产阶级领导人民大众反帝反封建，那个任务已经完结了。那末，现在的主要矛盾是什么呢？现在是社会主义革命，革命的锋芒是对着资产阶级，同时变更小生产制度即实现合作化，主要矛盾就是社会主义和资本主义，集体主义和个人主义，概括地说，就是社会主义和资本主义两条道路的矛盾。'八大'的决议没有提这个问题。'八大'决议上有那么一段，讲主要矛盾是先进的社会主义制度同落后的社会生产力之间的矛盾。这种提法是不对的。"①

正是由于反右派斗争后改变了八大对于主要矛盾的论述，将其重新定性于"社会主义和资本主义两条道路的矛盾"，由此导致将国家主要任务不是"保护和发展生产力"，而是继续解决无产阶级与资产阶级、社会主义道路与资本主义道路谁胜谁的问题，即不是以经济建设为中心而是以阶级斗争为中心，以至发展到后来强调阶级斗争要年年讲、月月讲，甚至提出要"以阶级斗争为纲"，而使经济建设和生产力发展没有受到应有的重视。

对于经济建设采取什么样的方针，党的八大通过的《关于政治报告的决议》是这样论述的："由于我国生产力获得了解放，由于我国有丰富的人力和物力的资源，有最广阔的国内市场，有以伟大

---

① 中共中央文献研究室编：《建国以来重要文献选编》第十册，中央文献出版社 1994 年版，第 606—607 页。

的苏联为首的社会主义各国的支援，只要我们能够正确地处理上述各方面的问题，发扬全国人民的积极性，就有可能高速度地发展我国的生产力。如果对于这种可能性估计不足，或者不努力把这种可能性变为现实性，那就是保守主义的错误。但是，我们也必须估计到当前的经济上、财政上和技术力量上的客观限制，估计到保持后备力量的必要，而不应当脱离经济发展的正确比例。如果不估计到这些情况而规定一种过高的速度，结果就会反而妨碍经济的发展和计划的完成，那就是冒险主义的错误。党的任务，就是要随时注意防止和纠正右倾保守的或'左'倾冒险的倾向，积极地而又稳妥可靠地推进国民经济的发展。"[1] 同时，周恩来所作的《关于发展国民经济的第二个五年计划的建议的报告》中也说："我们在编制年度计划的时候，在有利的情况下，必须注意到当前和以后还存在着某些不利的因素，不要急躁冒进；相反地，在不利的情况下，又必须注意到当前和以后还存在着许多有利的因素，不要裹足不前。"[2] 这也就是人们所熟知的既反保守又反冒进的方针。

党的八大之所以强调要既反保守又反冒进，就在于此前经济建设中出现了急躁冒进的倾向。1955 年年底至 1956 年年初，随着社会主义改造高潮的到来，在原定 15 年左右完成的社会主义改造任务即将大大提前，在这样的情况下，如何进行经济建设党内出现了一股急躁冒进情绪，认为只要克服了右倾保守思想，整个工业化的规模

---

[1] 《中国共产党第八次代表大会关于政治报告的决议》，《人民日报》1956 年 9 月 28 日。

[2] 中共中央文献研究室编：《建国以来重要文献选编》第九册，中央文献出版社 1994 年版，第 177 页。

和速度，科学、文化、教育、卫生等事业的规模和速度，都可以扩大和加快。1956 年元旦，《人民日报》发表社论，明确提出"又多、又快、又好、又省"的要求。随后，各行各业开展了对右倾保守思想的批判，在此过程中出现了许多地区、部门不顾实际条件纷纷提高计划指标、追加基建项目的现象，经济建设出现了急躁冒进的倾向。到这年 4 月，急躁冒进造成的后果进一步显露出来：钢铁、水泥等建材严重不足，以致过多动用国家的储备物资。周恩来、陈云等人提出缓解经济形势紧张的应急措施，要求抓生产平衡、物资平衡、财政平衡的工作。6 月 4 日，刘少奇主持中共中央会议，讨论 1955 年国家决算和 1956 年国家预算的报告稿，会议正式确定了既反保守又反冒进，在综合平衡中稳步前进的经济建设方针。6 月 20 日，《人民日报》发表《要反对保守主义，也要反对急躁情绪》的社论，不但指出了急躁冒进的危害，同时也分析了产生的原因，为在经济工作中纠正急躁冒进倾向起了重要推动作用。

对于经济建设中既反保守又反冒进，原本就不是毛泽东的主张。在筹备党的八大之时，毛泽东为八大确定的指导思想仅是反对右倾保守。1955 年 12 月 5 日，中共中央政治局召开有各省、市、自治区和中央党政军各部门负责人参加的座谈会，由刘少奇传达毛泽东关于召开八大的指示。刘少奇在讲话提纲中写道："各方面的潜力还是很大，事业的进行还可加快，事情还可以多办。""（八大）中心思想，反对右倾保守主义，提前完成社会主义建设和改造的计划。""要利用目前世界休战的时期，加快速度来完成我国总任务。那时不论和战都好办得多。未完成而战困难更多。""一切工作要求办得又多、又快、又好。""以前反盲目冒进，反贪多、贪大、贪快，是对的，但出了毛病：把干部和群众的积极性也反掉了。"①1956 年 4 月 25 日，毛泽东在中共中央政治局扩大会议上作了《论十大关系》的报告。这个报告全面分析了我国社会主义建设中必须处理好的十个方面的关系即十大矛盾，而多快好省地建设社会主义是报告基调，整个讲话都是围绕一个中心即如何调动一切积极因素快速建设社会主义。主持八大政治报告起草的刘少奇明确提出，要以《论十大关系》作为政治报告的纲②，而《论十大关系》的中心思想都是如何加快发展速度问题，并无反对急躁冒进的思想。

1956 年 4 月下旬，毛泽东在中共中央政治局会议上主张追加20 亿元的基本建设投资，但与会的大多数人不赞成。据胡乔木回忆："会上尤以恩来同志发言最多，认为追加预算将造成物资供应紧张，增加城市人口，更会带来一系列困难，等等。毛泽东最后仍坚持自己的意见，就宣布散会。会后，恩来同志又亲自去找毛主席，说我作为总理，从良心上不能同意这个决定。这句话使毛主席非常生气。不久，毛主席就离开了北京。"③1956 年 6 月 20 日，《人民日报》发表中宣部起草、经刘少奇审改的《要反对保守主义，也要反对急躁情绪》的社论。当时，中宣部将起草好后的稿子交给了刘少奇。刘少奇改完后批示："主席审阅后交乔木办"。但毛泽东接到此稿后批了三个字："不看了"。后来在批评反冒进时毛泽东曾

---

① 《建国以来刘少奇文稿》第七册，中央文献出版社 2008 年版，第 407、408 页。

② 据参与起草工作的邓力群回忆："大概在一九五六年四五月间，一次刘少奇开会回来，大约是晚上十点多钟了，打电话找我和陈伯达等去他那里，刘少奇非常高兴。他说：主席作了调查，讲了十大关系，十大关系应当成为起草八大政治报告的纲。"（参见中共中央文献研究室编：《毛泽东传（1949—1976）》（下），中央文献出版社 2003 年版，第 511 页。）

③ 金冲及主编：《周恩来传（1949—1976）》，中央文献出版社 1998 年版，第 269 页。

说，那篇社论写好后曾送给我看，我在清样上写了"不看了"三个字，骂我的东西我为什么要看。①

当然，尽管当时毛泽东并不赞成反冒进，但也没有对反冒进表示明确反对，也正因为如此，在准备党的八大政治报告时，报告的起草者才将反冒进的思想写进了八大政治报告和关于政治报告的大会决议之中。据邓力群回忆："1956 年 8 月中旬，八大政治报告第一稿出来后，刘少奇请薄一波来提意见，一波同志来了以后，说这个报告里只反右倾保守，不反急躁冒进，是片面的，应该加上既反右倾保守，又反急躁冒进。我们吸取一波同志的意见加上了，通过的时候也是这两方面都照顾到了。"② 后来邓力群还说："八大一次会议的政治报告，原来一直是按照毛泽东同志论十大关系的思想起草的，反对的就是右倾保守的倾向，到了陈云同志、周恩来同志提出，五六年我们的经济建设出现了冒进，才在八大报告中写进了反冒进的内容，到定稿时确定了既要反保守又反冒进这么一个方针。"③

可见，党的八大提出的既反保守又反冒进的经济建设方针，其中反冒进明显不是毛泽东的主张。八大是 1956 年 8 月 30 日召开预备会议，9 月 15 日正式开幕，而作为大会最重要文件的政治报告到 8 月中旬尚未提反冒进的问题，而写进反冒进的内容显然是 8 月中旬之后，在这种情况下，毛泽东即便对反冒进持不同意见，恐怕也不便明确表示反对。然而，既然毛泽东对既反保守又反冒进的主

---

① 参见吴冷西:《回忆领袖与战友》，中央文献出版社 2006 年版，第 63 页。

② 邓力群:《我为少奇同志说些话》，当代中国出版社 1998 年版，第 66—67 页。

③ 《〈关于建国以来党的若干历史问题的决议〉起草过程和主要内容的介绍——邓力群 1981 年 7 月 7 日、8 日在驻京部队师以上干部大会上的讲话》，《教学参考资料》1981 年第 17 期。

张并非发自内心的认同与认可，后来未能真正坚持和贯彻下去也就不难理解了。1957 年扩大的党的八届三中全会上，毛泽东公开对 1956 年的反冒进表达不满。说去年这一年扫掉了几个东西。一个是扫掉了多、快、好、省，一个是扫掉了农业发展纲要四十条，还一个是扫掉了促进委员会。随后，在 1957 年年底的杭州会议、1958 年年初的南宁会议和同年 2 月的中共中央政治局扩大会议、3 月的成都会议等重要会议上，毛泽东一再对反冒进提出批评。随着对反冒进的批评，各种高指标相继提出，"大跃进"运动也就在全国范围兴起。

"八大正确路线被中断"，关键在于毛泽东当时对今天人们认为是正确的八大路线并没有真正认同。诚然，不论是刘少奇代表中共中央所作的政治报告，还是周恩来关于"二五"计划建议的报告、邓小平关于修改党章的报告这些八大通过的重要文件，毛泽东都作了审阅，特别是政治报告还作了反复的修改。但是，政治报告中关于反冒进的内容直到大会即将开幕时才将之写进，特别《关于政治报告的决议》竟然在那么匆忙的情况下让毛泽东去审阅，至少说明对于这样一个如此重要的文件其准备工作是不那么充分的。像国内主要矛盾和主要任务这种涉及方向性全局性的大问题，正式提出前没有在党内进行充分的酝酿，尤其是党内高层取得充分的共识就匆忙提出，不能不说这是八大准备工作的一个不足。而且"先进的社会主义制度同落后的社会生产力之间的矛盾"这样的表述，虽然其用意在于要使社会生产力同样先进起来，但同时根据生产关系必须适应生产力发展水平的原理，也可理解为生产关系超越了生产力的发展要求，这个表述至少不够准确。

二十七、为什么反右派斗争是正确和必要的但被严重地扩大化了？

　　1956 年社会主义改造基本完成，中国进入了社会主义社会。然而就在这个时候，国内出现了一些不安定的因素。一些学生、工人和复员转业军人因在升学、就业和安置等方面遇到困难而开展罢工罢课。据当时的统计，从 1956 年 9 月到 1957 年 3 月，全国大约共有 1 万多工人罢工，1 万多学生罢课。在农村，由于农业生产合作社刚刚建立，经验不足，经营管理不善，有的农民入社后收入有所下降，也有的农民还不习惯集体生产方式，因而一些地方发生了农民要求退社的事件，有的情况还比较严重。如何分析和解决社会主义社会中存在的矛盾，就成为国家政治生活中的一个重要问题。

　　从国际方面来看，1956 年 2 月苏共二十大以后，西方一些国家利用赫鲁晓夫"秘密报告"，掀起一股反共、反社会主义浪潮。1956 年 6 月和 10 月，先是在波兰，继而在匈牙利，由于不满与苏联的不平等关系，不满执政党制定的国内政策，加上西方国家的鼓动和国内少数反共、反社会主义分子的煽动，发生大规模群众示威和游行，在匈牙利甚至升级为骚乱和武装暴乱。

　　波匈事件发生后，中共中央多次召开会议讨论东欧局势和国际形势。12 月 29 日，《人民日报》以编辑部的名义，发表根据中央政治局会议的讨论所形成的《再论无产阶级专政的历史经验》一文，强调能否正确区分和处理敌我矛盾和人民内部矛盾，关系到社会主义建设的成败，关系到人民政权的存亡。在共产党执政的情况下，正确处理人民内部矛盾极为重要。

1957 年 2 月，毛泽东在最高国务会议上发表《关于正确处理人民内部矛盾的问题》的讲话，指出：社会主义社会充满着矛盾，社会主义社会的基本矛盾仍然是生产力和生产关系、经济基础和上层建筑之间的矛盾，不过社会主义社会的这些矛盾同旧社会的这些矛盾具有根本不同的性质和情况，可以通过社会主义制度本身的自我调整和完善，不断地得到解决。他还指出：社会主义社会存在着敌我之间和人民内部两类性质根本不同的矛盾，前者需要用强制的、专政的方法去解决，后者只能用民主的、说服教育的方法，即"团结—批评—团结"的方法去解决，绝不能用解决敌我矛盾的方法解决人民内部的矛盾。毛泽东的这篇讲话，总结了社会主义事业发展中的历史经验，研究回答了我国社会主义改造基本完成后出现的新问题，提出了严格区分两类不同性质矛盾、正确处理人民内部矛盾的理论，科学地阐明了社会主义社会的矛盾问题，是对科学社会主义理论的重要发展。

毛泽东在提出正确处理人民内部矛盾的问题时，有一个基本的指导思想，就是认为一个时期之所以人民内部矛盾突出，社会上出现一些不稳定因素，原因在于有相当多的干部身上存在主观主义、官僚主义和宗派主义作风，对于一些社会矛盾视而不见；或者虽然意识到问题的存在，却缺乏处理矛盾的能力，于是要么绕开矛盾走，要么处理不好。因此，有必要开展大规模的整风运动，以整顿干部作风，以提高干部处理人民内部矛盾的能力与水平。

1957 年 3 月中旬，中共中央召开全国宣传工作会议。根据党的八大的决定，毛泽东在会上专门讲了整风的问题。他说，整风就是整顿思想作风和工作作风。这一次整风，主要是要批评几种错误的思想作风和工作作风：一个是主观主义，一个是官僚主义，还有一个是宗派主义。在整风中间，一方面要严肃认真，对于错误和缺点，一定要进行认真的而不是敷衍的批评和自我批评，而且一定要纠正；另一方面又要和风细雨，惩前毖后，治病救人，反对采取"一棍子把人打死"的办法。

4 月 27 日，中共中央正式发出《关于整风运动的指示》，并于 5 月 1 日在《人民日报》上公开发表。该指示指出：国家已从革命的时期进入了社会主义建设时期，但是，中国共产党内有许多同志并不了解或者不很了解这种新情况和党的新任务，几年来党内脱离群众和脱离实际的官僚主义、宗派主义和主观主义有了新的滋长。因此，有必要按照从团结的愿望出发，经过批评和自我批评，在新的基础上达到新的团结的方针，在全党重新进行一次普遍的、深入的反官僚主义、反宗派主义、反主观主义的整风运动，提高全党的马克思主义思想水平，改进作风，以适应社会主义建设的需要。

执政党的最大危险是脱离群众。中共中央和毛泽东在整风运动启动后，对揭露出来的党内各种脱离群众的现象与问题十分重视。事实证明，在新形势下进行一次全党整风是非常必要的，党希望通过整风、听取党外人士的批评意见以改进自己的工作态度是诚恳的。毫无疑问，如果严格按照整风指示进行下去，这次整风运动一定会取得改进党的工作和党的领导，树立起执政党的新风，推进社会主义建设的预期效果。然而，难以预料的情况发生了，整风运动迅速逆转。

在整风运动初期，为了改正自己的缺点错误，克服主观主义、官僚主义、宗派主义，中共中央和各级组织诚心诚意地欢迎党外人士帮助自己整风，虚心听取他们的各种批评和意见。由于当时采用的是开门整风的办法，鼓励党外人士向党提意见，其中绝大多数意见是善意的、中肯的，但也有一些意见涉及新中国成立以来历次政治运动等敏感问题，有的甚至关乎党的领导地位等根本问题。

在中国共产党的历史上，延安整风曾取得了巨大的成功，从此，整风也就成了中国共产党进行自我净化实现自我革命的重要途径。但是，延安整风主要通过学习党内文件提高思想认识、开展党内批评特别是自我批评的方式进行的，整风虽然很深入但运动始终是可控的。而1957年的整风运动，则是采取大张旗鼓地动员党外人士对党的工作进行批评的方式，各种座谈会上的发言更是公开登载在相关报刊上。整风的目的是为了改进党的领导而不是要否定党的领导，当某些不利于党的领导和新生的社会主义制度巩固的言论出现之后，必然会引起中共中央和毛泽东的警觉与警惕。时任中共中央统战部部长、主持民主党派负责人座谈会的李维汉后来回忆说："5月中旬，汇报到第三次或第四次时，已经放出一些不好的东西，什么'轮流坐庄''海德公园'等谬论都出来了。毛泽东同志警觉性很高，说他们这样搞，将来会整到他们自己头上，决定把会上放出来的言论在《人民日报》发表，并且指示：要硬着头皮听，不要反驳，让他们放。在这次汇报之后，我才开始有反右的思想准备。""当我汇报到有位高级民主人士说党外有些人对共产党的尖锐批评是'姑嫂吵架'时，毛泽东同志说：不对，这不是姑嫂，是敌我。"① 随着各种批评意见急剧升温，中共中央对整风的态度也逐渐发生变化。

整风运动开始后，当时报刊上曾登载了大量的各地开展整风的消息和各种批评意见。批评固然有益于改进工作，但公开的任意性的批评多了，也容易引发社会的不满情绪。就在整风运动启动前后，城乡均出现一些不稳定现象。

整风运动启动之时，正值农村青黄不接之际，部分农村发生了比较严重的农民闹粮闹退社事件。

学校里也出现了一些风波。5 月下旬恰好是毕业在即的时候，很多学生因毕业后不能升学或留在城市工作而闹事。例如，5 月 20 日至 25 日，湖北医学院学生要求改善校舍、设备等条件，发生全校性的停课风潮。陕西的西安航空学院、西安建筑学院、西安动力学院、西安交通大学、陕西师范学院等也出现了闹事情况。学校领导"处于紧张被动状态，'四面作战'，招架不住"②。与此同时，各高等学院在整风运动启动后出现了各式各样的大字报，形成所谓的"民主墙"。大字报的内容自然五花八门，有的涉及过去的肃反运动，有的事关中苏关系，有的关于统购统销，不一而足，更有些大字报直言不讳地要求取消党委负责制，要求言论、集会、结社绝对自由，彻底开放一切禁书，反对必修政治课，等等。除大字报以外，校园里还展开了各种演讲会、辩论会、"控诉会"，每天晚上都

---

① 李维汉：《回忆与研究》（下），中共党史资料出版社 1986 年版，第 833—834 页。
② 郭德宏等主编：《中华人民共和国专题史稿》卷二（曲折探索），四川人民出版社 2009 年版，第 135 页。

有数百人甚至上千人参加。

上述这种情况的出现，应当说是计划整风之初未曾预料到的，也是党在全国执政以来未曾遇到的新情况。面对这样的局面，人们自然不难产生这样的疑问：匈牙利事件会不会在中国重演。邓小平在这年 5 月 23 日的中央政治局扩大会议上说："现在的问题是：这个运动可不可怕？现在我们确实有些担心，比如我们党校有相当的高级干部，都是省委、地委的同志，他们在那里很担心。这个担心是有理由的。你说共产党看到那个骂娘的事情心里不着急呀，我看也难设想，我就有点着急。"毛泽东后来也说："去年五月底右派进攻，我就在床上吃饭，办公，一天看那些材料，尽是骂我们的。"又说："右派猖狂进攻时，哪个不着急？我看大家都有点着急。我就是一个着急的，着急才想主意。"① 正是在这样的背景下，中共中央正式作出反击右派的部署。

作为在社会主义条件下长期执政的党，坚持党的领导，坚持社会主义制度，无疑是不可动摇的基本原则。从这个角度出发，将反对这两条原则的言论定性为"右派言论"，进行批判与反击，既是必要的，也是正确的。

但是，由于当时对形势作了过于严重的估计，又未能准确地区分敌我和人民内部这两类不同性质的矛盾，结果把许多正常甚至是善意的批评与建议，或者把虽然不一定正确但并非反党反社会主义的观点，简单地当作右派言论，把对个别党员领导干部的批评当作右派向党发动进攻。加之反右派斗争启动之时没有制定划分右派分

---

① 中共中央文献研究室编：《毛泽东传（1949—1976）》（上），中央文献出版社 2003 年版，第 696—697 页。

子的具体标准，后来虽然出台了标准但很原则并且没有严格执行，又不恰当地使用了"大鸣、大放、大字报、大辩论"的方式，并且采取群众运动开展反右派斗争，导致反右派斗争被严重地扩大化。使许多对党忠贞的同志、许多同党有长期合作历史的朋友、许多有才能的知识分子、许多政治上热情而不成熟的青年被错划为"右派分子"，受到长期的委屈和压抑，不能在社会主义建设中发挥应有的作用，这不但是他们个人的损失，也是整个国家和党的事业的损失。当时，虽然也在农村开展社会教育运动，但中共中央明确提出在工人和农民中不划右派，从总体上来看，反右派斗争对这年的经济建设没有产生大的影响。

反右派斗争的严重扩大化，使探索适合中国国情的建设社会主义道路的良好开端受到挫折，此后过分夸大阶级斗争、混淆两种不同性质矛盾的错误思想开始发展。1958 年 5 月召开的党的八大二次会议正式改变了八大关于主要矛盾的论述，强调："整风运动和反右派斗争的经验再一次表明，在整个过渡时期，也就是说，在社会主义社会建成以前，无产阶级同资产阶级的斗争，社会主义道路同资本主义道路的斗争，始终是我国内部的主要矛盾。"① 由于将阶级矛盾仍作为社会主义制度基本建立后的主要矛盾，导致党和国家的中心工作长期偏离经济建设而陷入阶级斗争的误区。

---

① 中共中央文献研究室编：《建国以来重要文献选编》第十一册，中央文献出版社 1995 年版，第 288 页。

二十八、如何看待"大跃进"运动的是非得失？

经过反右派斗争，党认为政治战线和思想战线的社会主义革命已取得决定性的胜利，于是试图再次将工作重心转移到经济建设上来。毛泽东认为，右派之所以向共产党和社会主义发动进攻，是因为社会主义制度还不巩固。不巩固的原因，关键在于经济不发达，物质基础不牢固。只有社会生产力得到比较充分的发展，社会主义的经济制度和政治制度才算获得了比较充分的物质基础。通过发展生产力来巩固社会主义制度原本是正确的，但这时党内一些人对建设社会主义急于求成，片面夸大主观意志和主观努力的作用，犯了急躁冒进的错误，仓促地发动了"大跃进"运动。

对于"大跃进"运动，1981 年党的十一届六中全会通过的《关于建国以来党的若干历史问题的决议》是这样评说的："一九五八年，党的八大二次会议通过的社会主义建设总路线及其基本点，其正确的一面是反映了广大人民群众迫切要求改变我国经济文化落后状况的普遍愿望，其缺点是忽视了客观的经济规律。在这次会议前后，全党同志和全国各族人民在生产建设中发挥了高度的社会主义积极性和创造精神，并取得了一定的成果。但是，由于对社会主义建设经验不足，对经济发展规律和中国经济基本情况认识不足，更由于毛泽东同志、中央和地方不少领导同志在胜利面前滋长了骄傲自满情绪，急于求成，夸大了主观意志和主观努力的作用，没有经过认真的调查研究和试点，就在总路线提出后轻率地发动了'大跃进'运动和农村人民公社化运动，使得以高指标、瞎指挥、浮夸风和'共产风'为主要标志的左倾错误严重地泛滥开来。"①

中共中央党史研究室编写的《中国共产党历史》第二卷则认为，"大跃进"运动的最大失误是在建设速度上急于求成，人民公社化运动的最大失误是在所有制关系上盲目求纯。两者的共同教训，归根到底，是限于当时对社会主义的认识，脱离了中国社会生产力发展水平的现实，违背了经济和社会发展的客观规律。"大跃进"运动虽然在某些方面取得了一定的成果，但为此付出的代价却是巨大的。"大跃进"运动和人民公社化运动，对社会生产力造成了极大破坏，给国家和人民带来了灾难性的损失。这是党在领导全面的社会主义建设、探索自己的建设社会主义道路过程中的一次严重失误。②

对于"大跃进"运动和人民公社化运动的总体评价，学术界的观点基本上是一致的，认为"大跃进"运动是"得不偿失"，人民公社化运动是"急于求成"，造成了极为严重的后果，是 1959 年至 1961 年国民经济严重困难的主因。

当然，也有一些网络博文提出了不同的看法。例如，一篇题为《"大跃进"所取得的成就》网络博文，详细列举了"大跃进"期间

---

① 《关于建国以来党的若干历史问题的决议》，《人民日报》1981 年 7 月□日。
② 参见中共中央党史研究室：《中国共产党历史（1949—1978）》第二卷，中共党史出版社 2011 年版，第 503 页。

工业建设方面所取得的 12 个第一：第一台半导体收音机制成、第一套电视发送设备试制成功、第一台 40 匹马力柴油拖拉机出厂、第一台最大的平炉在鞍钢建成出钢、第一个最大的炼钢厂武钢炼钢厂开工兴建、第一台内燃电动机车试制成功、第一艘由苏联设计中国制造的排水量 2.21 万吨远洋货轮"跃进号"下水试航、第一台 138 吨交流电力机车试制成功、第一座重型拖拉机厂建成投产、第一台液力传动的内燃机车试制成功、第一座大型氮肥厂试制首批氮肥、第一台 1.2 万吨压力自由锻造水压机制成，并且认为"工业方面的 12 个第一，为钢铁、机械制造、交通运输、电力、电视及航海事业的发展，奠定了初步基础"。该文还指出，"大跃进"期间，兰新、宝成、黔桂、鹰厦、包兰 5 条铁路全线通车，改善了西南、西北和中南内路交通，对这些地区的经济发展发挥了重要推动作用。总之，"大跃进""也有巨大成就"。

如何看待"大跃进"运动期间工农业建设所取得的成就，有必要分清"大跃进"运动与"大跃进"时期这两个不同的概念。

1957 年 9 月，扩大的党的八届三中全会之后，在贯彻《一九五六年到一九六七年全国农业发展纲要（修正草案）》精神的过程中，一些地方纷纷召开会议，开展对"右倾保守"思想的批判，修改原订的发展计划，提出了许多高指标。随后，各地农村开展了大规模农田水利建设和积肥运动，虽然取得了一些成绩，但也开始出现盲目蛮干和虚报浮夸现象，这标志着"大跃进"运动拉开了序幕。1957 年 11 月，毛泽东前往莫斯科参加十月革命胜利 40 周年庆典和在此间召开的各国共产党、工人党代表会议，明确提出中国将用 15 年左右的时间在钢铁及其他主要工业品的产量方面赶上和超过英国。之后又先后在 1 月的南宁会议、2 月的中共中央政治局扩大会议、3 月的成都会议上，对 1956 年的反冒进一再提出批判。在这个过程中，一些地方纷纷提出脱离实际的"跃进"计划，浮夸之风亦由农业领域蔓延到各行各业，"大跃进"运动实际上已波及全国。这年 5 月，党的八大二次会议通过了"鼓足干劲，力争上游，多快好省地建设社会主义"的总路线。会议期间，从中央部门到地方的一些负责人，纷纷提出各自部门和地区的高指标，会后全国迅速掀起了学习、宣传、贯彻社会主义建设总路线的热潮，"大跃进"运动也就此进入高潮。

"大跃进"过程中，全国人民以迅速改变中国贫穷落后面貌的信心和决心，发挥出了前所未有的干劲。但是，"大跃进"是以高指标、"放卫星"为主要特征，以发动全民大炼钢铁为中心内容，严重脱离实际，违背了客观经济规律，助长了瞎指挥和浮夸风，最直接的后果是由于搞"以钢为纲"，导致国民经济比例严重失调。

受高指标和浮夸风的影响，在"大跃进"进入高潮后，又想当然地认为我国生产力已经有了惊人的发展，要求有更高形式的生产关系与之适应。在未作认真试验、未作广泛调查研究的情况下，全国农村一哄而起，大办"一大二公"的人民公社，并实行所谓供给制加工资制的分配方式，鼓吹"吃饭不要钱"，导致一平（平均主义）二调（无偿调拨）的"共产风"盛行，严重挫伤了农民的积极性。

1958 年年底，中共中央和毛泽东对"大跃进"及人民公社化运动中出现的问题有所觉察，经过两次郑州会议和党的八届六中、七中全会，"共产风"受到了一定的遏制，一些过高的指标被降了下来，"大跃进"运动以来的"左"的错误得到了初步的纠正，形势正在向好的方面转化。

为了总结经验教训，1959 年 7 月，中共中央在庐山举行政治局扩大会议。这次会议的主题原本是纠"左"，但会议进行中发生了"反右倾"的转折，并决定在全党范围内开展"反右倾"斗争。庐山会议之后，又开始新一轮的"大跃进"，以高指标、浮夸风、"共产风"和瞎指挥为主要标志的"左"倾错误再度泛滥起来，加之从 1959 年起，我国农村连续三年遭受较严重的自然灾害，粮食产量连年下降，国民经济遭到了前所未有的困难，人民生活水平也大幅度降低。

要使国民经济摆脱困境，就必须下大力气进行调整。1960 年 9 月 30 日，中共中央批转了国家计委党组《关于 1961 年国民经济计划控制数字的报告》。强调必须更好地贯彻执行"两条腿走路"的方针，把农业放在首要地位，使各项生产、建设事业在发展中得到调整、巩固、充实和提高，争取国民经济在更加牢固的基础上更好地继续跃进。这个报告第一次完整地提出了"调整、巩固、充实、提高"八个字，并将之作为调整国民经济的重要指导思想。随着"八字方针"的提出，历时三年的"大跃进"运动被中止。1961 年 1 月，党的八届九中全会正式批准对国民经济实行"八字方针"，并且指出：1961 年应当适当地缩小基本建设的规模，调整发展的速度，在已有胜利的基础上，采取巩固、充实和提高的方针。从 1961 年起，国民经济进入调整阶段。

"大跃进"运动给中国的经济发展和人民生活造成了极为严重的后果，直到 1965 年国民经济调整任务完成时，各项主要的经济指标才恢复到 1957 年的水平。当时开展"大跃进"，原本是希望通过这种方式迅速发展社会生产力，迅速增强中国的综合国力，提前建成社会主义，让老百姓早日过上共产主义的幸福生活，但事与愿违，欲速则不达。"大跃进"这种结局的产生，应当说是"大跃进"被发动之初人们始料未及的。

"大跃进"运动的 1958 年至 1960 年这三年时间，可以称之为"大跃进"时期。"大跃进"运动以高指标为主要特征，采取的是群众运动的方式进行各项建设；"大跃进"时期是一个历史过程，大致时间是 1958 年至 1960 年的三年，这个时期的主要特征是开展"大跃进"运动。

"大跃进"运动曾对经济建设造成很大的破坏和浪费，同时也要看到，工业建设、科学研究和国防尖端技术的发展，以及农田水利建设和农业机械化、现代化发展的许多工作，都是在那些年代开始布局的。从新中国成立到 1964 年，重工业各主要部门累计新建的大中型项目中，有三分之二以上是在三年"大跃进"期间开工的。这三年新增的炼钢能力占从 1949 年到 1979 年新增炼钢能力的36.2%，采煤能力占 29.6%，棉纺锭占 25.9%。尤其难能可贵的是，在"大跃进"运动之初，全国人民抱着迅速改变我国经济文化落后状态、把我国建成一个强大的社会主义国家的强烈愿望，以极大的热情投入到生产工作之中，各项工作一时确实出现了很大的改观。遗憾的是，由于当时用群众运动的方式开展各项工作，以高指标为主要特征的"大跃进"违背了客观经济规律，人民群众的这种热情不但未能有效保护，而且由于高指标而导致浮夸风、强迫命令风和瞎指挥风盛行，严重挫伤了人民群众的积极性。

但是，"大跃进"时期取得的成就，并非"大跃进"运动直接或必然的产物。前文所提及的一些经济建设和科技工作成果，确实是"大跃进"时期所取得的，而且这些成果对后来经济建设和科技事业的发展起了很大的作用。但是，如果不用"大跃进"运动的方式，不打破正常的生产工作秩序，不使国民经济的比例关系遭到严重破坏，经济建设必然会取得更大的成绩。因为这几年毕竟是和平时期，而且经过新中国成立以来近 10 年的努力，已经打下了较好的发展基础。

"大跃进"运动对经济建设所造成的影响，主要是片面地提出"以钢为纲"，全民大炼钢，加之在"大办工业"的口号下，从中央到地方盲目上马一大批基本建设和工业项目，导致与人民生活密切相关的农业和轻工业生产上不去，致使国民经济比例严重失调，为了恢复和发展国民经济，不得不进行国民经济的调整，在大幅度调整农村政策的同时，对许多在"大跃进"期间上马的工业和基本建设项目实行关、停、并、转，这客观上造成了很大的浪费，但不对国民经济进行伤筋动骨的调整，就无法扭转当时的困难局面。所以，"大跃进"运动不仅未使中国经济实现巨大的"跃进"，反而在一定程度上延缓了中国社会主义建设进行，留下了深刻的教训。

二十九、庐山会议为什么由纠"左"转向"反右倾"?

客观而论,毛泽东既是"大跃进"和人民公社化运动的积极倡导者,也是中共中央领导人中较早发现"大跃进"和人民公社化运动中存在许多问题者。1958年8月北戴河会议后不久,毛泽东曾到天津找河北省保定地区的一些县委书记谈话,了解"大跃进"和人民公社化运动的情况,事后他还让中共河北省委组织调查组对徐水县进行了调查,并听取了中共河北省委对调查情况的汇报。他通过调查了解,发现很多人"急急忙忙往前闯",脑子中有一大堆的混乱思想,认为有必要让各级干部冷静下来,由此开始了纠"左"的工作。经过半年多的努力,"共产风"受到了一定的遏制,一些过高的指标被降了下来,"大跃进"运动以来的"左"的错误得到了初步的纠正,形势正在向好的方面转化。

但是,在对庐山会议前的纠"左"工作应进行充分肯定的同时,也应看到当时对"左"倾错误的纠正其实相当有限,尤其是没有从根本上认识到"大跃进"和人民公社化运动本身的问题。经济建设必须遵循其自身的客观规律。虽然毛泽东在这个过程中也强调"价值法则是一个伟大的学校",但他所批评的是那种急急忙忙取消等价交换、混淆集体所有制与全民所有制界限的做法,而没有认识到通过群众运动的方式搞经济建设，不但不能实现经济的"跃进"式发展，而且会造成国民经济各部门间比例的失衡；也没有认识到在生产力水平还不具备改变生产关系的情况下，就建立"一大二公"为主要特征的人民公社，本身既违背了经济规律，也违背了社会发展规律。所以，庐山会议前半年多时间的纠"左"，不是纠正指导思想上的"左"，而是纠一些具体问题的"左"。当时，中共中央领导层特别是作为主要领导人的毛泽东，对社会主义建设总路线、"大跃进"和人民公社仍是充分肯定的，认为这是探索中国自己的社会主义建设道路中了不起的创造，问题主要是基层干部在贯彻执行这"三面红旗"的过程中出现了偏差，如有的指标提得过高，刮了一阵"共产风"，过早把集体所有制转变为全民所有制，等等。只要把这些问题解决了，就可以取得新的更大的"跃进"，人民公社就可以巩固，多快好省建设社会主义的总路线的优越性就能更好地发挥出来。

还应该看到，"大跃进"是在不断批评反冒进的过程中逐步发展起来的。1956年的反冒进，本是得到了中央领导层多数人赞成，可以说是中共中央领导集体作出的决策，但由于毛泽东在这个问题上一开始就有保留意见，到反右派斗争快结束的时候，他认为反冒进给群众运动泼了冷水，挫伤了干部群众快速建设社会主义的积极性，于是从党的八届三中全会开始，一再对反冒进进行批评，而原本主张反冒进的领导人只得再三作检讨。毛泽东批评反冒进实际上是对中央集体决策的否定，也在一定程度上破坏了党内的民主生活，一些正确的意见很难反映到中央并被采纳。因此，当时纠"左"的程度取决于毛泽东对于"三面红旗"的认知态度，当毛泽东认为应当纠"左"的时候，于是全党上下进行纠"左"，而毛泽东认为应当"反右倾"的时候，于是全党又紧跟他开展"反右倾"。

众所周知，庐山会议主题的转换起因于 7 月 14 日彭德怀给毛泽东的那封信。彭德怀的信是主要原因，当然还有其他原因。这封三千字的长信分为两个部分：一是认为"一九五八年大跃进的成绩是肯定无疑的"；二是谈及"如何总结工作中的经验教训"。长信在肯定总路线、"大跃进"和人民公社化运动成绩的前提下，着重指出 1958 年以来工作中的问题，特别是全民炼钢浪费了一些人财物力，是"有失有得"，提出应当总结发生这些问题的经验教训。信中认为："现时我们在建设工作中所面临的突出矛盾，是由于比例失调而引起各方面的紧张。就其性质看，这种情况的发展已影响到工农之间、城市各阶层之间和农民各阶层之间的关系，因此也是具有政治性的"。对于前一阶段工作中出现的问题，信中指出，客观原因是对社会主义建设工作不熟悉，没有完整的经验，处理经济建设中的问题没有像处理政治问题那样得心应手。主观原因是在思想方法和工作作风方面有不少问题，突出的是"浮夸风气较普遍地滋长起来"，"犯了不够实事求是的毛病"；同时也由于"小资产阶级的狂热性"影响，从而使"一些左的倾向有了相当程度的发展，总想一步跨进共产主义"。信中还说："纠正这些'左'的现象，一般要比反掉右倾保守思想还要困难些。""要彻底克服，还是要经过一番艰苦努力的。""系统地总结一下我们去年下半年以来工作中的成绩和教训，进一步教育全党同志，甚有益处。其目的是要达到明辨是非，提高思想，一般的不去追究个人责任。"①

---

① 中共中央文献研究室编：《建国以来重要文献选编》第十二册，中央文献出版社1996 年版，第 444—446 页。

在这封信中，引起毛泽东不满的主要是这两段话。一段话是："在全民炼钢铁中，多办了一些小土高炉，浪费了一些资源（物力、财力）和人力，当然是一笔较大损失。但是得到对全国地质作了一次规模巨大的初步普查，培养了不少技术人员，广大干部在这一运动中得到了锻炼和提高。虽然付出了一笔学费（贴补二十余亿）。即在这一方面也是有失有得的。"另一段话是："小资产阶级的狂热性，使我们容易犯左的错误。在一九五八年的大跃进中，我和其他不少同志一样，为大跃进的成绩和群众运动的热情所迷惑，一些左的倾向有了相当程度的发展，总想一步跨进共产主义，抢先思想（按：指抢先于苏联进入共产主义——引者注）一度占了上风，把党长期以来所形成的群众路线和实事求是作风置诸脑后了。"[1]毛泽东在庐山会议批判彭德怀时表示，信上说"有失有得"，把"失"放在"得"的前面，反映了彭的灵魂深处。还说彭在信中讲"小资产阶级的狂热性"，主要锋芒是向着中央领导，是反中央、攻击中央。[2]

毛泽东之所以对彭德怀信中的"有失有得"不满，一个重要的原因，是彭德怀对"大跃进"的批评超越了他所能接受的程度。1958 年年初，毛泽东曾写了一篇很重要的文章——《工作方法六十条（草案）》，其中提出："要使干部学会善于区别九个指头和一个指头，或者多数指头和少数指头。"他说："我们的工作，除非发生了根本路线上的错误，成绩总是主要的。"对工作中的缺点与

---

① 中共中央文献研究室编：《建国以来重要文献选编》第十二册，中央文献出版社 1996 年版，第 442—443、445 页。

② 参见《黄克诚自述》，人民出版社 1994 年版，第 256 页。

失误，不能采取"攻其一点或几点，尽量夸大，不及其余"的做法。①
在毛泽东看来，对待 1958 年的"大跃进"和人民公社，也应当是
这样，多快好省建设社会主义的总路线，以高速度为核心的"大
跃进"，以及为向共产主义过渡创造条件的人民公社，虽然也存
在一些问题，但这"三面红旗"本身是正确的，它使中国找到了
快速建设社会主义、加快向共产主义过渡的有效途径，问题是一
些干部在具体的执行过程中过急过快，发生了偏差。因此，"大
跃进"和人民公社化运动成绩是主要的，是九个指头；"共产风"、
浮夸风等问题客观存在，应当纠正，但与所取得的成绩比，只是
一个指头，只要把工作中的一些具体问题解决了，就能够实现更
大的跃进。而彭德怀信中说大炼钢铁"有失有得"，在毛泽东看
来，将"失"放在前面，使用的就是"攻其一点，不及其余"的
做法，反映出彭在"灵魂深处"对"三面红旗"的反对，这恰恰
是一向对"三面红旗"高度评价的毛泽东所不能认可的。

庐山会议的主题原本是纠"左"，可是，由于彭德怀的这封信
却导致会议主题转变为"反右倾"，并在随后启动新一轮的"大跃
进"，造成了比上一轮"大跃进"更严重的后果，于是有人假设，
如果彭德怀不写这封信，会议的结局也许是另一种情形。然而，历
史是不能假设的。实际上，庐山会议前期的纠"左"很有限，而且
纠"左"的目的也是为了更好地"大跃进"。因此，即使没有发生
彭德怀上书的事件，庐山会议也不可能对已经发生的"左"倾错误
从根本上加以纠正。彭德怀之所以向毛泽东写信，就是鉴于庐山会

---

① 《毛泽东文集》第七卷，人民出版社 1999 年版，第 357—358 页。

议对存在的问题的严重性估计不足，对一年多的经验教训分析、总结不够，以及对会议中存在的"护短"现象感到很担忧，又觉得有些话不便在小组会上讲，如果这些问题引起毛泽东的重视，由毛泽东"再从（重）新提一提两条腿走路的方针，这些问题就可以轻而易举地得到纠正"①。所以，庐山会议后半段固然中断了纠"左"的进程，但庐山会议的前期并没有真正解决纠"左"的问题，即使彭德怀不写这封信，会议如期结束，"大跃进"也不会中止，人民公社的问题也难以真正解决，国民经济的困难局面仍会出现。当然，经济困难的程度可能会有所不同，因为庐山会议后的新一轮"大跃进"，实际上带有某种赌气性质。

在彭德怀写信之前，毛泽东对形势的估计比较乐观，认为工作中虽然存在一些问题，但并不是很严重。庐山会议开始后，毛泽东提出了会议需要讨论的十八个问题，其中第二个问题是关于对形势的看法，实际上也是如何评价前一阶段的"大跃进"。在6月27日的讲话中，毛泽东说：国内形势是好是坏？大形势还好，有点坏，但还不至于坏到"报老爷，大事不好"的程度。八大二次会议的方针对不对？我看要坚持。总的说来，像湖南省一个同志所说的，是两句话："有伟大的成绩，有丰富的经验。""有丰富的经验"，说得很巧妙，实际上是：有伟大的成绩，有不少的问题，前途是光明的。他还说，今年这时的形势和去年这时的形势比较，哪个形势好？去年这时很快地刮起了"共产风"，今年不会刮，比去年好。明年"五一"可以完全好转。现在虽然存在一些问题，但是包含着

---

① 《彭德怀自述》，人民出版社1981年版，第275页。

有益的积极因素。去年形势本来很好，但是带有一些盲目性，只想好的方面，没有想到困难。现在形势又好转了，盲目性少了，大家认识了。① 毛泽东的意思很清楚，不要因为在"大跃进"中国民经济的综合平衡受到一些影响，在人民公社化运动中发生"共产风"的问题，就否定"大跃进"和人民公社，出现的问题主要是没有经验造成的。

很显然，彭德怀信中对"大跃进"和人民公社的评价，与毛泽东所说的"九个指头和一个指头"有着相当大的差距，特别是其中所说的"有失有得"，在毛泽东看来实际上是对社会主义建设总路线、"大跃进"和人民公社的否定，这恰恰是他所不能接受的。正如中共中央文献研究室编纂的《毛泽东传（1949—1976）》所评论的："如果没有彭德怀那封信，事情也许不会发展到如此激烈的程度。这样看起来，事情似乎带有一定的偶然性。但是，由于毛泽东的'左'的指导思想没有从根本上得到改变，纠'左'纠到一定程度，即超越他可能允许的范围时，就会提出反右的问题，这又是不可避免的。"②

---

① 参见《毛泽东文集》第八卷，人民出版社 1999 年版，第 76—77 页。

② 中共中央文献研究室编：《毛泽东传（1949—1976）》，中央文献出版社 2003 年版，第 1010 页。

三十、20 世纪 60 年代的中苏论战是怎样发生的？

　　1956 年 2 月，苏联共产党召开第二十次全国代表大会，在大会快要结束的时候，即 1956 年 2 月 24 日深夜至 25 日凌晨，赫鲁晓夫突然召集与会代表开会，并作了长达 4 个小时的秘密报告，题目是《关于个人崇拜及其后果》，对斯大林晚年的个人崇拜的表现及严重后果作了充分的揭露。

　　苏共二十大后，中共中央对斯大林的评价与苏共有着不同的看法。1956 年 4 月 5 日，中共中央以《人民日报》编辑部名义，公开发表了《关于无产阶级专政的历史经验》一文。一方面，文章对苏共二十大批判个人崇拜作了肯定，表示"苏联共产党对于自己有过的错误所进行的这一个勇敢的自我批评，表现了党内生活的高度原则性和马克思列宁主义的伟大生命力"，"中国共产党庆祝苏联共产党在反对个人崇拜这一个有历史意义的斗争中所得到的重大成就"。文章指出，斯大林在他一生的后期，愈陷愈深地欣赏个人崇拜，违反党的民主集中制，违反集体领导和个人负责相结合的制度，因而发生了一些重大的错误，并对产生个人崇拜的社会历史原因作了分析。另一方面，毛泽东和中共中央不同意对斯大林采取一棍子打死的办法。所以文章特别强调："共产党人对于共产主义运动中所发生的错误,必须采取分析的态度。有些人认为斯大林完全错了,这是严重的误解。斯大林是一个伟大的马克思列宁主义者,但是也是一个犯了几个严重错误而不自觉其为错误的马克思列宁主义者。我们应当用历史的观点看斯大林,对于他的正确的地方和错误的地方作出全面的和适当的分析,从而吸取有益的教训。"①

不久,毛泽东又明确表示对斯大林要"三七开"。1956 年 4 月,他在《论十大关系》中强调:"苏联过去把斯大林捧得一万丈高的人,现在一下子把他贬到地下九千丈。我们国内也有人跟着转。中央认为斯大林是三分错误,七分成绩,总起来还是一个伟大的马克思主义者,按照这个分寸,写了《关于无产阶级专政的历史经验》。三七开的评价比较合适。斯大林对中国作了一些错事。第二次国内革命战争后期的王明'左'倾冒险主义,抗日战争初期的王明右倾机会主义,都是从斯大林那里来的。解放战争时期,先是不准革命,说是如果打内战,中华民族有毁灭的危险。仗打起来,对我们半信半疑。仗打胜了,又怀疑我们是铁托式的胜利,一九四九、一九五〇两年对我们的压力很大。可是,我们还认为他是三分错误,七分成绩。这是公正的。"② 中苏两党在斯大林评价问题上的分歧,就成为后来中苏论战的一个远因。

受苏共二十大的影响,社会主义阵营发生了波匈事件,苏方需要中国共产党的支持,故而此后一段时间,赫鲁晓夫对中国表现出相当友好,两国签订了《关于生产新式武器和军事技术装备以及在中国建立综合性原子工业的协定》(即"中苏国防新技术协定")。

---

① 《关于无产阶级专政的历史经验》,《人民日报》1956 年 4 月 5 日。
② 《毛泽东文集》第七卷,人民出版社 1999 年版,第 42 页。

根据这一协定，苏方将在 1957 年至 1961 年年底，供应中国原子弹的教学模型和图纸资料，供应中国导弹的样品和技术资料等。

1957 年 11 月，各国共产党、工人党代表会议在莫斯科召开，毛泽东亲率中共代表团参加。根据事先的协商，这次会议后将发表一个宣言。中共代表团抵达莫斯科的当天，就收到了苏方起草的各国共产党和工人党代表会议宣言稿。中方认为，这个稿子中仍保留着赫鲁晓夫在苏共二十大时的一些片面观点，照着这样的观点发表宣言，对国际共产主义运动是有害的。在修改宣言稿的过程中，双方争论最多的是关于资本主义能否和平过渡到社会主义的问题。对于这个问题，毛泽东与赫鲁晓夫也多次谈过，并且表示不赞成赫鲁晓夫提出的和平过渡的可能性越来越大，无产阶级有可能通过议会斗争取得政权的观点，但赫鲁晓夫固执己见。为此，毛泽东提出，他与赫鲁晓夫都不再谈这个问题，而由邓小平同苏方有关人员来谈。邓小平在会谈中严肃批评了苏方关于"和平过渡"的片面提法，但为了社会主义阵营内部的团结，中共代表团同意保留宣言草稿中的"和平过渡"的提法，并在宣言上签了字。中苏两党在这个问题上分歧的出现，也为后来的中苏论战埋下了伏笔。

1958 年发生的长波电台和共同舰队事件，则是两党两国关系走向恶化的起点。这年 4 月 18 日，苏联国防部部长马利诺夫斯基致信中国国防部部长彭德怀，以为了便于指挥苏联在太平洋地区活动的潜艇部队为由，提出在中国华南地区由中苏共同建设大功率的长波电台，所需费用由苏联出大部分，中国出小部分，建成以后中苏共同使用。7 月 21 日，苏联驻华大使尤金又向毛泽东提出：由双方共建一支以中国为基地的潜艇舰队。毛泽东认为，长波电台和共同舰队涉及国家主权问题，明确拒绝了苏方的主张。7 月 31 日至 8 月 8 日，赫鲁晓夫来华访问，在同毛泽东等人会谈时，表示苏方并没有搞共同潜艇舰队的想法，以后永远也不会再提这个问题。毛泽东则表示，对于长波电台的问题，不需要苏联出钱，中国自己搞；如果苏联要出钱，中国就不搞。赫鲁晓夫表示同意中国的这个决定。长波电台和共同潜艇舰队的问题虽然得到解决，但中苏之间由此产生的裂缝并未弥合。后来毛泽东说，中苏闹翻实际上是在 1958 年，他们要在军事上控制中国，我们不干。

1959 年 9 月下旬，赫鲁晓夫在美国戴维营举行苏美首脑会谈后来到北京，参加中华人民共和国成立 10 周年庆典。9 月 30 日晚上，中国政府举行国庆招待会。赫鲁晓夫在招待会上发表了长篇讲话。他在谈到社会主义力量空前强大之后，说了一段明显对中国不满的话："我们应当对当前局势有现实的看法和正确的理解。这当然绝不是说，既然我们这么强大，就应该用武力去试试资本主义制度的稳固性。这是不正确的，因为人民将不会理解，也绝不会支持那些想这么干的人。"① 赫鲁晓夫此言一出，立即引起毛泽东的不快，并以在宴会上不发表讲话表示不满。10 月 2 日，中苏两党举行正式会谈。赫鲁晓夫首先介绍了他此次美国之行的感受，认为同美国只能在经济上搞竞赛，搞和平竞争，不能搞武力对抗，但毛泽东认为美国究竟怎么样，不能看表面，应该看其帝国主义的本质。赫鲁晓夫还对 1958 年人民解放军炮击金门进行指责，在中印边界冲突问题公然袒护印度，在离开北京到海参崴后，又指责中

---

① 《在我国国庆宴会上赫鲁晓夫同志的讲话》，《人民日报》1959 年 10 月 1 日。

国领导人是"好斗的公鸡"。赫鲁晓夫这些对中国不友好的言论，自然引起了中国领导人的反感。在1959年12月的杭州会议上，毛泽东在一份关于国际形势的讲话提纲中，明确表达了他对赫鲁晓夫的厌恶。毛泽东写道："赫鲁晓夫们很幼稚。他不懂马克思主义，易受帝国主义的骗。""他不懂中国达于极点，又不研究，相信一大堆不正确的情报。他如果不改正，几年后他将完全破产（八年之后）。""他对中国极为恐慌，恐慌之至。"[①] 自此之后，中国领导人产生一个基本的判断，赫鲁晓夫可能沿着修正主义的道路滑下去，而且这种可能性很大。

1960年2月，华沙条约国家召开政治协商委员会例会，中国照例派出观察员列席。在讨论世界和平与裁军问题时，中苏双方发生了严重的分歧。苏联方面提出要通过裁军来实现"三无世界"，即没有武器、没有军队、没有战争的世界；并且认为世界由此进入了通过谈判解决国际争端，以建立持久和平的新阶段；中国方面则强调，帝国主义的本性没有变，战争的危险仍然存在，美帝国主义仍然是世界和平的主要敌人。全世界一切真诚为和平而努力的人们，有必要对美国的两面手法保持警惕；国际局势出现了某些和缓的趋势，这是社会主义力量、民族革命力量和和平民主力量同帝国主义战争势力反复进行斗争的结果，是东风压倒西风的结果。

1960年1月，中共中央政治局在上海举行扩大会议，决定在列宁诞辰90周年之际发表文章，阐述中国共产党在时代、战争与和平、和平过渡、帝国主义的本质、列宁主义是不是过时等问题上

---

① 《建国以来毛泽东文稿》第八册，中央文献出版社1993年版，第601页。

的意见，开展反对现代修正主义的斗争。经过几个月的准备，这年4 月，也就是在纪念列宁诞辰 90 周年的时候，中国方面在《红旗》杂志和《人民日报》上发表了《列宁主义万岁》《沿着伟大列宁的道路前进》《在列宁的革命旗帜下团结起来》3 篇文章，对苏共和赫鲁晓夫作了不点名的批评。

1960 年 6 月 20 日至 25 日，罗马尼亚共产党召开第三次代表大会，彭真率中共代表团参加。赫鲁晓夫在与彭真会谈时对中共大加指责，讲了一大堆十分难听的话，说什么你们搞"大跃进"，可是人民没有裤子穿，穷得要命。你们搞百花齐放，现在怎么样，还放不放？你们那么爱斯大林，把斯大林的棺材搬到北京去好了，我们可以送给你们。你们老讲东风压倒西风，就是你们中国想压倒大家，要压倒全世界。6 月 23 日下午，苏共代表团交给中共代表团一份《苏共中央致中共中央的通知书》，主要内容是反驳中共发表的《列宁主义万岁》等 3 篇文章中的观点。在 24 日举行的社会主义国家共产党和工人党代表会议上，赫鲁晓夫又煽动了大多数党向中共代表团进行围攻。6 月 25 日，中共代表团向各代表团发表声明，对赫鲁晓夫这种突然袭击的做法作了措辞严厉的批评，认为这是"极端粗暴地把自己的意志强加于人"，"在国际共产主义运动中开了一个极端恶劣的先例"。① 声明明确表示：国际共产主义运动的命运，取决于各国人民的要求和斗争，取决于马克思列宁主义的指导，而绝不是取决于任何个人的指挥棒。

布加勒斯特会议上赫鲁晓夫没有捞到任何便宜，但他并不甘

---

① 《中共中央 1964 年 2 月 29 日给苏共中央的信》，《人民日报》1964 年 5 月 9 日。

心，于是采取一系列的严重破坏中苏党际关系和国家关系的举动。1960 年 7 月 16 日，苏联政府照会中国政府，单方面决定召回在华苏联专家，带走所有的图纸、计划和资料。同时，苏联撕毁了 343 个专家合同和合同补充书，废除了 257 个科学技术合作项目，停止供应中国建设急需的重要设备，大量减少成套设备和各种设备中关键部件的供应。苏联政府的举动，给中国建设造成极大损失，加重了当时中国的经济困难，也极大地伤害了中国人民的感情。

1960 年 11 月 5 日，刘少奇率中国党政代表团赴莫斯科，参加十月革命 43 周年纪念活动；接着参加 11 月 10 日至 12 月 1 日举行的 81 个共产党、工人党代表会议。在这之后，中苏之间的紧张关系一度有所缓和。然而，1961 年 10 月苏共二十二大提出"全民国家""全民党"的观点之后，中苏之间的矛盾进一步加剧。此后，苏联制造了一系列使中苏关系进一步恶化的事件。1962 年四五月间，苏联驻中国新疆领事馆策动伊犁、塔城地区 6 万多中国公民越境前往苏联，并策动暴徒袭击伊犁州政府。1962 年冬，欧洲一些国家的共产党或工人党相继召开代表大会，苏共领导人借机组织一些党向出席会议的中共代表团发起围攻，并将这种攻击的言论、声明等公之于世，还声称坚持要进行"公开的辩论"。

面对这种情况，中国共产党不得不进行公开答辩。1962 年 12 月 15 日至 1963 年 3 月 8 日，《人民日报》、《红旗》杂志等分别以社论或编辑部文章的形式发表了 7 篇答辩文章，进行回答和反击，中苏论战开始。1963 年 6 月 14 日，中共中央发表《关于国际共产主义运动总路线的建议》，逐条阐述了两党在当代世界革命和国际共产主义运动一系列重大问题上的原则分歧。7 月 14 日，苏共中央公布《给苏联各级党组织和全体共产党员的公开信》，逐条指责中共提出的建议。为了答复苏共中央的公开信，从 1963 年 9 月至 1964 年 7 月，中国共产党连续发表了 9 篇评论苏共中央公开信的文章（史称"九评"），全面批评苏共的对外对内政策。1965 年 3 月，苏联不顾中国的反对，举行各国共产党和工人党代表协商会议，中国共产党等 7 个国家的共产党拒绝参加。从此，中苏两党关系基本中断。

中苏论战最终导致中苏关系破裂，赫鲁晓夫在破坏两国关系上的一些作为，加重了当时我国的经济困难，但这也进一步促使了中国坚持独立自主的方针。邓小平后来回忆说，中苏论战时双方在意识形态领域争论的那些问题，"我们也不认为自己当时说的都是对的。真正的实质问题是不平等，中国人感到受屈辱"①。在中苏关系演变和中苏论战的过程中，毛泽东逐渐得出结论，赫鲁晓夫的所作所为表明，苏联共产党已经演变成为一个修正主义的党，而苏共之所以变修，就在赫鲁晓夫鼓吹和平竞赛和平过渡、全民国家全民党之类，否认阶级斗争。他也由此更加关注国内的反修防修问题，认为反修防修最根本的是要抓好阶级斗争，因而随着中苏论战的展开，毛泽东也就把更多的注意力由调整国民经济转到阶级斗争问题上来。

---

① 《邓小平文选》第三卷，人民出版社 1993 年版，第 294—295 页。

三十一、党的八届十中全会为什么重提
阶级斗争问题?

　　由于"大跃进"和人民公社化运动的影响,1959年至1961年我国国民经济一度遭受了比较严重的困难。为了克服严重的经济困难,不得不对国民经济进行调整。与此同时,社会上也出现了一些新情况和新问题:农村发生了包产到户,有的农民甚至要求分田单干;由于物资严重短缺,恢复集市贸易(自由市场)时,城乡产生了投机倒把现象;经济困难导致社会治安不如以前,台湾当局又利用大陆的经济困难叫嚣要"反攻大陆";等等。面对这种复杂的形势,需要党作出准确的分析和判断,制定出正确的方针和对策。

　　为了统一全党尤其是中高级干部的认识,进一步总结经验教训,动员全党更坚决地执行调整方针,彻底战胜面临的经济困难,1962年1月中共中央召开了一次有县级以上党委主要负责人,以及一些重要厂矿、部队负责干部参加的扩大的中央工作会议。因为与会者共达7000人,史称"七千人大会"。会议对1958年以来的经验教训作了深入的总结,客观地分析了当时所面临的形势,开展了批评与自我批评,强调要健全民主集中制,恢复和发展党的优良传统,使党的中高级干部进一步认识到了国民经济调整的必要性。

　　然而,七千人大会之后,如何看待当时的经济形势,党内高层有着不同的认识。在 1962 年 2 月的西楼会议（在中南海的西楼召开的中央政治局常委扩大会议）上，刘少奇提出："中央工作会议（即"七千人大会"）对困难情况透底不够，有问题不愿揭，怕说漆黑一团！还它个本来面目，怕什么？说漆黑一团，可以让人悲观，也可以激发人们向困难作斗争的勇气！"他还说："现在处于恢复时期，但与一九四九年后的三年情况不一样，是个不正常的时期，带有非常时期的性质，不能用平常的办法，要用非常的办法，把调整经济的措施贯彻下去。"① 在同月召开的国务院各部委、党委（组）成员会上，针对有些人过高地估计了政策调整后农村形势的变化，说现在有的农村农民吃得很好，鸡鸭成群等等。陈云在讲话中强调，有这样的乡村，但这是少数。全国大多数地区并不是如此，大多数农民粮食不够吃。对于人们普遍关心的农业恢复的速度问题，陈云在分析了恢复农业的有利因素和不利因素后指出："我们工作的基点应该是：争取快，准备慢。"②3 月 18 日，中共中央在转发了陈云等人的讲话的批语中也指出："我们现在在经济上是处在一种很不平常的时期，即非常时期。"③

1962 年 5 月 7 日至 11 日，中共中央在北京召开工作会议（简称"五月会议"）。会议的中心议题是：讨论西楼会议以来形成的文件，落实调整国民经济计划的部署，重点讨论中央财经小组提出的《关于讨论一九六二年调整计划的报告（草案）》。这个报告全面、

① 中共中央文献研究室编：《刘少奇年谱（1898—1969）》下卷，中央文献出版社 1996 年版，第 549 页。
② 《陈云文选》第三卷，人民出版社 1995 年版，第 193 页。
③ 中共中央文献研究室编：《建国以来重要文献选编》第十五册，中央文献出版社 1997 年版，第 417 页。

深入地分析了国民经济形势，认为国民经济存在着粮食供应紧张、职工人数大大超过目前经济水平等八个方面的重要情况，需要对整个国民经济进行大幅度的调整，下最大决心，坚决拆掉那些用不着的架子，收掉那些用不着的摊子，进一步精减职工，首先维持简单再生产，然后实现扩大再生产。会议在对形势作了深入分析和统一认识的基础上，对大幅度调整经济作出四项重要决策：一是进一步缩小基本建设规模；二是降低重工业产品的指标；三是对现有的企业实行"关、停、并、转"；四是大幅度精减职工和城镇人口。

七千人大会后，毛泽东去了外地，没有参加西楼会议和五月会议。西楼会议后，刘少奇、周恩来、邓小平到武汉向他汇报情况，而毛泽东却认为问题已经暴露，形势已经退到了山谷，七千人大会后开始一天天上升了，认为不能把形势看得一片黑暗。

由于对形势的看法不同，因而对调整国民经济采取什么样的政策与措施也有所不同。刘少奇、邓小平、陈云等人认为，既然现在是"非常时期"，就应采取一些非常举措，比如农村可以搞包产到户甚至分田到户，但在毛泽东看来，经过相关政策调整，如解散公共食堂、取消供给制、恢复社员自留地和家庭副业、将基本核算单位下放到生产队等，人民公社的问题就已经解决。实行包产到户就是搞单干，这也就是在农村要"走资本主义道路"。毛泽东对人民公社内部的平均主义是反对的，所以他才决定将基本核算单位由生产大队下放到生产队，但他又认为，生产队内部又不能没有一点平均主义，不能搞彻底的按劳分配，否则就不能给贫苦农民以适当的照顾，就不可避免地要出现农村的两极分化。毛泽东对农民尤其是贫苦农民有着深厚的感情，对他们的处境十分同情。搞互助合作，引导农民走集体化道路，就是为了避免农村的两极分化，实现共同富裕。毛泽东认为，如果在共产党领导下，农民仍然穷的穷、富的富，那就有悖于党领导农民搞革命的初衷，搞包产到户就会产生这样的后果。不能搞包产到户是农村政策调整的底线。

就在中国经济遇到严重困难，不得不对国民经济进行伤筋动骨调整的时候，中苏关系迅速恶化，中苏两党对意识形态领域的分歧日益严重，1962 年四五月间还发生了因苏联驻伊犁领事馆插手，数万中国公民跑到苏联境内的伊犁事件，致使毛泽东认为苏联党内已出现了严重的修正主义，原因就在于赫鲁晓夫上台后不抓阶级斗争，因此，中国必须吸取苏共的前车之鉴"反修防修"。

受国际国内形势的影响，1962 年夏天起，毛泽东的精力和注意力逐渐转移到国际反修和国内防修上，越来越重视阶级斗争问题。1962 年 7 月初，毛泽东从外地回到北京。7 月 6 日，陈云致信毛泽东，希望就恢复农业的有关问题同他交换意见。7 月 6 日下午 1 时，毛泽东接到陈云的信，当天下午 4 时就找陈云谈话。陈云阐述了个体经营与合作经济在我国农村相当长的时间内还要并存的问题，认为当前要注意发挥个体生产积极性，以克服困难。陈云还说，分田到户不会产生两极分化，不会影响征购，恢复只要四年，否则需要八年。当时毛泽东没有表态。但第二天传出消息说，毛泽东很生气，严厉批评说，"分田单干"是瓦解集体经济，是修正主义。[①]随后，他不断找各中央局书记和省委书记谈话，认为形势已经好转，走出了谷底，不能把形势看成一片黑暗，并一再对包产到户进

---

① 参见薄一波：《若干重大决策与事件的回顾》下卷，中共中央党校出版社 1993 年版，第 1086 页。

行严厉批评。

这年 7 月 28 日，毛泽东在北戴河主持召开中共中央政治局常委扩大会议。他提出，当前国际国内都有一个共同性问题，就是革命究竟由无产阶级领导，还是由资产阶级领导。在我们这些国家来说，就是究竟要无产阶级专政，还是要资产阶级专政。赫鲁晓夫说我们是独特路线，不独特不行，不与帝国主义、修正主义划清界限不行。国际上的外交、外事工作方面也有右的苗头。毛泽东还说：出气的好处是思想活了。同时，像包产到户等主张也出来了。有的是正确的考虑，有的则是牛鬼蛇神。

毛泽东这里说在外交、外事工作方面有右的苗头，是因为在这年 7 月于莫斯科召开的争取普遍裁军的世界和平大会上，中国代表团按照事先准备好的发言方针，较多强调高举和平旗帜的立场，从而引起了几个亚非国家代表团的不满。毛泽东对此不满意，认为代表团犯了错误，脱离了群众。此外，七千人大会后，中共中央对外联络部部长王稼祥等人多次就对外关系上存在的一些问题，向中共中央陈述意见，提出应该把和平运动的意义说够，不能只讲民族解放运动，不讲和平运动，他还提出对外援助要"必须根据自己的条件，实事求是，量力而行"，尤其是在现在处在非常时期的条件下，更要谨慎从事，不要说过头、做过头、过分突出、乱开支持的支票等。但毛泽东对王稼祥的这些观点并不认同，后来，他将王稼祥的观点概括为对帝国主义和气一点，对反动派和气一点，对修正主义和气一点，对亚非拉人民斗争支持少一点，即"三和一少"的"修正主义路线"。1962 年 8 月 6 日至 8 月 24 日，中共中央在北戴河召开工作会议，毛泽东重点讲到了国内主要矛盾和阶级斗争问题，他描绘了一幅搞单干（也就是包产到户）后的"可怕后果"：搞单干，两年都不要，一年多就会出现阶级分化，其中有共产党的支部书记贪污、多占、讨小老婆、放高利贷、买地，另外是贫苦农民破产，其中四属户、五保户，这恰恰是我们的社会基础，是我们的依靠。毛泽东还说，国内主要矛盾是社会主义和资本主义的矛盾，在农村表现为贫下中农和富裕中农之间的矛盾。在这次会议上，主张包产到户的中共中央农村工作部部长邓子恢受到批判，并不得不作检查。

1962 年 9 月，党的八届十中全会在北京召开。会议一开始，毛泽东就提出阶级、形势和矛盾的问题，要求会议讨论。这也就成了这次会议的主要议题。由于毛泽东将社会主义社会一定范围内存在的阶级斗争扩大化和绝对化，发展了他 1957 年反右派斗争以来的无产阶级和资产阶级的矛盾仍然是我国社会主要矛盾的观点。会上，他断言，在整个社会主义历史阶段，资产阶级都将存在和企图复辟，并成为党内产生修正主义的根源。因此，阶段斗争必须年年讲，月月讲。这次会议使阶级斗争扩大化的观点进一步系统化，为后来"左"倾错误的发展作了理论准备。

三十二、"文化大革命"与计划经济体制有关联吗？

1981 年党的十一届六中全会通过了《关于建国以来党的若干历史问题的决议》（以下简称《决议》），对新中国成立至这次全会召开的党的历史作了全面客观的评价。特别是深入分析了 1966 年 5 月至 1976 年 10 月的"文化大革命"的性质、发生的原因及深刻的教训。《决议》认为，"文化大革命"之所以发生，以下两个方面的原因十分重要。

一是社会主义运动的历史不长，社会主义国家的历史更短，社会主义社会的发展规律有些已经比较清楚，更多的还有待于继续探索。中国共产党过去长期处于战争和激烈阶级斗争的环境中，对于迅速到来的新生的社会主义社会和全国规模的社会主义建设事业，缺乏充分的思想准备和科学研究。从领导思想上来看，由于中国共产党的历史特点，在社会主义改造基本完成以后，在观察和处理社会主义社会发展进程中出现的政治、经济、文化等方面的新矛盾新问题时，容易把已经不属于阶级斗争的问题仍然看作是阶级斗争，并且面对新条件下的阶级斗争，又习惯于沿用过去熟悉而这时已不能照搬的进行大规模急风暴雨式群众性斗争的旧方法和旧经验，从而导致阶级斗争的严重扩大化。同时，这种脱离现实生活的主观主义的思想和做法，由于把马克思、恩格斯、列宁、斯大林著作中的某些设想和论点加以误解或教条化，反而显得有"理论根据"。此外，苏联领导人挑起中苏论战，并把两党之间的原则争论变为国家争端，对中国施加政治上、经济上和军事上的巨大压力，迫使中国不得不进行反对苏联大国沙文主义的正义斗争。在这种情况的影响下，国内进行了反修防修运动，使阶级斗争扩大化的迷误日益深入到党内，以致党内同志间不同意见的正常争论也被当作是所谓修正主义路线的表现或所谓路线斗争的表现，使党内关系日益紧张化。"这样，党就很难抵制毛泽东等同志提出的一些'左'倾观点，而这些'左'倾观点的发展就导致'文化大革命'的发生和持续。"①

二是党在面临着工作重心转向社会主义建设这一新任务因而需要特别谨慎的时候，"毛泽东同志的威望也达到高峰。他逐渐骄傲起来，逐渐脱离实际和脱离群众，主观主义和个人专断作风日益严重，日益凌驾于党中央之上，使党和国家政治生活中的集体领导原则和民主集中制不断受到削弱以至破坏"。这个复杂现象是一定历史条件下的产物，如果仅仅归咎于某个人或若干人，就不能使全党得到深刻教训，并找出切实有效的改革步骤。在共产主义运动中，领袖人物具有十分重要的作用，这是历史已经反复证明和不容置疑的。但是国际共产主义运动史上由于没有正确解决领袖和党的关系问题而出现过的一些严重偏差，对中国共产党也产生了消极的影响。中国是一个封建历史很长的国家，中国共产党对封建主义特别是对封建土地制度和豪绅恶霸进行了最坚决最彻底的斗争，在反封

---

① 《关于建国以来党的若干历史问题的决议》，《人民日报》1981 年 7 月 1 日。

建斗争中养成了优良的民主传统；但是长期封建专制主义在思想政治方面的遗毒仍然不是很容易肃清的，种种历史原因没能把党内民主和国家政治社会生活的民主加以制度化、法律化，或者虽然制定了法律，却没有应有的权威。这就提供了一种条件，使党的权力过分集中于个人，党内个人专断和个人崇拜现象滋长起来，也就使党和国家难以防止和制止"文化大革命"的发动和发展。

《决议》对于"文化大革命"原因的分析无疑是十分透彻的。"文化大革命"的发生自然有其深刻的社会历史根源，但除此之外，恐怕与计划经济体制也有很大的关联度。

当年，我国建立的是高度集中的计划经济体制。这种体制有利于调集国家资源，集中力量办大事，也有利于优先发展重工业，特别是与国家安全密切相关的军事工业。但与这种体制相关联的便是物资供应的短缺。由于实行严格的计划经济管理，生产单位所需要的物资供应由上级调拨，这样需求总会大于供给；计划经济从理论上讲可以避免生产的无序与浪费，但任何周密的计划也不可能包罗万象，必然会导致某些产品的短缺。同时，在计划经济条件下，企业并不是真正独立的生产经营单位，无须自负盈亏，致使企业的预算约束软化，这必然造成企业扩张冲动和投资饥渴，盲目追求高速度和扩大企业规模，在这种情况下，容易产生急躁冒进情绪与生产计划上的高指标。

因此，计划经济体制容易导致经济建设中出现冒进或"跃进"，不论是冒进还是"跃进"都是违背客观经济规律，必会导致国民经济比例的失调，造成经济困难。要纠正冒进或"跃进"造成的失误，就不得不进行政策调整，但政策调整到什么程度，党内容易产生不同的认识,出现意见分歧。当时,中国的社会主义建设还缺少经验,在全国执政条件下如何加强党的自身建设特别是健全民主集中制同样缺乏经验。虽然在中国的社会主义制度建立之时,就试图要"找出在中国怎样建设社会主义的道路",但受苏联模式的影响也是显而易见的。苏联模式除了计划经济体制外,还在政治上有一个特点,就是将国内的阶级斗争扩大化,并且将社会上的阶级斗争延伸到党内,把党内对一些具体工作的意见分歧当作路线斗争即阶级斗争处理。延安整风曾创造性地通过批评与自我批评来解决党内思想认识问题和土地革命战争时期的路线是非,从而使党获得了空前的团结,此后也曾使用过整风整党的方式去端正广大干部作风,但却一直没有将这种方式制度化,而是采取运动式的办法开展整风整党。用这样的方式解决党内存在的问题,虽然也取得了一些效果,但主要解决的是党内基层干部存在的问题,而对于党的领导层产生的不同意见分歧如何管控和化解没有制度性的设计安排,反而受苏联模式的影响将这样的意见分歧当作路线斗争,即走社会主义道路还是走资本主义道路之争。既然是两条道路之争,自然也就是阶级斗争,是阶级斗争在党内的反映。同样,既然是阶级斗争,就必须组织动员全阶级的力量去反对另一个阶级。问题是另一个阶级即资产阶级赖以生存的经济基础客观上已经并不存在,于是只能将思想认识当作划分阶级的依据。因此,"文化大革命"的发生有其复杂的原因,但当时高度集中的计划经济体制和没有建立严格的民主集中制,是研究和分析"文化大革命"不能忽视的一个重要因素。

毛泽东发动"文化大革命",其出发点是为了"反修防修",防止资本主义复辟,维护党的纯洁性,寻找中国自己的社会主义建设道路。苏联领导人挑起的中苏论战和造成的中苏关系破裂，使毛泽东得出苏联共产党已经变修、苏联的社会主义已经变色的结论，毫无疑问，他希望自己亲手创建的中国共产党和中华人民共和国，永远保持无产阶级政党和社会主义国家的本质。在国民经济调整时期，如何看待形势以及政策调整到什么程度，党内实际上也存在不同的意见分歧，但由于当时严峻的经济困难使得这种分歧还没有表面化。在社会主义教育运动中，对于如何开展运动毛泽东和刘少奇之间又存在不同的看法，如刘少奇主张开展"大兵团作战"，而毛泽东认为这样效果并不好，刘少奇认为"四清"运动中的主要矛盾是"四清"与"四不清"，毛泽东认为是社会主义与资本主义的矛盾，等等。各种因素积累到一起，使毛泽东对主持一线工作的主要领导人刘少奇日益不满，并且逐渐形成了一种印象，中国党内也有赫鲁晓夫式的人物，这些人物形成了一个以刘少奇为首的资产阶级司令部，党内出现了两条路线，一条是他所代表的路线，另一条是刘少奇代表的修正主义即资产阶级路线。因此，他与刘少奇的分歧是两条路线之争。这就把党内不同意见的正常争论、正常的意见分歧，当作所谓修正主义路线的表现或所谓路线斗争的表现。

毛泽东历来重视群众在革命和建设中的重要作用，强调一切为了群众，也要一切依靠群众，这无疑是正确的。因此，他认为，要解决党内的修正主义问题，同样必须广泛组织动员群众。通过发动群众揭露党和国家生活中的阴暗面，把那些曾被所谓"走资派"夺去的权力重新夺回来，掌握在无产阶级手中，从而保证党和国家肌体的健康。作为一个对国家民族命运无限关注的领导人，他更关心的是自己百年之后党和国家能否沿着正确的道路前进。1966 年 5

月 5 日，他在会见阿尔巴尼亚党政代表团时说："你晓得哪一天修正主义占领北京，现在这些拥护我们的人摇身一变，就可以变成修正主义。""我们是黄昏时候了，所以现在趁着还有一口气的时候，整一整这些资产阶级复辟。"①6 月 10 日，他在同胡志明谈话时又说："我们都是七十以上的人了，总有一天被马克思请去。接班人究竟是谁，是伯恩斯坦、考茨基，还是赫鲁晓夫，不得而知。要准备，还来得及。"② 从中不难看出他为什么要下决心发动一场这样大的运动，在他看来，这是事关党和国家前途命运的重大问题。而且他所考虑的，不仅仅解决当下党内出现的"修正主义"问题，更重要的是要着眼长远，因此，必须广泛发动群众特别是青年学生，让他们在反修防修的斗争中得到实际锻炼，从而站稳立场，提高本领，保证党和国家始终沿着正确的航向前进。问题在于当时党内并没有一条所谓"资产阶级反动路线"，也没有一个推行这条路线的"资产阶级司令部"，结果只能事与愿违，造成全国性的内乱。

---

① 中共中央文献研究室编：《毛泽东年谱（一九四九——一九七六）》第五卷，中央文献出版社 2013 年版，第 583、584 页。

② 中共中央文献研究室编：《毛泽东年谱（一九四九——一九七六）》第五卷，中央文献出版社 2013 年版，第 592 页。

三十三、为什么说"文化大革命"是错误的？

1981 年，党的十一届六中全会通过的《关于建国以来党的若干历史问题的决议》指出，"文化大革命"是一场由领导者错误发动，被反革命集团利用，给党、国家和各族人民带来严重灾难的内乱。发动"文化大革命"的主要论点既不符合马克思列宁主义，也不符合中国实际。这些论点对当时我国阶级形势以及党和国家政治状况的估计，是完全错误的。

第一，"文化大革命"被说成是同修正主义路线或资本主义道路的斗争，这个说法根本没有事实根据，并且在一系列重大理论和政策问题上混淆了是非。"文化大革命"中被当作修正主义或资本主义批判的许多东西，实际上正是马克思主义原理和社会主义原则，其中很多是毛泽东自己过去提出或支持过的。

第二，上述的是非混淆必然导致敌我的混淆。"文化大革命"所打倒的"走资派"，是党和国家各级组织中的领导干部，即社会主义事业的骨干力量。"文化大革命"对所谓"反动学术权威"的批判，使许多有才能、有成就的知识分子遭到打击和迫害，也严重地混淆了敌我。

第三，"文化大革命"名义上是直接依靠群众，实际上既脱离了党的组织，又脱离了广大群众。运动开始后，党的各级组织普遍受到冲击并陷于瘫痪、半瘫痪状态，党的各级领导干部普遍受到批判和斗争，广大党员被迫停止了组织生活，党长期依靠的许多积极分子和基本群众受到排斥。同时，"文化大革命"不可避免地给一些投机分子、野心分子、阴谋分子以可乘之机，其中有不少人还被提拔到了重要的乃至非常重要的地位。

实践证明，"文化大革命"不是也不可能是任何意义上的革命或社会进步。它根本不是"乱了敌人"而只是乱了自己，因而始终没有也不可能由"天下大乱"达到"天下大治"。

"文化大革命"的重要理论基础是"无产阶级专政下继续革命的理论"，其核心观点是无产阶级掌握政权后，还需要继续进行"无产阶级反对资产阶级和一切剥削阶级的政治大革命"。实际上，新中国成立后，在旧中国作为统治阶级的地主阶级和官僚资产阶级被打倒，作为剥削阶级的民族资产阶级接受了社会主义改造，无产阶级成为国家的领导阶级，劳动人民成了国家和社会的主人。因此，在已经建立社会主义制度的前提下，国内已不存在尖锐的阶级对立，主要矛盾不再是阶级矛盾，并不具备一个阶级推翻另一个阶级的现实基础。从"文化大革命"的实际来看，它所"革命"的对象，主要是"党内走资本主义道路的当权派"，要推翻的是"资产阶级反动路线"，要打倒的是"资产阶级司令部"。事实上，党内虽然有具体工作的不同意见分歧，但始终不存在一个"党内的资产阶级"，自然也就没有这样的"资产阶级司令部"，不存在一条与无产阶级革命路线对立的路线，而在"文化大革命"中被打倒的所谓"走资派"，实际上是党的各级领导干部，所谓"向走资派夺权"，就是从党领导的各级机关和各级干部手中夺权，这就严重地混淆了敌我。至于"资产阶级反动学术权威"，恰恰是学有所成的专家学者，他们已经为社会主义服务多年，早已是工人阶级的一部分。

"文化大革命"的理论和实践都是错误的，必须对其彻底加以否定。但是，必须区分"文化大革命"和"文化大革命"时期。1966 年至 1976 年的 10 年，是当代中国历史上的"文化大革命"时期，这个时期最大的特征就是开展了"文化大革命"这场政治运动。但是，这 10 年全党和全国人民并不是只在搞"文化大革命"，在国家动乱的情况下，广大工人农民仍坚守在生产一线，许多知识分子克服困难坚持科学研究，许多干部在党政机关受到严重冲击的情况下仍然在尽力维护国家政权的稳定，人民解放军仍然英勇地保卫着祖国的安全。在整个"文化大革命"的 10 年中，由于全党和全国人民对"文化大革命"的错误进行了不同形式的抵制与斗争，我国国民经济虽然遭到巨大损失，但仍然取得了进展。粮食生产保持了比较稳定的增长。工业交通、基本建设和科学技术方面也取得了一批重要成就，其中包括一些新铁路和南京长江大桥的建成，一些技术先进的大型企业的投产，氢弹试验和人造卫星发射回收的成功，核潜艇下水并正式交付了海军，杂交水稻的育成和推广，等等。当然，这一切绝不是"文化大革命"的成果，如果没有"文化大革命"，中国的社会主义建设事业一定会取得大得多的成就。

"文化大革命"造成了动机与效果的严重背离。毛泽东发动"文化大革命"的目的，是希望全党和全国人民在这场"触及灵魂"的"革命"中得到锻炼，从根本上解决反修防修、坚定走社会主义道路的问题。历史证明，坚持社会主义必须首先搞清楚什么是社会主义、怎样建设社会主义这个根本性问题。反修防修和巩固社会主义制度，最关键的还在于发展社会生产力，提高国家综合国力，提高人民生产水平，必须坚持以经济建设为中心，将发展作为第一要务。

三十四、为什么要做到"两个不能否定"?

在对待新中国成立后党的历史的问题上，要注意两种倾向。一种将改革开放前的社会主义革命和建设看得一无是处，认为这段时间除了失误还是失误；另一种认为改革开放前一切都好，甚至"文化大革命"也不应否定。这两种观点都是不正确的。

中国共产党在领导全国人民进行社会主义革命和建设的过程中，特别是从 1956 年至 1976 年的 20 年间，对中国共产党人来说，是极不平凡的经历。在这段时间里，中国共产党人在努力探索自己的社会主义建设道路，既取得了巨大的成绩，也曾发生过失误，积累了丰富的经验，也留下了深刻的教训。从历史发展的长河来看，这段时间的探索为中国特色社会主义的形成作了重要准备。

新中国成立以后，以毛泽东同志为核心的党的第一代中央领导集体带领全国人民，在迅速医治战争创伤、恢复国民经济的基础上，不失时机地提出了过渡时期总路线，创造性地完成了由新民主主义革命向社会主义革命的转变，使中国这个当时占世界人口四分之一的东方大国进入了社会主义社会，实现了中国历史上最深刻、最伟大的社会变革，这就为中国特色社会主义的形成奠定了基本的制度基础。没有这场深刻的社会变革，没有社会主义制度的建立，中国特色社会主义也就无从谈起。

新中国成立前，中国是一个一穷二白的半殖民地半封建国家。经过近 30 年的努力，我国建立了独立的比较完整的工业体系和国民经济体系。水利设施、化肥农药、农村用电、农业机械等大大增加，农业的生产条件有了显著改善，耕作制度和耕作方法有了很大改进。全国粮食产量 1978 年比 1949 年增长 1.7 倍，棉花产量增长 3.9 倍。我国钢铁、电力、石油、煤炭、化工、机械、轻纺等工业部门大大加强，许多新的工业部门从无到有、从小到大地发展起来。从完成国民经济恢复任务的 1952 年算起，到 1978 年，工业发展尽管有过几次起落，平均每年的增长速度仍然达 11.2％。交通运输、邮电事业也都有了新的发展，改变了许多地方原来交通闭塞的落后局面。科学、教育、文化、新闻、出版、卫生、体育等事业也取得了重要进步，到 1978 年，我国高等学校、中等学校和小学的在校学生已达到 2.1 亿人，超过了新中国成立前最高年份的 7 倍，并且从无到有地初步建立了一系列新兴科学技术部门。原子弹、氢弹、导弹的试验成功，人造地球卫星的发射和回收，牛胰岛素的人工合成，集中地标志着我国科学技术的成就。初步实行了公费医疗和合作医疗制度，消灭了或者基本上消灭了烈性传染病，人口死亡率大大下降，人民的健康水平大大提高。这一切，都为中国特色社会主义的形成奠定了一定的物质基础。

社会主义对中国共产党人来说，毕竟是一个全新的事物，实践的经验很少。如果从建立社会主义的那天起，中国共产党人就能找到一条中国特色的社会主义道路、形成中国特色社会主义理论，中国的社会主义建设事业就能一帆风顺，其实是不现实的。所以，社会主义革命和建设如何进行，只能是在摸索中前进，因而在这个过程中也就难免走弯路，难免出现失误。正因为如此，党在领导人民进行社会主义革命和建设的历程中，积累了极为丰富的经验与深刻的教训。这些经验与教训，最根本的一点，就是要搞清楚什么是社会主义、怎样建设社会主义。历史证明，建设社会主义，必须一切从中国的实际出发、实事求是；必须坚持以经济建设为中心；必须按客观经济规律办事；必须使生产关系的变动适合生产力发展的水平；必须正确处理两类不同性质的矛盾，不能搞阶级斗争扩大化；必须加强社会主义民主和法制建设；等等。邓小平指出："从许多方面来说，现在我们还是把毛泽东同志已经提出、但是没有做的事情做起来，把他反对错了的改正过来，把他没有做好的事情做好。今后相当长的时期，还是做这件事。当然，我们也有发展，而且还要继续发展。"① 从这个角度来看，党对社会主义革命和建设所进行的探索，虽然付出了很大代价，但为中国特色社会主义的形成提供了极为有益的启示与借鉴。

同时也应该看到，在这20多年的时间里，虽然在一直寻找一条适合中国国情、具有中国特色的社会主义建设道路，并为此进行了许多的探索，付出了艰辛的努力，但总体来说，还没有真正形成中国特色社会主义的道路与理论。中国共产党人是在改革开放的实践中，也是在总结这一时期社会主义建设的经验教训中，形成和发展中国特色社会主义的。只有社会主义才能救中国，只有中国特色社会主义才能发展中国，这是历史得到的基本结论。

---

① 《邓小平文选》第二卷，人民出版社1994年版，第300页。

同样，在党的十一届三中全会后的改革开放过程中，难免积累某些矛盾与问题，这也是改革只有进行时没有完成时的原因。中国的发展无止境，中国的改革也无止境，对这些矛盾与问题必须正确看待、辩证分析。比如，随着鼓励一部分地区和一部分人先富起来，打破了原来的平均主义分配方式，同时也致使地区间经济发展的差距、居民收入之间的差距比原来扩大，这种差距只能在深化改革中逐渐缩小，最终实现共同富裕的目的，而不能因为现在存在这种差距，就觉得还是改革开放前的平均主义大家都在一个水平线上好，甚至主张恢复到改革开放前的老办法上去。因此，既不能走改旗易帜的斜路，也不能走封闭僵化的老路，只能走改革开放中形成和发展的中国特色社会主义道路。

中国共产党领导人民进行社会主义建设，有改革开放前和改革开放后两个历史时期，这是两个既相互联系又有重大区别的时期，但本质上都是我们党领导人民进行社会主义建设的实践探索。中国特色社会主义是在改革开放历史新时期开创的，但也是在新中国已经建立起社会主义基本制度并进行了 20 多年建设的基础上开创的。虽然这两个历史时期在进行社会主义建设的思想指导、方针政策、实际工作上有很大差别，但两者绝不是彼此割裂的，更不是根本对立的。不能用改革开放后的历史时期否定改革开放前的历史时期，也不能用改革开放前的历史时期否定改革开放后的历史时期。

三十五、社会主义初级阶段理论是如何形成的?

在一个较长的时间里,人们并没有意识到建成社会主义需要一个很长的历史过程。1954 年 6 月 14 日,毛泽东在中央人民政府委员会第三十次会议上作《关于中华人民共和国宪法草案》的讲话时指出:"我们的总目标,是为建设一个伟大的社会主义国家而奋斗。我们是一个六亿人口的大国,要实现社会主义工业化,要实现农业的社会主义化、机械化,要建成一个伟大的社会主义国家,究竟需要多少时间? 现在不讲死,大概是三个五年计划,即十五年左右,可以打下一个基础。到那时,是不是就很伟大了呢? 不一定。我看,我们要建成一个伟大的社会主义国家,大概经过五十年即十个五年计划,就差不多了,就像个样子了,就同现在大不一样了。"①

1958 年开展的"大跃进"和人民公社化运动,表明当时人们是对社会主义建设的长期性与艰巨性缺乏深刻的认识,造成了极其严重的后果,导致 1959 年起连续 3 年国民经济出现严重的困难,结果是欲速则不达,从 1961 年起不得不对国民经济进行伤筋动骨的调整。经历过"大跃进"和人民公社化运动的挫折之后,人们开

---

① 《毛泽东文集》第六卷,人民出版社 1999 年版,第 329 页。

始意识到建成社会主义并不是一蹴而就的事情，需要长期的艰苦努力。

1959 年底至 1960 年初，毛泽东在读苏联《政治经济学教科书》时，首次提出社会主义发展阶段论，指出："社会主义这个阶段，又可能分为两个阶段，第一个阶段是不发达的社会主义，第二个阶段是比较发达的社会主义。后一阶段可能比前一阶段需要更长的时间。"① 应当说，把社会主义社会划分成不发达的和发达的两个阶段，是毛泽东在读苏联《政治经济学教科书》时提出的一个很重要的创见。这一论断的提出，说明他在向共产主义过渡问题上与 1958 年相比已经冷静多了。"不发达的社会主义"这一概念，也为后来"社会主义初级阶段"的提出提供了有益的启示。

随后，毛泽东更是进一步明确提出建成社会主义需要一百年的时间。在 1962 年 1 月召开的七千人大会上，毛泽东说："中国的人口多、底子薄，经济落后，要使生产力很大地发展起来，要赶上和超过世界上最先进的资本主义国家，没有一百多年的时间，我看是不行的。也许只要几十年，例如有些人所设想的五十年，就能做到。果然这样，谢天谢地，岂不甚好。但是我劝同志们宁肯把困难想得多一点，因而把时间设想得长一点。三百几十年建设了强大的资本主义经济，在我国，五十年内外到一百年内外，建设起强大的社会主义经济，那又有什么不好呢？"② 这说明，这时党内已经意识到建成社会主义需要一个比较长的历史过程。

1978 年开展的关于真理标准问题的大讨论，极大地解放了人

① 《毛泽东文集》第八卷，人民出版社 1999 年版，第 116 页。

② 《毛泽东文集》第八卷，人民出版社 1999 年版，第 302 页。

们的思想，也促使人们对中国社会主义建设的历史进行深刻的反思。1979年9月29日在庆祝中华人民共和国成立30周年大会上，叶剑英代表中共中央发表的讲话中，第一次较为系统地对新中国成立以来的经验教训作了总结，并且提出："同已经有了三四百年历史的资本主义制度相比，社会主义制度还处在幼年时期"。"在我国实现现代化，必然要有一个由初级到高级的过程"。这里的"幼年时期"已经蕴含初级阶段的意思了。

1981年6月，党的十一届六中全会通过《关于建国以来党的若干历史问题的决议》（以下简称《决议》），第一次在中共中央的正式文献中提出中国的社会主义还处在"初级的阶段"。其中说："尽管我们的社会主义制度还是处于初级的阶段，但是毫无疑问，我国已经建立了社会主义制度，进入了社会主义社会，任何否认这个基本事实的观点都是错误的。"值得注意的是，《决议》中虽然承认我国的社会主义制度还处在初级阶段，但它所强调的是我国已是社会主义社会，批评那种否认中国尚未进入社会主义或者向社会主义过渡的观点。1982年9月召开的党的十二大的报告在论述社会主义精神文明问题时，也提出"我国的社会主义社会现在还处在初级发展阶段，物质文明还不发达"，但接下来的文字并不是对为何还处在初级阶段展开论述，而是强调能够在建设物质文明的同时，建立起高度的社会主义精神文明和建设精神文明的重要性。

作为改革开放的总设计师，党的十一届三中全会以来，邓小平一直在思考一个重大问题，那就是什么是社会主义、怎样建设社会主义，提出包括什么叫社会主义这个问题也要解放思想。1984年6月30日，他在会见外宾时说："马克思主义必须是同中国实际相结合的马克思主义,社会主义必须是切合中国实际的有中国特色的社会主义。""什么叫社会主义,什么叫马克思主义?我们过去对这个问题的认识不是完全清醒的。"① 他还说:"我们建立的社会主义制度是个好制度,必须坚持。""但问题是什么是社会主义,如何建设社会主义。我们的经验教训有许多条,最重要的一条,就是要搞清楚这个问题。"社会主义"是一个很长的历史阶段",社会主义的首要任务是发展生产力,逐步提高人民的物质和文化生活水平。贫穷不是社会主义,社会主义要消灭贫穷。不发展生产力,不提高人民的生活水平,不能说是符合社会主义要求的。②

在邓小平所倡导的要搞清什么是社会主义的总题目下,人们对我国所处的社会主义阶段的认识也日渐清晰。1986 年 9 月,中共十二届六中全会通过《中共中央关于社会主义精神文明建设指导方针的决议》,其中把我国还处在社会主义初级阶段作为树立和发展社会主义道德风尚的重要依据,指出:"我国还处在社会主义的初级阶段,不但必须实行按劳分配,发展社会主义的商品经济和竞争,而且在相当长历史时期内,还要在公有制为主体的前提下发展多种经济成分,在共同富裕的目标下鼓励一部分人先富裕起来。"这是中共中央文献中第一次将我国还处在社会主义初级阶段这个论断,作为我国社会主义事业指导思想的依据。

1987 年秋,中国共产党将召开第十三次全国代表大会。召开十三大一项重要的准备工作是起草中央委员会的政治报告。邓小平一再强调,十三大的报告要把十一届三中全会以来进行改革的性质

---

① 《邓小平文选》第三卷,人民出版社 1993 年版,第 63 页。

② 参见《邓小平文选》第三卷,人民出版社 1993 年版,第 116 页。

讲清楚，阐明我国的改革是巩固和完善社会主义，而不是搞资本主义，这样就可以把全党和全国人民的认识统一起来，更加勇敢地更加大胆地投入改革。1987年2月，邓小平同几位中央负责同志谈话，在谈到十三大报告起草时，明确提出："十三大报告要在理论上阐述什么是社会主义，讲清楚我们的改革是不是社会主义。要申明四个坚持的必要，反对资产阶级自由化的必要，改革开放的必要，在理论上讲得更加明白。十三大报告应该是一篇好的著作。"①

这年3月21日，十三大报告起草小组写信向邓小平汇报报告起草情况。信中说，"全篇拟以社会主义初级阶段作为立论的根据。……确认中国处于社会主义初级阶段，一是明确指出我们是社会主义，不能倒回去搞资本主义，全盘西化是害国害民的；二是明确指出我们是初级阶段的社会主义，只能循序渐进，不能急于求成，也不能'急于求纯'，必须允许以公有制为主体的多种经济成分长期存在，必须允许以按劳分配为主体的多种分配原则长期存在，必须致力于发展社会主义商品经济，促进社会主义统一市场的形成和发育，正确处理计划调节和市场调节的关系。同时，进行政治体制改革，建设社会主义民主政治，也必须在我们党的领导下有秩序地逐步地展开。看来，以社会主义的初级阶段立论，有可能把必须避免'左'右两种倾向这个大问题说清楚，也有可能把我们改革的性质和根据说清楚。如能这样，对统一党内外认识很有好处，对国外理解我们政策的长期稳定性也很有好处。"②

---

① 《邓小平文选》第三卷，人民出版社1993年版，第203页。

② 中共中央文献研究室编：《十二大以来重要文献选编》(下)，人民出版社1988年版，第1308—1309页。

报告的思路得到了邓小平的肯定。1987 年 8 月 29 日，他在会见意大利共产党领导人时更是明确提出："我们党的十三大要阐述中国社会主义是处在一个什么阶段，就是处在初级阶段，是初级阶段的社会主义。社会主义本身是共产主义的初级阶段，而我们中国又处在社会主义的初级阶段，就是不发达的阶段。一切都要从这个实际出发，根据这个实际来制订规划。"① 邓小平的这一论述，对社会主义初级阶段论的正式形成，起到了一锤定音的作用。

---

① 《邓小平文选》第三卷，人民出版社 1993 年版，第 252 页。

三十六、社会主义市场经济体制目标是
怎样确立的?

在相当长的时间里,社会主义与计划经济、资本主义与市场经济紧密相连,公有制、按劳分配和计划经济被看作是社会主义最基本的特征。在改革开放的过程中,中国突破了社会主义只能是计划经济的传统模式,成功地建立起社会主义市场经济体制。社会主义市场经济体制目标的确定过程,既是思想解放的过程,也是改革深化的过程。

粉碎"四人帮"后,在反思新中国成立以来社会主义建设的经验教训时,人们开始思考计划与市场的关系问题。1979 年 11 月,邓小平会见美国不列颠百科全书出版公司编委会副主席弗兰克·吉布尼等人。在谈话中,邓小平明确提出社会主义也可以搞市场经济的思想,指出:说市场经济只存在于资本主义社会,只有资本主义的市场经济,这肯定是不正确的。社会主义为什么不可以搞市场经济,这个不能说是资本主义。我们是计划经济为主,也结合市场经济,但这是社会主义的市场经济。市场经济不能说只是资本主义的。市场经济,在封建社会时期就有了萌芽。社会主义也可以搞市场经济。当时,市场经济与市场调节是经常混用的,邓小平这里所说的社会主义也可以搞市场经济,实际上是强调要发挥好市场调节的作用之意，不等于说邓小平这时就已有了把建立社会主义市场经济体制作为经济体制改革的目标模式的思想。

1981 年 6 月，党的十一届六中全会通过《关于建国以来党的若干历史问题的决议》，指出："社会主义生产关系的变革和完善必须适应于生产力的状况，有利于生产的发展。国营经济和集体经济是我国基本的经济形式，一定范围的劳动者个体经济是公有制经济的必要补充。必须实行适合于各种经济成分的具体管理制度和分配制度。必须在公有制基础上实行计划经济，同时发挥市场调节的辅助作用。要大力发展社会主义的商品生产和商品交换。"[①]1982 年 9 月，党的十二大报告在论述我国经济体制改革相关问题时重申："我国在公有制基础上实行计划经济。有计划的生产和流通，是我国国民经济的主体。同时，允许对于部分产品的生产和流通不作计划，由市场来调节"，并且强调"正确贯彻计划经济为主、市场调节为辅的原则，是经济体制改革中的一个根本性问题"。[②]

十一届三中全会之后，改革的实践在迅速推进。在农村，实行家庭联产承包责任制后，使农民得到了极大的解放，这种解放不单是获得了土地的经营权，而且农民在完成承包任务之后有权安排自己的生产经营活动，甚至将原来的所谓家庭副业变成家庭主业，产生了各式各样的专业户。当这些专业户发展到一定规模之后，他们要进行扩大再生产，光靠自己家庭的人手已经不够，必须雇工，而雇工意味着有可能出现剥削。那么，允不允许雇工，允许雇可雇多

---

① 《关于建国以来党的若干历史问题的决议》，《人民日报》1981 年 7 月 1 日。

② 中共中央文献研究室编：《十二大以来重要文献选编》(上)，人民出版社 1986 年版，第 22、23 页。

少人？当时有人从马克思的《资本论》中找到论据，个体企业只要拥有的雇工不超过 8 人，且仍然以本人的劳动作为主要生活来源，便仍保持劳动者的身份。因此，1981 年 10 月 17 日，中共中央、国务院作出《关于广开门路，搞活经济，解决城镇就业问题的若干决定》，强调"实行多种经济形式和多种经营方式长期并存，是我党的一项战略决策，决不是一种权宜之计"，并且在政策上开了小口子，提出"对个体工商户，应当允许经营者请两个以内的帮手；有特殊技艺的可以带五个以内的学徒"①，即就是说雇工不能超过 7 人。其实，不管个体工商户雇工是否超过 7 人，他们的生产经营活动根本无法纳入到国家计划之中。

家庭联产承包责任制还使农村的劳动力出现了富余，因此，一些紧邻城乡的农村利用国家仍处于短缺经济的机会，大力发展社队企业，一时间社队企业如雨后春笋般迅速发展起来。到 1980 年 9 月，全国（除西藏外）共有社队企业 148 万多个，全国农村从事社队企业的专业劳动力将近 3000 万人，占农村总劳动力的 9.4%，1979 年全国社队企业总收入达 490 多亿元，占人民公社三级经济总收入的三分之一。1979 年 7 月，国务院作出《关于发展社队企业若干问题的规定（试行草案）》，规定社队企业完成全部生产计划所需要的两三类物资和劳保用品可以向有关部门申请供应，也可以由社队企业及其管理部门自行采购，社队企业的产品国家不统一调拨的，由社队企业管理部门组织销售，或由社队企业自行销售。社队企业的生产经营很难纳入国家计划，基本上是原材料"自行采

---

① 中共中央文献研究室编：《三中全会以来重要文献选编》（下），人民出版社 1982 年版，第 983—984、986 页。

购", 产品 "自行销售", 形成了事实上的商品经济即市场经济。

"文化大革命" 期间, 为解决大量城镇青年的就业问题, 当时采取知识青年上山下乡接受贫下中农再教育的办法, 从短期缓解了城市的就业压力, 改革开放后不但停止了知识青年上山下乡, 并且已下乡的上千万知识青年开始大规模返城, 加上城市本身每年新增加的几百万劳动力, 因而一时间就业形势十分严峻, 对于许多返城知青只得采取广开门路、自谋职业的办法。这样一来, 城镇出现大批的个体户。有些个体户发展到一定的规模, 为了再发展也需要雇工, 也同样面临雇工是否合规合法的问题。

与此同时, 城市的经济体制改革也已启动, 国营企业开始了以承包制为主要内容的改革, 企业的生产经营自主权扩大, 企业在完成规定的生产经营任务后生产出的产品, 也会通过市场销售给消费者, 市场的范围进一步扩大。随着经济特区的建立, 中外合资经营企业、中外合作经营企业、外商独资企业即 "三资企业" 开始出现, 这些企业的生产经营也难以纳入国家计划, 经济特区的经济活动实际上一开始就是按照市场经济运行的。因此, 改革开放使中国的经济结构已经发生重大变化, 许多实践问题需要从理论上加以回答, 也需要党和政府出台明确的政策。

1984 年 10 月, 党的十二届三中全会通过《中共中央关于经济体制改革的决定》(以下简称《决定》), 明确 "建立自觉运用价值规律的计划体制, 发展社会主义商品经济"①。《决定》指出: 改革计划体制, 首先要突破把计划经济同商品经济对立起来的传统观念,

---

① 中共中央文献研究室编:《十二大以来重要文献选编》(中), 人民出版社 1986 年版, 第 567 页。

明确认识社会主义计划经济必须自觉依据和运用价值规律，是在公有制基础上的有计划的商品经济。商品经济的充分发展，是社会经济发展的不可逾越的阶段，是实现我国经济现代化的必要条件。只有充分发展商品经济，才能把经济真正搞活，促使各个企业提高效率，灵活经营，灵敏地适应复杂多变的社会需求，而这是单纯依靠行政手段和指令性计划所不能做到的。《决定》同时又指出，即使是社会主义的商品经济，它的广泛发展也会产生某种盲目性，必须有计划的指导、调节和行政的管理，这在社会主义条件下是能够做到的。因此，实行计划经济同运用价值规律、发展商品经济，不是互相排斥的，而是统一的，把它们对立起来是错误的。

在这之后，邓小平对计划经济与市场经济的关系有了进一步的思考。1985 年 10 月 23 日，邓小平在会见由美国时代公司组织的美国高级企业家代表团时，当客人问到市场经济与社会主义制度之间是否存在矛盾时，邓小平说，社会主义和市场经济之间不存在根本矛盾。问题是用什么方法才能更有力地发展社会生产力。我们过去一直搞计划经济，但多年的实践证明，在某种意义上说，只搞计划经济会束缚生产力的发展。把计划经济和市场经济结合起来，就更能解放生产力，加速经济发展。对于这次谈话，新华社当天就作了报道。第二天，《人民日报》在报道时更是使用了《只有改革才能导致中国的发达，把计划经济与市场经济结合起来就能进一步解放生产力》这样的标题。社会主义市场经济体制能得以确立，与邓小平的大力推动密不可分。

由于长期以来计划经济被当作社会主义的本质属性之一，而市场经济成为资本主义经济的代名词，尽管社会主义商品经济与社会主义市场经济并无本质区别，但要让更多的人认可社会主义市场经济还需要一个过程。因此，1987 年 10 月召开的党的十三大在论述经济体制改革问题时，仍强调社会主义经济是公有制基础上的有计划的商品经济，并认为这一概括"是对马克思主义的重大发展，是我国经济体制改革的基本理论依据"①。十三大报告同时强调："社会主义有计划商品经济的体制，应该是计划与市场内在统一的体制。"

由于众所周知的原因，1989 年春夏之交曾发生了一场政治风波。由于各种因素的影响，1990 年中国经济形势不容乐观。这一年，经济增幅下滑至 3.8%，成为改革开放以来增幅最低的一年，邓小平所担心的经济出现滑坡还是发生了。中国经济如何发展？邓小平认为还得发挥市场经济的作用。1990 年 12 月 24 日，他同江泽民、杨尚昆、李鹏谈话时强调："我们必须从理论上搞懂，资本主义与社会主义的区分不在于是计划还是市场这样的问题。社会主义也有市场经济，资本主义也有计划控制。……不要以为搞点市场经济就是资本主义道路，没有那么回事。计划和市场都得要。不搞市场，连世界上的信息都不知道，是自甘落后。"②1991年 2 月 6 日，邓小平在上海视察时又明确表示："不要以为，一说计划经济就是社会主义，一说市场经济就是资本主义，不是那么回事，两者都是手段，市场也可以为社会主义服务。"③

在经过深入的思考之后，邓小平决定以一种特殊的方式推进中

---

① 中共中央文献研究室编：《十三大以来重要文献选编》（上），人民出版社 1991 年版，第 26 页。

② 《邓小平文选》第三卷，人民出版社 1993 年版，第 364 页。

③ 中共中央文献研究室编：《邓小平年谱（1975—1997）》（下），中央文献出版社 2004 年版，第 1327 页。

国改革开放的继续进行。1992年1月18日至2月21日，他前往武昌、深圳、珠海、上海等地视察，并一路发表重要讲话，这就是著名的南方谈话。对于计划与市场的关系，邓小平指出："计划多一点还是市场多一点，不是社会主义与资本主义的本质区别。计划经济不等于社会主义，资本主义也有计划；市场经济不等于资本主义，社会主义也有市场。计划和市场都是经济手段。"① 南方谈话关于计划与市场的内容并不很多，基本是邓小平过去对于这个问题的重申，但谁都明白，已是88岁高龄的邓小平用这样的方式发表谈话，就是要给后人一个政治交代，他希望用这样的方式结束在改革开放上的裹足不前，把他开创的改革开放和中国特色社会主义事业不断推向前进。

南方谈话既是中国共产党人改革开放再出发的宣言书，也极大地解放了人们的思想。1992年4月30日，江泽民主持召开中共中央政治局常委会议，提出十四大在计划与市场的关系上要前进一步，这是关系改革开放和现代化建设全局的一个重大问题。6月9日，江泽民在中共中央党校省部级干部进修班上讲话时，列举了学习邓小平南方谈话后理论界对计划和市场、建立新经济体制问题认识上的一些新提法：一是建立计划与市场相结合的社会主义商品经济体制；二是建立社会主义有计划的市场经济体制；三是建立社会主义的市场经济体制。他说，上述这几种提法，究竟哪一种更切合我国的经济实际，更易于为大多数人所接受，更有利于促进经济建设的发展，还可以继续研究，眼下不必忙于作出定论。但他又提

---

① 《邓小平文选》第三卷，人民出版社1993年版，第373页。

出，在十四大报告中总得最后确定一种大多数人都赞同的有关经济体制的比较科学的提法，以利于进一步统一全党的认识和行动，以利于加快我国社会主义的新经济体制的建立。江泽民表示："我个人的看法，比较倾向于使用'社会主义市场经济体制'这个提法。有计划的商品经济，也就是有计划的市场经济。"①

"社会主义市场经济"这一提法得到了邓小平的肯定。1992 年 6 月 12 日，邓小平在同江泽民谈话时，表示赞成使用"社会主义市场经济体制"这个提法，并且说："实际上我们是在这样做，深圳就是社会主义市场经济。不搞市场经济，没有竞争，没有比较，连科学技术都发展不起来。产品总是落后，也影响到消费，影响到对外贸易和出口。"② 邓小平还提出江泽民在中央党校的讲话可以先发内部文件，反映好的话就可以讲。这样十四大也就有了一个主题了。随后，中共中央先后征求各省（自治区、直辖市）党委和中共中央及国务院各部门的意见，"社会主义市场经济体制"这一提法得到高度认可。

---

① 《江泽民文选》第一卷，人民出版社 2006 年版，第 202 页。
② 中共中央文献研究室编：《邓小平年谱（1975—1997）》（下），中央文献出版社 2004 年版，第 1347—1348 页。

三十七、"三步走"战略是怎样提出和发展的？

1976 年 10 月粉碎"四人帮"之后，经历"文化大革命"长达 10 年动乱的人们，对那种劳而无益的政治斗争、政治运动已经很厌倦，人心思定，盼望国家能够早一点富强，人民的生活能够早一点改善，于是，实现四个现代化就成了当时社会最大的公约数，早日实现四个现代化也就成为人们共同的呼声。

由于过去一连串的政治运动把我国的现代化建设耽误太久，因此，粉碎"四人帮"后上上下下都产生了要把被浪费的时间夺回来的愿望，同时在实现四个现代化上也曾一度出现了急于求成的倾向。1978 年 2 月 26 日至 3 月 5 日，五届全国人大一次会议在北京召开。这次会议不但重申"在本世纪内全面实现四个现代化，使我国国民经济走在世界前列"，而且明确提出到 20 世纪末，我国农业主要产品的单位面积产量要达到或者超过世界先进水平，工业主要产品产量要分别接近、赶上和超过最发达的资本主义国家。农业生产要最大限度地实现机械化、电气化、水利化，工业生产的主要部分自动化，交通运输大量高速化，大幅度提高劳动生产率。要广泛应用现代科学技术成果，大量采用新型材料和新能源，实现主要产品和生产工艺的现代化，各项经济技术指标分别接近、赶上和超过世界先进水平。①

  无须说,五届全国人大一次会议提出的这些目标很是让人们振奋,但在当时的国力条件下,要在如此短的时间里实现这些目标显然是难以做到的。1977 年和 1978 年这两年,先后有一大批各级领导干部访问和考察西方发达资本主义国家,他们走出国门之后深感中国与发达国家之间的差距。1978 年 10 月 10 日,邓小平在会见德意志联邦共和国新闻代表团时承认,由于受林彪、"四人帮"的干扰,中国同发达国家相比,"经济上的差距不止是十年了,可能是二十年、三十年,有的方面甚至可能是五十年。到本世纪末还有二十二年,二十二年以后,世界是什么面貌?包括你们在内的发达国家,在七十年代的基础上再向前发展二十二年,将是什么面貌?我们的四个现代化,要在本世纪末达到你们现在的水平已不容易,要达到你们二十二年后的水平就更难了"②。这段时间,邓小平自己也频繁出访,尤其是 1978 年 10 月出访了日本,1979 年 1 月访问了美国。在访问期间,他与日美经济界、企业界人士有过广泛的接触,而且多次参观考察两国的现代化企业,切身感受到我国在生产力方面与世界现代化的差距,开始意识到中国要在 20 世纪内实现西方国家那样的现代化是不现实的,中国的现代化必须分步骤分阶段进行,要有自己的发展路径。

  在深入思考的基础上,邓小平提出了"中国式的四个现代化"这个新命题。1979 年 3 月 21 日,邓小平在会见英中文化协会执行

---

① 参见《团结起来,为建设社会主义的现代化强国而奋斗》,《人民日报》1978 年 3 月 7 日。

② 《邓小平文选》第二卷,人民出版社 1994 年版,第 132 页。

委员会代表团时指出："我们定的目标是在本世纪末实现四个现代化。我们的概念与西方不同，我姑且用个新说法，叫做中国式的四个现代化。现在我们的技术水平还是你们五十年代的水平。如果本世纪末能达到你们七十年代的水平，那就很了不起。就是达到这个水平，也还要做许多努力。由于缺乏经验，实现四个现代化可能比想像的还要困难些。"①3 月 23 日，他在出席中共中央政治局会议的讲话中又说："我同外国人谈话，用了一个新名词：中国式的现代化。到本世纪末，我们大概只能达到发达国家七十年代的水平，人均收入不可能很高。"②

"中国式的现代化"这个概念提出之后，对于这种"现代化"究竟是怎样的现代化，就成了人们最为关切的问题。1979 年 7 月，邓小平第一次提出了人均一千美元这个标准。7 月 28 日，他在青岛听取中共山东省委负责人汇报，在谈到如何发挥社会主义制度的优越性时强调要搞富的社会主义，不是搞穷的社会主义，"如果我们人均收入达到一千美元，就很不错，可以吃得好，穿得好，用得好，还可以增加外援"③。这里的人均收入一千美元，相当于后来所说的人均国民生产总值一千美元。

到这时，邓小平所说的"中国式的现代化"目标已经比较具体了，从经济指标上就是到 20 世纪末人均国民生产总值达到一千美

---

① 中共中央文献研究室编：《邓小平年谱（1975—1997）》（上），中央文献出版社 2004 年版，第 496 页。

② 中共中央文献研究室编：《邓小平年谱（1975—1997）》（上），中央文献出版社 2004 年版，第 497 页。

③ 中共中央文献研究室编：《邓小平年谱（1975—1997）》（上），中央文献出版社 2004 年版，第 540 页。

元。应该说从 20 世纪五六十年代提出"实现四个现代化"的目标以来,现代化究竟是什么标准并不是很清楚,显得很笼统很模糊,邓小平经过反复比较与认真思考,提出到 20 世纪末人均国民生产总值一千美元这个明确目标,也体现了他的务实精神。

虽然对于"中国式的现代化",邓小平将其初步确定为一千美元,也就是这个现代化的标准并不高,是低水平的现代化,但是这个表述仍然不够通俗易懂。1979 年 12 月 6 日,邓小平会见日本首相大平正芳,在回答大平正芳关于中国将来会是什么样的情况,整个现代化的蓝图是如何构思的问题时,他在略加思索后,首次提出了"小康"的概念,指出:"我们要实现的四个现代化,是中国式的四个现代化。我们的四个现代化的概念,不是像你们那样的现代化的概念,而是'小康之家'。到本世纪末,中国的四个现代化即使达到了某种目标,我们的国民生产总值人均水平也还是很低的。要达到第三世界中比较富裕一点的国家的水平,比如国民生产总值人均一千美元,也还得付出很大的努力。就算达到那样的水平,同西方来比,也还是落后的。所以,我只能说,中国到那时也还是一个小康的状态。"①

对于"小康"这个概念,邓小平后来多次说,他是在大平正芳的启发下提出来的,但他不是随口所说,而是经过思考的结果。1980 年 1 月 6 日,在中共中央召集的干部会议上,邓小平说:"我们对于艰苦创业,要有清醒的认识。中国这样的底子,人口这样多,耕地这样少,劳动生产率、财政收支、外贸进出口都不可能一下子大幅度提高,国民收入的增长速度不可能很快。所以,我在跟

① 《邓小平文选》第二卷,人民出版社 1994 年版,第 237 页。

外国人谈话的时候就说，我们的四个现代化是中国式的。前不久一位外宾同我会谈，他问，你们那个四个现代化究竟意味着什么？我跟他讲，到本世纪末，争取国民生产总值每人平均达到一千美元，算个小康水平。这个回答当然不准确，但也不是随意说的。现在我们只有二百几十美元，如果达到一千美元，就要增加三倍。新加坡、香港都是三千多。我们达到那样的水平不容易，因为地广人多，条件很不一样。但是应该说，如果我们的国民生产总值真正达到每人平均一千美元，那我们的日子比他们要好过得多，比他们两千美元的还要好过。因为我们这里没有剥削阶级，没有剥削制度，国民总收入完全用之于整个社会，相当大一部分直接分配给人民。他们那里贫富悬殊很大，大多数财富是在资本家手上。"①

邓小平关于小康社会的论述很快为全党所接受。1982 年 9 月召开的党的十二大，正式将在 2000 年实现小康作为中国共产党在 20 世纪最后十几年经济建设总的奋斗目标。十二大报告强调："从一九八一年到本世纪末的二十年，我国经济建设总的奋斗目标是，在不断提高经济效益的前提下，力争使全国工农业的年总产值翻两番，即由一九八〇年的七千一百亿元增加到二〇〇〇年的二万八千亿元左右。实现了这个目标，我国国民收入总额和主要工农业产品的产量将居于世界前列，整个国民经济的现代化过程将取得重大进展，城乡人民的收入将成倍增长，人民的物质文化生活可以达到小康水平。"②

① 《邓小平文选》第二卷，人民出版社 1994 年版，第 259 页。

② 胡耀邦：《全面开创社会主义现代化建设的新局面——在中国共产党第十二次全国代表大会上的报告》，《人民日报》1982 年 9 月 8 日。

党的十二大正式确定了到 2000 年工农业年总产值翻两番的目标，但这个目标能否实现是邓小平十分关心的问题。十二大刚刚闭幕，邓小平就找国家计委副主任宋平谈话，提出到 2000 年工农业总产值翻两番靠不靠得住的问题。邓小平说："十二大说靠得住。相信是靠得住的。但究竟靠不靠得住，还要看今后的工作。"①

1983 年 2 月，邓小平前往中国经济相对发达的江苏、浙江考察，能否翻两番是他这次江浙之行十分关心的问题。在同中共江苏省委负责人和苏州地委负责人座谈时，邓小平一连问了地方负责人很多问题：到 2000 年，江苏能不能实现翻两番？苏州有没有信心，有没有可能？人均收入八百美元，达到这样的水平，社会上是一个什么面貌？发展前景是什么样子？当得知苏州已有不少社、队人均超过了八百美元，主要是社队企业凭借灵活的经营机制得到成长和发展时，邓小平表示市场经济很重要。随后在杭州，邓小平对中共浙江省委负责人说："这次，我在苏州看到的情况很好，农村盖新房子很多，市场物资丰富。现在苏州市人均工农业总产值已经到了或者接近八百美元的水平。到了人均工农业总产值达到八百美元，社会是个什么面貌呢？吃穿没有问题，用也基本上没有问题，文化有了很大发展，教师的待遇也不低。江苏从一九七七年到一九八二年的六年时间里，产值翻了一番，照此下去，到一九八八年前后可以达到翻两番的目标。"② 邓小平问浙江能不能实现这个目标？当听

---

① 中共中央文献研究室编：《邓小平年谱（1975—1997）》（下），中央文献出版社 2004 年版，第 859 页。

② 中共中央文献研究室编：《邓小平年谱（1975—1997）》（下），中央文献出版社 2004 年版，第 888 页。

到浙江省委负责人表示翻两番不成问题时，又说："浙江能否多翻一点呢？像宁夏、甘肃翻两番就难了。"①邓小平认为，全国要实现翻两番的目标，光东部较发达地区实现翻两番不行，还要考虑西北欠发达地区翻两番的困难，东部地区应该发展更快一些。

这次江浙之行增强了邓小平对于到 2000 年翻两番实现小康的信心。回到北京之后，他同几位中央负责同志谈话时说："这次，我经江苏到浙江，再从浙江到上海，一路上看到情况很好，人们喜气洋洋，新房子盖得很多，市场物资丰富，干部信心很足。看来，四个现代化希望很大。到本世纪末实现翻两番，要有全盘的更具体的规划，各个省、自治区、直辖市也都要有自己的具体规划，做到心中有数。"②他还以苏州为例，从 6 个方面说明人均工农业总产值接近八百美元后的社会面貌：第一，人民的吃穿用问题解决了，基本生活有了保障；第二，住房问题解决了，人均达到二十平方米，因为土地不足，向空中发展，小城镇和农村盖二三层楼房的已经不少；第三，就业问题解决了，城镇基本上没有待业劳动者；第四，人不再外流了，农村的人想往大城市跑的情况已经改变；第五，中小学教育普及，教育、文化、体育和其他公共福利事业有能力自己安排了；第六，人们的精神面貌变化了，犯罪行为大大减少。这几方面，也可以说是邓小平关于建成小康社会的具体目标。

1984 年 10 月，在中央顾问委员会第三次全体会议上的讲话中，邓小平满怀信心地说："现在看翻两番肯定能够实现。""翻两番的

① 中共中央文献研究室编：《邓小平年谱（1975—1997）》（下），中央文献出版社 2004 年版，第 888 页。
② 《邓小平文选》第三卷，人民出版社 1993 年版，第 24 页。

意义很大。这意味着到本世纪末，年国民生产总值达到一万亿美元。从总量说，就居于世界前列了。这一万亿美元，反映到人民生活上，我们就叫小康水平"。①

到 1986 年，邓小平对第二个发展目标的表述有所变化，由"接近发达国家水平"改变为"达到中等发达国家水平"。同年 9 月 23 日，邓小平在会见第三世界科学院院长阿卜杜拉·萨拉姆时说："我们在本世纪末达到小康水平，就可以多尽些力了。到下个世纪中叶达到中等发达国家水平后，我们就可以为第三世界国家做更多的贡献。"②10 月 24 日，邓小平会见宇都宫德马率领的日中友好协会代表团，在谈到中国现代化发展战略目标时说："我们的生活水平同你们的差距太大了，我们下决心花七十年时间接近发达国家的水平。这是我们压倒一切的中心任务。最主要的工作就是搞经济建设，第一步摆脱贫困状态，实现小康。第二步再花三十年至五十年时间，再翻两番，达到人均国民生产总值四千美元。那时中国人口估计是十五亿，国民生产总值六万亿美元。那就意味着中国是中等发达国家，总的国家力量并不弱了。"③

1987 年 4 月 30 日，邓小平第一次提出了"三步走"的发展战略。他在会见西班牙工人社会党副总书记、政府副首相阿方索·格拉时说了这样一段话："我们原定的目标是，第一步在八十年代翻一番。以一九八〇年为基数，当时国民生产总值人均只有二百五十美元，翻一

---

① 《邓小平文选》第三卷，人民出版社 1993 年版，第 88 页。
② 中共中央文献研究室编：《邓小平年谱（1975—1997）》（下），中央文献出版社 2004 年版，第 1140 页。
③ 中共中央文献研究室编：《邓小平年谱（1975—1997）》（下），中央文献出版社 2004 年版，第 1148 页。

番，达到五百美元。第二步是到本世纪末再翻一番，人均达到一千美元。实现这个目标意味着我们进入小康社会，把贫困的中国变成小康的中国。那时国民生产总值超过一万亿美元，虽然人均数还很低，但是国家的力量有很大增加。我们制定的目标更重要的还是第三步，在下世纪用三十年到五十年再翻两番，大体上达到人均四千美元。做到这一步，中国就达到中等发达的水平。这是我们的雄心壮志。"①

邓小平提出的"三步走"战略得到了 1987 年 10 月召开的党的十三大的肯定。十三大报告指出：党的十一届三中全会以后，我国经济建设的战略部署大体分三步走。第一步，实现国民生产总值比 1980 年翻一番，解决人民的温饱问题。这个任务已经基本实现。第二步，到 20 世纪末，使国民生产总值再增长一倍，人民生活达到小康水平。第三步，到下个世纪中叶，人均国民生产总值达到中等发达国家水平，人民生活比较富裕，基本实现现代化。然后，在这个基础上继续前进。现在，最重要的是走好第二步。实现了第二步任务，我国现代化建设将取得新的巨大进展：社会经济效益、劳动生产率和产品质量明显提高，国民生产总值和主要工农业产品产量大幅度增长，人均国民生产总值在世界上所占位次明显上升。工业主要领域在技术方面大体接近经济发达国家 70 年代或 80 年代初的水平，农业和其他产业部门的技术水平也将有较大提高。城镇和绝大部分农村普及初中教育，大城市基本普及高中和相当于高中的职业技术教育。人民群众将能过上比较殷实的小康生活。

---

① 中共中央文献研究室编：《邓小平年谱（1975—1997）》（下），中央文献出版社 2004 年版，第 1183 页。

三十八、"三个代表"重要思想有何重要意义？

20 世纪 80 年代末、90 年代初国内国际发生严重政治风波后，中国共产党之所以能够在异常复杂的环境中经受住严峻考验，在迈向新世纪的道路上胜利前进，关键在于不断加强自身建设，为实现跨世纪的宏伟目标提供了根本保证。

面对即将到来的新世纪，基于对国内外形势、党肩负的历史任务、党自身建设实际的清醒认识和准确把握，在全面总结党的历史经验、审视党所处的历史方位的基础上，江泽民对"建设一个什么样的党、怎样建设党"这样一个重大问题作了深入思考，提出了"三个代表"重要思想。

2000 年 2 月，江泽民在广东省考察工作时指出：总结我们党七十多年的历史，可以得出一个重要的结论。这就是：我们党所以赢得人民的拥护，是因为我们党在革命、建设、改革的各个历史时期，总是代表着中国先进生产力的发展要求，代表着中国先进文化的前进方向，代表着中国最广大人民的根本利益，并通过制定正确的路线方针政策，为实现国家和人民的根本利益而不懈奋斗。在新的历史条件下，我们党如何更好地代表中国先进生产力的发展要求，更好地代表中国先进文化的前进方向，更好地代表中国最广大人民的根本利益，要紧密结合国内外形势的变化，紧密结合我国社会生产力的最新发展和经济体制的深刻变革的实际，紧密结合人民群众对物质文化生活提出的新的发展要求，紧密结合我们党员干部队伍发生的重大变化，来深入思考这个重大问题。因为我们党是代表先进生产力的发展要求的，所以全党同志的一切奋斗，归根到底都是为了解放和发展生产力，党的一切方针政策都要最终促进社会生产力的不断发展，促进国家经济实力的不断增强；因为我们党是代表先进文化的前进方向的，所以全党同志必须始终坚持以马克思主义为指导，努力继承和发展中华民族的一切优秀文化传统，努力学习和吸收外国的一切优秀文化成果，从而不断地创造和推进有中国特色社会主义文化，使社会主义物质文明和精神文明协调发展，使社会全面进步；因为我们党是代表最广大人民群众的根本利益的，所以全党同志的一切工作都是全心全意为人民服务的，都是为了实现好、维护好和发展好人民的利益，任何脱离群众、任何违反群众意愿和危害群众利益的行为，都是不允许的。所有的共产党员和领导干部，都要深刻认识和牢牢把握这"三个代表"，用以指导自己的思想和行动，这样才能使自己真正成为一名合格的党员、合格的党的领导干部。① 这是江泽民第一次完整地提出"三个代表"，并对其具体内涵进行了初步阐述。

在这之后，宣传媒体上开始使用"'三个代表'的科学论断""'三个代表'的重要论述""'三个代表'的重要指示""'三个代表'的思想""'三个代表'的理论""'三个代表'的重要思想"等表述。

---

① 参见《江泽民在广东考察工作强调 紧密结合新的历史条件加强党的建设 始终带领全国人民促进生产力的发展》，《人民日报》2000 年 2 月 26 日。

到 2001 年春,基本上统一使用"'三个代表'重要思想"的表述。

2000 年 5 月,江泽民考察了江苏、浙江和上海的党建工作,并于 5 月 14 日发表了重要讲话,对"三个代表"重要思想作了进一步的阐发。他指出:始终代表中国先进生产力的发展要求、中国先进文化的前进方向、中国最广大人民的根本利益,是我们党的立党之本、执政之基、力量之源。按照"三个代表"的要求抓党的建设,同新时期党的建设新的伟大工程的总目标、总要求是一致的。推进党的思想建设、政治建设、组织建设和作风建设,都应贯穿"三个代表"的要求。在新的历史条件下,我国社会生活发生了广泛而深刻的变化,社会经济成分、组织形式、利益分配和就业方式等的多样化还将进一步发展。这必然会给我国政治、经济、社会、文化生活带来深刻影响,给我们党执政和领导各项事业提出新的更高要求。充分认识和准确把握我国社会已经和正在发生的深刻变化,对加强新时期党的建设具有重大意义。全党同志特别是领导干部都要用"三个代表"来指导自己的思想和行动。全党同志在贯彻党的理论、路线和方针政策时,在从事的各项事业中,都要牢记落实"三个代表"的要求,看看我们所采取的措施、所做的工作,是不是符合"三个代表"的要求,符合的就毫不动摇地坚持,不完全符合需要调整补充的积极调整补充,不符合的就勇于实事求是地纠正,以利我们的改革和建设不断向前迈进,充分体现共产党人的先进性和时代精神。①

2001 年 7 月 1 日,江泽民在庆祝中国共产党成立八十周年大

---

① 参见《江泽民在江苏、浙江、上海考察工作强调 深入基层总结实践积极探索开拓前进 按照"三个代表"要求加强党的建设》,《人民日报》2000 年 5 月 16 日。

会上的讲话中，把"三个代表"重要思想作为一个理论体系作了全面论述，深刻阐述了"三个代表"重要思想的科学内涵和精神实质。他指出："代表中国先进生产力的发展要求，代表中国先进文化的前进方向，代表中国最广大人民的根本利益，是统一的整体，相互联系，相互促进。发展先进的生产力，是发展先进文化、实现最广大人民根本利益的基础条件。人民群众是先进生产力和先进文化的创造主体，也是实现自身利益的根本力量。不断发展先进生产力和先进文化，归根到底都是为了满足人民群众日益增长的物质文化生活需要，不断实现最广大人民的根本利益。"①

"三个代表"重要思想的提出，进一步回答了在改革开放和发展社会主义市场经济条件下，"建设一个什么样的党、怎样建设党"这一直接关系党和国家前途命运的重大问题。它是深入思考世界社会主义运动历史经验，深刻总结中国共产党近八十年历史经验，特别是推进党的建设新的伟大工程的成功经验作出的科学结论；是对党的性质、根本宗旨和根本任务的新概括，对马克思主义建党学说的新发展，对新时期党的建设和建设有中国特色社会主义事业各项工作提出的新要求；是中国共产党的立党之本、执政之基、力量之源。

---

① 《江泽民文选》第三卷，人民出版社 2006 年版，第 280—281 页。

三十九、延续两千多年的农业税是如何取消的？

皇粮国税自古有之。据我国历史记载，两千多年前的夏朝就出现了"贡"，贡就是献生产物给帝王。到了春秋时期的公元前594年，鲁国对私有土地按亩征税的"初税亩"，可以说这是中国最早的农业税。长期以来，田赋是国家税赋的重要来源。到了明代后期实行"一条鞭法"，以州县为单位，把所有的田赋、劳役以及多种摊派的贡纳和杂役，统统折合成银两，归并成一个总数，然后按本州县田亩分摊，向土地所有者征收。1713年，清政府下令"一条鞭法"改为"摊丁入亩"，依照康熙五十年（1711年）各地所报人丁数字作为丁银的固定税额，后来又演化为将丁银并入田税征收，丁银和田赋都按田亩征收。

革命战争时期，各革命根据地曾以征收公粮作为农业税的主要方式。1950年，中央人民政府颁布的《新解放区农业税暂行条例》，规定以户为单位，按农业人口每人全年平均农业收入超过150市斤主粮者累进计征农业税，但最高不得超过其农业收入的80%。1958年6月3日，全国人大常委会通过《中华人民共和国农业税条例》，规定农村粮食作物和薯类作物的收入，棉花、麻类、烟叶、油料、糖料和其他经济作物的收入，园艺作物的收入等，交纳农业税，按全国平均税率 15.5% 计征。

党的十一届三中全会后，农村推行以包产到户、包干到户为主要内容的家庭联产承包责任制，极大地调动了广大农民的生产积极性，农村面貌发生了根本性变化，农民生活水平也有了很大的提高。但是，当时社会上也出现了一种过高估计农民富裕程度的倾向，似乎包产到户后农民已经很富了，农村的问题都解决了，于是除了继续征收农业税外，有的地方出现了四面八方向农民伸手，各种摊派接踵而来的现象，加重了农民负担。

为了解决农民负担过重的问题，制止向农民乱收费、乱罚款、乱摊派，1990 年 9 月，中共中央、国务院作出《关于坚决制止乱收费、乱罚款和各种摊派的决定》，要求坚决制止乱收费乱罚款乱摊派，对现有的收费、罚款、集资项目和各种摊派进行全面的清理整顿，严格审核收费、罚款、集资项目和标准。1993 年 3 月 19 日，中共中央办公厅、国务院办公厅就切实减轻农民负担问题发出《关于切实减轻农民负担的紧急通知》，明确规定农民除依法纳税和按上年农民人均纯收入 5% 以内收取村提留和乡统筹费外，其他涉及要农民负担费用的各种摊派、集资、达标活动和行政事业性收费，以及在农村建立各种基金等，不论是哪一级政府或哪一个部门制定的文件或规定，一律先停止执行，然后进行清理。

虽然自 20 世纪 90 年代以来，中共中央、国务院三令五申，一再强调要切实减轻农民负担，但农民负担过重的问题却并没有从根本上得到解决。农民负担过重主要表现在乱收费上，一些部门和单位违反国家有关规定，越权设立收费项目、擅自提高收费标准、扩大收费范围。而对农民乱收费之所以屡禁不止，主要有两方面的原因：一方面在于县乡（镇）一级"人多、事多、费多。人多，就是乡镇机构臃肿，人员过多；事多，就是管了不少与市场经济条件下的政府职能不相符的事情；由于人多、事多，导致了费多，各种收费、集资、摊派屡禁不止，加重农民负担"[①]。另一方面在于1994年国家进行税制改革，建立分税制，即中央和地方"分炉吃饭"，中央和地方对国税和地税采取不同的包干办法，国税中75%的收入上缴中央，剩余的25%返还县级财政；地税则100%全部归县级财政。这一改革在大幅度增加中央一级财税收入的同时，也导致县级及以下财税收入减少。

实行分税制后，多数地方县与乡（镇）仍沿袭以往的"包干制"，以"县三乡七"的方式划分财力，造成县级要用本级财政补助乡镇财政的局面。多数县级财政本身比较困难，于是也就仿照中央与省级之间的分税制方式划分县乡之间的收入，实际上是将县级财政的负担转嫁到乡镇一级。乡镇作为最底层的政府，无法再用这种办法向下一级转嫁，于是只得采取乱集资、乱收费、乱罚款的方式解决本级的财政困难。因此，要从根本上解决农民负担过重问题，就必须杜绝乱收费现象，积极稳步推进税费改革，规范收费管理。为此，在反复调研的基础上，中共中央、国务院作出了进行农村税费改革试点的决定。

2000年4月，中共中央、国务院发出通知，决定在安徽全省和由其他省、自治区、直辖市选择少数县（市）进行农村税费改革试点，探索建立规范的农村税费制度和从根本上减轻农民负担的办

---

① 温家宝：《减轻农民负担是当前农村工作的一项紧迫任务》，《人民日报》2000年9月28日。

法。税费改革的基本内容是把农民承担的提留统筹费改为农业税及其附加，合理确定农民的税赋水平，从根本上治理对农民的各种乱收费，切实减轻农民负担；从制度上规范国家、集体和农民之间的分配关系、分配方式、分配方法；在减轻和规范的基础上使农民的税赋水平在较长时期内保持不变。

2001年1月，中共中央、国务院召开中央农村工作会议，农村税费改革是会议讨论的一项重要内容。会议指出，当前农村中的一个突出问题就是农民负担过重。解决这个问题，根本要靠发展经济，同时必须进行税费改革，理顺农村分配关系，规范分配行为，把农民负担管理纳入法制化轨道。会议决定，2001年要在总结试点经验的基础上，加快推进这项改革。各级党委和政府必须深刻认识加快农村税费改革的重要性，增强使命感，切实加强对农村税费改革工作的领导，按照中央的统一部署，加快推进这项工作。①

农村税费改革的主要内容可以概括为"三个取消，两个调整，一个逐步取消"。"三个取消"，指取消生猪屠宰税、取消乡镇统筹款、取消农村教育集资等专向农民征收的行政事业性收费及政府性基金和收费。"两个调整"，即调整农业税政策、调整农业特产税征收办法。调整后的农业税以第二轮土地承包面积为计税面积，以1998年前5年的粮食单产为计税产量，以7%为地区差别比例税率上限，以国家粮食收购保护价为计税价格，确定每个农户的应征税额。同时以农业税额的20%为上限征收农业税附加，替代原有的村提留。农业特产税调整征收办法后，只在生产环节比照农业税略

---

① 参见《中央农村工作会议在京召开》，《人民日报》2001年1月6日。

高的税率征收一道税，同时明确，在农业税计税面积上种植农林特产，不许与农业税重复征收。"一个逐步取消"，即逐步取消原统一规定的农村劳动力积累工和义务工。

2002 年 4 月，国务院决定按照"积极稳妥、量力而行、分步实施"的原则，进一步扩大农村税费改革试点范围。试点扩大到全国 20 个省份，试点地区农业人口达 6.2 亿人，约占全国农业人口四分之三以上。经过一年的努力，农村税费改革试点工作取得明显成效。农民负担明显减轻，初步遏制了农村乱集资、乱收费和各种摊派。据统计，2002 年 20 个全面试点省份农民负担平均为 73.7 元，比改革前减少 47 元；亩均负担 53.6 元，比改革前减少 34.1 元．减负率一般都在 30% 左右。① 据有关部门对 20 个省 40 个县 80 个乡镇 160 个村 800 个农户的问卷调查，农民对税费改革的满意率在 98.7%。

2003 年 3 月，国务院下发《关于全面推进农村税费改革试点工作的意见》，要求全面推进农村税费改革试点工作，尚未以省为单位实施改革试点的省，2003 年是否进行全省范围的改革试点，由各省根据本地实际情况自主决定；准备进行试点的省．要按照中央有关文件要求，抓紧做好试点的各项基础工作，认真制定本省试点方案。

税费改革的目的，在于从根本上减轻农民负担，使农民能休养生息，并为农业和农村的进一步发展创造条件。改革开放以来，随着我国综合国力的提高，农业税在国家的税赋收入中比重不断下降，甚至征税成本还高于征税收入，而农村的许多乱收费又常常与

---

① 参见《巩固税费改革成果 防止农民负担反弹》，《人民日报》2003 年 5 月 11 日。

农业税的征收以搭便车的方式强加于农民。为此，在反复调研的基础上，中共中央、国务院开始尝试减征或免征农业税，并通过加大国家财政转移支付力度，以解决县乡（镇）两级政府的财政困难。

2003 年 12 月 31 日，中共中央、国务院出台《关于促进农民增加收入若干政策的意见》，要求继续推进农村税费改革，并且明确提出要逐步降低农业税税率，2004 年农业税税率总体上降低 1 个百分点，同时取消除烟叶外的农业特产税。降低税率后减少的地方财政收入，沿海发达地区原则上由自己消化，粮食主产区和中西部地区由中央财政通过转移支付解决。有条件的地方，可以进一步降低农业税税率或免征农业税。各地要严格按照减税比例调减到户，真正让农民得到实惠；确保各级转移支付资金专款专用，及时足额下拨到位。要据实核减合法征占耕地而减少的计税面积。要加快推进配套改革，继续加强农民负担监督管理，防止农民负担反弹，巩固农村税费改革成果。

2004 年，国家免征了除烟叶外的农业特产税，同时在吉林、黑龙江两省进行了免征农业税改革试点，其他省份进行了降低农业税税率试点，其中，北京、天津、上海、浙江、福建、西藏 6 个省区市自主决定免征了农业税。2004 年，全国农业税占各项税收的比例仅为 1%，在国家税收的比重已经很小。随着减免农业税进程的加快，2005 年全国剩下的农业税及附加约 15 亿元，取消农业税对财政减收几乎没有多大影响。2005 年 12 月 29 日，十届全国人大常委会第十九次会议决定，自 2006 年 1 月 1 日起废止《中华人民共和国农业税条例》。从此，我国 9 亿农民依法彻底告别了延续两千多年的农业税。

四十、科学发展观是怎样提出的？

进入新世纪新阶段，我国发展呈现一系列新的阶段性特征，主要是：经济实力显著增强，同时生产力水平总体上还不高；自主创新能力还不强，长期形成的结构性矛盾和粗放型增长方式尚未根本改变；社会主义市场经济体制初步建立，同时影响发展的体制机制障碍依然存在，改革攻坚面临深层次矛盾和问题；人民生活总体上达到小康水平，同时收入分配差距拉大趋势还未根本扭转，城乡贫困人口和低收入人口还有相当数量，统筹兼顾各方面利益难度加大；协调发展取得显著成绩，同时农业基础薄弱、农村发展滞后的局面尚未改变，缩小城乡、区域发展差距和促进经济社会协调发展任务艰巨；等等。这些情况表明，中国的改革开放在取得巨大成就的同时，也存在一些需要解决的重大问题。正是在这样的背景下，以胡锦涛同志为总书记的党中央提出了科学发展观等一系列重要思想。

2002 年底至 2003 年初，北京、广东等省市发现非典型肺炎即"非典"疫情，接着其他省区市也发现了"非典"病例。面对"非典"疫情的严峻考验，全党全国人民在中共中央、国务院的坚强领导下，坚持一手抓防治"非典"这件大事不放松，一手抓经济建设这个中心不动摇，按照中共中央提出的要本着沉着应对、措施果断，依靠科学、有效防治，加强合作、完善机制的总体要求，切实做好非典型肺炎防治工作，很快控制了疫情，夺取了防治"非典"工作的阶段性重大胜利，保持了经济较快增长的良好势头。

这场突如其来的"非典"疫情，凸显了中国的经济发展和社会发展、城市发展和农村发展还不够协调的矛盾。中共中央领导全国人民战胜了"非典"疫情后，对其中的经验教训进行了深刻反思和总结。2003年7月28日，胡锦涛在全国防治"非典"工作会议上提出，今后不仅要继续保持经济较快增长的良好势头，而且要重视提高经济增长的质量和效益；不仅要确保当年经济社会发展目标的实现，而且要高度重视研究和解决经济社会发展中存在的深层次问题；不仅要努力做好当前工作，而且要为长远发展打下良好的基础。8月底、9月初，胡锦涛在江西考察时，结合对完善社会主义市场经济体制等问题的思考，提出要"树立协调发展、全面发展、可持续发展的科学发展观"①。

2003年10月11日至14日，党的十六届三中全会在北京召开。全会审议通过了《中共中央关于完善社会主义市场经济体制若干问题的决定》，第一次正式提出了"科学发展观"的命题。该决定提出，要"坚持统筹兼顾，协调好改革进程中的各种利益关系。坚持以人为本，树立全面、协调、可持续的发展观，促进经济社会和人的全面发展"②。这次全会还强调，要"按照统筹城乡发展、统筹区域发

---

① 《胡锦涛在江西考察工作时强调　继承发扬党的优良革命传统　加快全面建设小康社会步伐》，《人民日报》2003年9月3日。

② 中共中央文献研究室编：《十六大以来重要文献选编》（上），中央文献出版社2005年版，第465页。

展、统筹经济社会发展、统筹人与自然和谐发展、统筹国内发展和对外开放的要求,更大程度地发挥市场在资源配置中的基础性作用……为全面建设小康社会提供强有力的体制保障。"

2004年2月,中共中央在中央党校举办省部级主要领导干部"树立和落实科学发展观"专题研究班。3月10日,在中央人口资源环境工作座谈会上,胡锦涛进一步明确了科学发展观的重大意义,并对"以人为本""全面发展""协调发展""可持续发展"的内涵和要求作出了深刻阐释。胡锦涛强调:坚持以人为本,就是要以实现人的全面发展为目标,从人民群众的根本利益出发谋发展、促发展,不断满足人民群众日益增长的物质文化需要,切实保障人民群众的经济、政治和文化权益,让发展的成果惠及全体人民。全面发展,就是要以经济建设为中心,全面推进经济、政治、文化建设,实现经济发展和社会全面进步。协调发展,就是要统筹城乡发展、统筹区域发展、统筹经济社会发展、统筹人与自然和谐发展、统筹国内发展和对外开放,推进生产力和生产关系、经济基础和上层建筑相协调,推进经济、政治、文化建设的各个环节、各个方面相协调。可持续发展,就是要促进人与自然的和谐,实现经济发展和人口、资源、环境相协调,坚持走生产发展、生活富裕、生态良好的文明发展道路,保证一代接一代地永续发展。

胡锦涛强调:树立和落实科学发展观,一是必须始终坚持以经济建设为中心,聚精会神搞建设,一心一意谋发展;二是必须在经济发展的基础上,推动社会全面进步和人的全面发展,促进社会主义物质文明、政治文明、精神文明协调发展;三是必须着力提高经济增长的质量和效益,努力实现速度和结构、质量、效益相统一,经济发展和人口、资源、环境相协调，不断保护和增强发展的可持续性；四是必须坚持理论和实际相结合，因地制宜、因时制宜地把科学发展观的要求贯穿于各方面的工作。①

2004 年 5 月 5 日，胡锦涛在江苏考察工作时又指出，"科学发展观对整个改革开放和现代化建设都具有重要指导意义"，"一定要增强贯彻落实科学发展观的自觉性和坚定性"，"把科学发展观贯穿于发展整个过程和各个方面"。② 科学发展观的提出，反映了中国共产党对发展问题的新认识，体现了全面建设小康社会的迫切要求，既顺应时代发展潮流，又符合当代中国国情。

2004 年 9 月，党的十六届四中全会通过《中共中央关于加强党的执政能力建设的决定》，强调要坚持以人为本、全面协调可持续的科学发展观，更好地推动经济社会发展。要深入体察人民群众的意愿，切实把维护和实现最广大人民的根本利益，体现在党领导发展的大政方针和各项部署中，落实到经济社会发展的各个方面。

2005 年 10 月，党的十六届五中全会通过《中共中央关于制定国民经济和社会发展第十一个五年规划的建议》，要求把经济社会发展切实转入全面、协调、可持续发展的轨道，在全面建设小康社会的进程中，必须认真解决前进道路上面临的突出矛盾和问题，立足科学发展，着力自主创新，完善体制机制，促进社会和谐，为后10 年顺利发展打下坚实基础。胡锦涛在讲话中对科学发展观作了深刻的论述，他强调："科学发展观是指导发展的世界观和方法论

---

① 参见胡锦涛：《在中央人口资源环境工作座谈会上的讲话》，《人民日报》2004 年 4 月 5 日。
② 《胡锦涛文选》第二卷，人民出版社 2016 年版，第 174、175 页。

的集中体现，是我们推动经济社会发展、加快推进社会主义现代化必须长期坚持的重要指导思想。'十一五'时期是改革发展的关键时期，也是贯彻落实科学发展观的关键时期。我们要增强贯彻落实科学发展观的自觉性和坚定性，全面把握贯彻落实科学发展观的目标要求，建立健全贯彻落实科学发展观的制度、体制、机制，切实把科学发展观贯穿于经济社会发展全过程、落实到经济社会发展各个环节，切实把经济社会发展转入以人为本、全面协调可持续发展的轨道。"① 要坚持发展为了人民、发展依靠人民、发展成果由人民共享，不断实现好、维护好、发展好最广大人民的根本利益。

科学发展和社会和谐是内在统一的。没有科学发展就没有社会和谐，没有社会和谐也难以实现科学发展。在贯彻落实科学发展观的过程中，中共中央又提出了构建社会主义和谐社会的重要任务。

2005 年 2 月，胡锦涛在省部级主要领导干部提高构建社会主义和谐社会能力专题研讨班开班式上指出：我们所要建设的社会主义和谐社会，应该是民主法治、公平正义、诚信友爱、充满活力、安定有序、人与自然和谐相处的社会。各级党委、政府和领导干部要不断提高激发社会创造活力的本领、管理社会事务的本领、协调利益关系的本领、处理人民内部矛盾的本领、开展群众工作的本领、维护社会稳定的本领，把构建社会主义和谐社会的要求落到实处。

2006 年 10 月，党的十六届六中全会通过《中共中央关于构建社会主义和谐社会若干重大问题的决定》，对构建社会主义和谐社

---

① 《胡锦涛文选》第二卷，人民出版社 2016 年版，第 365 页。

会的指导思想、目标任务和原则等作了全面论述。明确指出：社会和谐是中国特色社会主义的本质属性，是国家富强、民族振兴、人民幸福的重要保证。要以科学发展观统领经济社会发展全局，并将之作为推进社会主义现代化建设必须长期坚持的重要指导思想。

构建社会主义和谐社会重大战略目标的提出，使中国特色社会主义事业的总体布局，由经济建设、政治建设、文化建设"三位一体"拓展到包括社会建设在内的"四位一体"。

四十一、为什么说中国特色社会主义进入新时代？

党的十八大开启了党和国家发展的新征程，中国特色社会主义伟大实践掀开了新篇章，取得了改革开放和社会主义现代化建设的历史性成就，推动了党和国家事业发生历史性变革。十八大以来的历史性成就和历史性变革，极大地改变了中国共产党的面貌、中国的面貌和中华民族的面貌，推动中国特色社会主义事业进入了一个新的历史阶段。

党的十八大以来的历史性成就必然产生历史性影响，带来历史性变化。最集中的影响和变化，就是促进了我国社会主要矛盾的历史性转化。到党的十九大召开时，经过改革开放以来近 40 年的努力，我国稳定解决了十几亿人的温饱问题，总体上实现小康，而且将全面建成小康社会，人民对美好生活的需要日益广泛，不仅对物质文化生活提出了更高要求，而且在民主、法治、公平、正义、安全、环境等方面的要求也日益增长。同时，我国社会生产力水平总体上显著提高，社会生产能力在很多方面进入世界前列，更加突出的问题是发展不平衡不充分，这已经成为满足人民日益增长的美好生活需要的主要制约因素。这就表明，我国社会的主要矛盾，已经不再是人民日益增长的物质文化需要同落后的社会生产之间的矛盾，而是转化为人民日益增长的美好生活需要和不平衡不充分的发展之间的矛盾。

随着社会主要矛盾的变化，必然要求中国共产党对自身及国家所处的历史方位进行重新审视。对此，党的十九大报告强调："经过长期努力，中国特色社会主义进入了新时代，这是我国发展新的历史方位。"中国特色社会主义进入新时代，正是社会主要矛盾变化的阶段性体现。这是一个十分重要的政治判断，表明中国特色社会主义进入了一个新的发展阶段，或者说新的历史起点。新的历史方位既是经济社会发生深刻变化的结果，同时关乎未来经济社会的发展走向。新的历史方位将是今后一段时间党和国家各项工作的总依据，这将对中国特色社会主义伟大事业产生广泛的影响。

中国特色社会主义始终是改革开放以来历史发展的主题与主线，党的十八大以来，中国特色社会主义出现了新的阶段性特征。这些新特征，是中国特色社会主义进入新时代的重要依据。

（一）经济发展进入新常态。改革开放以来，我国经济始终保持了较高的发展速度，但本世纪第二个十年以来，经济发展出现了新常态，其主要表现：一是从高速增长转为中高速增长；二是经济结构不断优化升级，第三产业消费需求逐步成为主体，城乡区域差距逐步缩小，居民收入占比上升，发展成果惠及更广大民众；三是从要素驱动、投资驱动转向创新驱动。2014年5月，习近平总书记在河南考察时强调，中国发展仍处于重要战略机遇期，要增强信心，从当前中国经济发展的阶段性特征出发，适应新常态，保持战略上的平常心态。在中国经济发展进入新常态的同时，世界经济发展进入转型期、科技发展酝酿新突破。在这样的背景下，以习近平同志为核心的党中央强调，要适应新常态、把握新常态、引领新常态，要'坚持以新发展理念引领经济发展新常态，加快转变经济发展方式、调整经济发展结构、提高发展质量和效益，着力推进供给侧结构性改革，推动经济更有效率、更有质量、更加公平、更可持续地发展，加快形成崇尚创新、注重协调、倡导绿色、厚植开放、推进共享的机制和环境，不断壮大我国经济实力和综合国力"。①

（二）改革进入攻坚期和深水区。党的十一届三中全会以来，改革是中国经济发展、社会进步的源泉，"是决定当代中国命运的关键一招"。改革开放使中国面貌发生了深刻变化，只有改革才能发展进步已成为全社会的共识。但是，随着改革开放的不断深化拓展，国内外环境都在发生极为广泛而深刻的变化，影响我国发展的一些深层次问题逐渐显现出来，例如发展不平衡不充分，科技创新能力不强，产业结构不合理，粗放型经济增长方式仍没有根本改变，地区、城乡发展差距和居民收入分配差距非但没有缩小反而有拉大的趋势。随着物质文化生活水平的提高，人民群众的期待和企盼也随之提高，而就业、教育、医疗、住房、社会保障、生态环境、食品药品安全、社会治安、执法司法等，与人民群众的需要相比仍有不小的差距。而要解决这些问题，关键在于进一步深化改革。这说明，我国发展进入新阶段，改革进入攻坚期和深水区，"必须以强烈的历史使命感，最大限度集中全党全社会智慧，最大限度调动一切积极因素，敢于啃硬骨头，敢于涉险滩，以更大决心冲破思想观念的束缚、突破利益固化的藩篱，推动中国特色社会

---

① 习近平：《在庆祝中国共产党成立 95 周年大会上的讲话》，《人民日报》2016 年 7 月 2 日。

主义制度自我完善和发展"①。为了促进经济社会的更持久更健康发展，就要求比以往更加注重"经济、政治、文化、社会、生态文明各领域改革和党的建设改革紧密联系、相互交融，任何一个领域的改革都会牵动其他领域，同时也需要其他领域改革密切配合"②。正因为如此，党的十八大以来，以习近平同志为核心的党中央作出了全面深化改革的战略部署，并且强调全面深化改革是关系党和国家事业发展全局的重大战略部署，不是某个领域某个方面的单项改革，表明我国的改革已经到了一个新的历史阶段。

（三）历史发展进入重要的交汇期。把我国建设成为一个社会主义现代化强国，进而实现中华民族伟大复兴，始终是中国共产党人的使命追求。早在 1956 年党的八大就提出，要"尽可能迅速地实现国家工业化，有系统、有步骤地进行国民经济的技术改造，使中国具有强大的现代化的工业、现代化的农业、现代化的交通运输业和现代化的国防"③。1964 年 12 月，毛泽东又明确提出："我们必须打破常规，尽量采用先进技术，在一个不太长的历史时期内，把我国建设成为一个社会主义的现代化的强国。"④1982 年党的十二大提出，党在新时期的总任务是团结全国各族人民，自力更生，艰苦奋斗，逐步实现工业、农业、国防和科学技术现代化，把我国建设

---

① 《中共中央关于全面深化改革若干重大问题的决定》，《人民日报》2013 年 11 月 16 日。

② 《中共中央关于全面深化改革若干重大问题的决定》，《人民日报》2013 年 11 月 16 日。

③ 中共中央文献研究室编：《建国以来重要文献选编》第九册，中央文献出版社 1994 年版，第 315—316 页。

④ 《毛泽东文集》第八卷，人民出版社 1999 年版，第 341 页。

成为高度文明、高度民主的社会主义国家。为了使我国的现代化建设有更加清晰的目标与路线图，1987 年 4 月 30 日，邓小平首次阐述了我国经济建设"三步走"的发展战略，并且得到这年 10 月召开的党的十三大充分肯定。这"三步走"的第一步，实现国民生产总值比 1980 年翻一番，解决人民的温饱问题；第二步，到 20 世纪末，使国民生产总值再增长一倍，人民生活达到小康水平；第三步，到 21 世纪中叶，人均国民生产总值达到中等发达国家水平，人民生活比较富裕，基本实现现代化。1997 年党的十五大鉴于第二步战略目标即将实现，提出了"两个一百年"奋斗目标，即到建党一百年时，使国民经济更加发展，各项制度更加完善；到 21 世纪中叶新中国成立一百年时，基本实现现代化，建成富强民主文明的社会主义国家。党的十六大将第一个百年奋斗目标明确为到建党一百年时全面建成小康社会。党的十八大之后，全面建成小康社会的各项工作如期推进并将胜利完成，摆在全党和全国人民面前的任务，是在全面建成小康社会之后，努力推进第二个百年奋斗目标的实现，这就要求对全面建成小康社会后如何发展作出战略安排。从这个角度来看，党的十八大之后，是全面实现第一个百年奋斗目标并开启实现第二个百年奋斗目标征程重要的历史交汇期，成为我国社会主义现代化建设历史上承前启后的节点，这也是中华民族伟大复兴征程上一个重要的历史节点。

（四）国际地位和国际环境发生重大改变。党的十一届三中全会以来，中国共产党对时代主题作出了科学的判断，强调时代主题已经由战争和革命转换为和平与发展，战争的危险虽然存在，但世界大战打不起来，必须利用好重要的战略机遇期，以加快我国发展。历史证明，这个判断是完全正确的。正是基于这样的判断，不断深化改革扩大开放，经济社会取得了巨大的发展，使我国成为世界第二大经济体，近年来中国对世界经济的贡献率超出 30%。随着经济的发展和综合国力的增强，中国的国际地位和国际影响力也在不断提高，在国际舞台上中国的身影和中国的声音越来越具有影响力，中国正日益走近世界舞台中央。与此同时，随着国际地位和国际影响力的提升，我国面临的国际环境也比以往更为复杂，"树大招风"效应日益显现，一些大国对于中国的发展呈现复杂心理，甚至不愿看到中国的发展，一些国家和国际势力对我们的阻遏、忧惧、施压有所增大。因此，必须充分认识国际局势和周边环境的新变化，对我国改革开放和社会主义现代化建设所产生的重大影响，充分利用好战略机遇期，以实现自己的战略目标。

面对中国特色社会主义事业出现的这些阶段性特征，党的十八大以来，党的理论创新实现了新飞跃，党的执政方式和执政方略有了重大创新，党推动发展的理念和方式有了重大转变。尤其需要强调的是，以习近平同志为核心的党中央以强烈的使命担当，"校正了党和国家事业前进的航向"①。正是基于这些变化，党的十九大作出了中国特色社会主义进入新时代的判断。中国特色社会主义进入新时代表明，在新中国成立以来特别是改革开放以来我国发展取得的重大成就的基础上，我国发展站到了新的历史起点，中国特色社会主义进入新的发展阶段。

1949 年中华人民共和国的成立，标志着一个由中国共产党领

---

① 王岐山：《开启新时代 踏上新征程》，《人民日报》2017 年 11 月 7 日。

导的、人民当家作主的新中国的诞生，中国人民从此站起来了。通过进行大规模的社会主义改造，1956年社会主义基本经济制度得以确立，中国由此进入社会主义时代。1978年召开的党的十一届三中全会，实现了党和国家工作重点的转移，作出了改革开放的伟大决策，结束了1976年10月粉碎"四人帮"之后党和国家各项工作在徘徊中前进的局面，从而使新中国的历史进入了改革开放新时期。

经过多年的改革开放，我国的社会主义现代化建设取得了举世瞩目的巨大成就，不但成功地解决了十几亿人的温饱问题，而且在本世纪初基本实现了小康，全面建成小康社会胜利在望，国家的综合国力、社会生产力和人民生活与改革开放启动时相比，发生了翻天覆地的变化，国际地位和国际影响力也显著提高。正如党的十九大报告所强调的，改革开放以来，"我们党团结带领全国各族人民不懈奋斗，推动我国经济实力、科技实力、国防实力、综合国力进入世界前列，推动我国国际地位实现前所未有的提升，党的面貌、国家的面貌、人民的面貌、军队的面貌、中华民族的面貌发生了前所未有的变化，中华民族正以崭新姿态屹立于世界的东方"[1]。这是十九大作出中国特色社会主义进入新时代判断的基本前提。

改革开放新时期与中国特色社会主义新时代，是新中国历史特别是中国特色社会主义历史上的重要发展阶段，二者之间既一脉相承又与时俱进，新时代是新时期的发展与提升。

改革开放新时期开启之际，刚刚结束"文化大革命"不久，经

---

[1] 习近平：《决胜全面建成小康社会 夺取新时代中国特色社会主义伟大胜利——在中国共产党第十九次全国代表大会上的报告》，《人民日报》2017年10月28日。

济社会都面临着许多问题。如许多人的温饱还没有解决，消灭贫困在当时十分迫切且任务艰巨；由于长期以阶级斗争为纲导致阶级斗争扩大化，致使冤假错案堆积如山；对外长期处于封闭半封闭状态，缺乏对外部世界的了解；等等。在当时的情况下不改革开放就没有出路，改革在某种程度上可以说是逼出来的。正因为如此，邓小平在指导创办深圳等经济特区时强调要"杀出一条血路来"，可见当时改革开放的紧迫性、艰巨性。而如今，由于新时期取得巨大成就，中国特色社会主义已经深入人心，改革开放成为人们的共识。如果说当年新时期的开启具有某种被动性，是通过重大的历史转折才实现的，那么新时代的到来则是新时期发展由量变到质变的结果，是成长和成熟的新时期。

新时期开启时，虽然改革十分紧迫，但改什么、如何改则没有任何的先例和经验可资借鉴，只能是"摸着石头过河"，在探索中前进。而新时代在开启之时，改革开放已经积累了较为丰富的经验，对中国特色社会主义的基本规律有了初步的认识和掌握。但是，新时代改革在路径的选择上仍然需要"摸着石头过河"，同时有必要也有条件进行顶层设计。

新时期开启之时，改变落后的社会生产力和迅速提高人民生活水平是当务之急，必须尽快地实现富起来，加快经济发展并且有较快的发展速度；而新时代是在改革开放新时期已经富起来的基础上开启的，经济发展仍需要一定的速度，但发展的质量与效益更为重要，新时代要着力解决的是发展的不平衡不充分问题，使已经富起来的中国强起来，将中国建设成为一个社会主义现代化强国。

但是，不论是新时期还是新时代，主线与主题都是坚持和发展中国特色社会主义，改革开放都是其最鲜明的特征，发展都是党执政兴国的第一要务，目标都是为了实现社会主义现代化和中华民族的伟大复兴。中国特色社会主义进入新时代这个判断是党的十九大正式提出来的，但新时代的到来并不是突如其来的，而是改革开放新时期发展到一定历史阶段自然而必然的结果。

党的十九大强调，中国特色社会主义进入新时代，意味着近代以来久经磨难的中华民族迎来了从站起来、富起来到强起来的伟大飞跃，迎来了实现中华民族伟大复兴的光明前景；意味着科学社会主义在 21 世纪的中国焕发出强大生机活力，在世界上高高举起了中国特色社会主义伟大旗帜；意味着中国特色社会主义道路、理论、制度、文化不断发展，拓展了发展中国家走向现代化的途径，给世界上那些既希望加快发展又希望保持自身独立性的国家和民族提供了全新选择，为解决人类问题贡献了中国智慧和中国方案。这就是说，中国特色社会主义进入新时代，必将对中国与世界都带来深远的影响。总之，"中国特色社会主义进入新时代，在中华人民共和国发展史上、中华民族发展史上具有重大意义，在世界社会主义发展史上、人类社会发展史上也具有重大意义"[1]。

党的十九大同时指出，中国特色社会主义新时代是继续夺取中国特色社会主义伟大胜利的时代，是决胜全面建成小康社会、进而全面建设社会主义现代化强国的时代，是逐步实现全体人民共同富裕的时代，是奋力实现中华民族伟大复兴中国梦的时代，是我国日益走近世界舞台中央、不断为人类作出更大贡献的时代。这"五个

---

[1] 习近平：《决胜全面建成小康社会　夺取新时代中国特色社会主义伟大胜利——在中国共产党第十九次全国代表大会上的报告》，《人民日报》2017 年 10 月 28 日。

时代"，包括中国特色社会主义、现代化强国、共同富裕、民族复兴、世界舞台五个关键词，回答了新时代要走什么样的道路、要建设什么样的国家、要实现什么样的发展、要达到什么样的目标、要作出什么样的贡献等诸多重要问题，可以说是对新时代的历史定位。归根到底，中国特色社会主义新时代，就是要把我国建设成为社会主义现代化强国和实现中华民族伟大复兴中国梦的时代。

四十二、如何理解中国经济进入新常态？

进入新世纪以来，从全球来看，发达国家经济复苏势头乏力，世界贸易格局变化不定，一些国家和地区的动荡给世界经济增加诸多变数。从国内来看，有些产能明显过剩、劳动力成本攀升、资源环境承载压力加大，旧矛盾未解决而新问题又不断涌现，加大了经济下行压力。正是在这样的背景下，以习近平同志为核心的党中央作出了中国经济进入新常态的重要判断，并强调必须进行供给侧结构性改革。

2013 年 10 月，习近平主席在出席亚太经合组织工商领导人峰会时明确提出："中国经济已经进入新的发展阶段，正在进行深刻的方式转变和结构调整。"①2013 年 12 月召开的中央经济工作会议作出了经济发展正处于增长速度换挡期、结构调整阵痛期、前期刺激政策消化期"三期叠加"阶段的判断。

2014 年 4 月 25 日，中共中央政治局召开会议，研究经济形势和经济工作，认为我国经济发展的基本面没有改变，要继续坚持稳中求进工作总基调，保持宏观政策的连续性和稳定性，财政政策和

---

① 中共中央文献研究室编：《十八大以来重要文献选编》（上），中央文献出版社 2014 年版，第 437 页。

货币政策都要坚持现有政策基调。十多天后，习近平总书记在河南考察工作时第一次提及经济新常态，强调我国发展仍处于重要战略机遇期，要增强信心，从当前我国经济发展的阶段性特征出发，适应新常态，保持战略上的平常心态。在战术上要高度重视和防范各种风险，早作谋划，未雨绸缪，及时采取应对措施，尽可能减少负面影响。2014 年 7 月 29 日，在中共中央召开的党外人士座谈会上，习近平总书记指出，要"正确认识我国经济发展的阶段性特征，进一步增强信心，适应新常态，共同推动经济持续健康发展"。

2014 年 11 月 9 日，在亚太经合组织工商领导人峰会开幕式上，习近平主席分析指出中国经济呈现出新常态，有几个主要特点：一是从高速增长转为中高速增长；二是经济结构不断优化升级，第三产业、消费需求逐步成为主体，城乡区域差距逐步缩小，居民收入占比上升，发展成果惠及更广大民众；三是从要素驱动、投资驱动转向创新驱动。新常态将给中国带来新的发展机遇。

2014 年 12 月 9 日至 11 日，中央经济工作会议在北京召开。会议从消费需求、投资需求、出口和国际收支、生产能力和产业组织方式、生产要素相对优势、市场竞争特点、资源环境约束、经济风险积累和化解、资源配置模式和宏观调控方式 9 个方面，深入分析了中国经济发展的趋势性变化，强调经济发展进入新常态，正从高速增长转向中高速增长，经济发展方式正从规模速度型粗放增长转向质量效率型集约增长，经济结构正从增量扩能为主转向调整存量、做优增量并举，经济发展动力正从传统增长点转向新的增长点。认识新常态、适应新常态、引领新常态，是当前和今后一个时期我国经济发展的大逻辑。经济发展新常态的提出，是对中国经济发展阶段转变的重大概括，是认识和遵循经济社会发展规律的重大体现，也是对中国特色社会主义政治经济学理论的重大发展。

为适应和引领经济发展新常态，供给侧结构性改革应运而生。2015年11月10日，习近平总书记在中央财经领导小组第十一次会议上指出："在适度扩大总需求的同时，着力加强供给侧结构性改革，着力提高供给体系质量和效率"。①同年12月18日，习近平总书记在中央经济工作会议上强调，推进供给侧结构性改革，是适应和引领经济发展新常态的重大创新。要实行宏观政策要稳、产业政策要准、微观政策要活、改革政策要实、社会政策要托底的总体思路，着力加强结构性改革，在适度扩大总需求的同时，去产能、去库存、去杠杆、降成本、补短板，推动我国社会生产力水平整体改善。自此，供给侧结构性改革成为我国经济新常态下的一项重要工作，提升供给质量也成为我国质量提升的"主战场"。

2015年10月26日至29日，党的十八届五中全会在北京举行。全会确定了全面建成小康社会新的目标要求：经济保持中高速增长，在提高发展平衡性、包容性、可持续性的基础上，到2020年国内生产总值和城乡居民人均收入比2010年翻一番，产业迈向中高端水平，消费对经济增长贡献明显加大，户籍人口城镇化率加快提高。农业现代化取得明显进展，人民生活水平和质量普遍提高，我国现行标准下农村贫困人口实现脱贫，贫困县全部摘帽，解决区

---

① 《习近平关于全面建成小康社会论述摘编》，中央文献出版社2016年版　第44页。

域性整体贫困。国民素质和社会文明程度显著提升。生态环境质量总体改善。各方面制度更加成熟更加定型，国家治理体系和治理能力现代化取得重大进展。

随着中国经济进入新常态，中国经济也由高速增长阶段转向高质量发展阶段。因此，坚持发展是第一要务，以提高发展质量和效益为中心，加快形成引领经济发展新常态的体制机制和发展方式，成为"十三五"时期发展的重要指导思想。在 2017 年 12 月的中央经济工作会议上，习近平总书记指出，推动高质量发展是当前和今后一个时期确定发展思路、制定经济政策、实施宏观调控的根本要求，必须加快形成推动高质量发展的指标体系、政策体系、标准体系、统计体系、绩效评价、政绩考核，创建和完善制度环境，推动我国经济在实现高质量发展上不断取得新进展。

四十三、精准扶贫是如何提出并实施的？

从 1986 年开始，党和政府开始主导实施有组织、有计划、大规模的扶贫开发，我国的减贫事业取得了巨大成就，贫困人口由 1985 年的 2.5 亿人减少到 2011 年的 1.2 亿人。但是，长期以来，我国的扶贫开发以项目扶贫为主要形式，以工程实施为重要载体。这些做法对我国取得的减贫成就起到了很大的作用，但也暴露出一些问题，突出表现就是精准度不够导致减贫效率不高。虽然强调到村到户是一贯的，但由于扶贫工作对象大而化之，很多扶贫措施大水漫灌，不少资金都用到了和贫困群众生产生活没有太多直接关系的项目上，减贫效率打了不小的折扣，而且还存在着贫困人口底数不清、情况不明、针对性不强、扶贫资金和项目指向不准等问题。

经过多年的扶贫开发，我国农村在贫困人口大幅度减少的同时，也逐渐显现出区域性、综合性和复杂性"三性叠加"的特点，连片特困地区的贫困问题仍然突出，但大面积的贫困现象减少，贫困人口分布相对分散，致贫原因复杂，返贫现象多发，部分困难群众减贫难度大。随着我国经济发展进入新常态，我国经济由高速增长转为中高速增长，产业结构提升使第二产业能吸纳的就业人数减少，并且对劳动力提出更高要求，给减贫工作带来许多新的挑战。2020

年全面建成小康社会是党作出的郑重承诺，如何尽快补齐贫困地区贫困人口这块"短板"，事关能否全面建成小康社会的全局。因此，中国扶贫开发已到了非转型不可的地步，改革创新迫在眉睫。

还在担任福建省委副书记、省长时，习近平就提出"真扶贫、扶真贫"的问题。他后来说："上面的措施下去了，下面不问青红皂白，最后钱不知道花在哪儿了，甚至搞不好是一个腐败的滋生地了，我一直在考虑怎么解决这个问题。"①

2012 年 12 月底，习近平总书记对河北省阜平县的扶贫开发进行考察。在调研过程中，他强调全面建成小康社会，最艰巨最繁重的任务在农村特别是在贫困地区。没有农村的小康，特别是没有贫困地区的小康，就没有全面建成小康社会。并且明确提出："推进扶贫开发、推动经济社会发展，首先要有一个好思路、好路子。要坚持从实际出发，因地制宜，理清思路、完善规划、找准突破口……要做到宜农则农、宜林则林、宜牧则牧，宜开发生态旅游则搞生态旅游，真正把自身比较优势发挥好，使贫困地区发展扎实建立在自身有利条件的基础之上"。②虽然这次调研中他还没有使用"精准扶贫"这样的表述，但已经有其中的意蕴了。

2013 年 11 月的湖南湘西土家族苗族自治州花垣县十八洞村之行，促使习近平总书记下决心解决"真扶贫、扶真贫"的问题。后来他说："到湘西十八洞村视察，我感触很深。爬那个山爬了好远，好不容易才到那里。去了以后，一个老太太见了我问，请问你贵姓，你

---

① 《习近平总书记的扶贫情结》，《人民日报》2017 年 2 月 24 日。
② 《把群众安危冷暖时刻放在心上　把党和政府温暖送到千家万户》，《人民日报》2012 年 12 月 31 日。

是哪里来的？她不认识我，因为那儿比较偏远，她不看电视，文化也不够。后来，全村乡亲都来了，我一看，人不多，全是'996138'部队，也就是老人、孩子、妇女，青壮年都到城里打工去了。这个地方这么偏僻，又是一些老人和儿童，搞什么大事业啊？根本搞不起来。我说，还是给你们搞'几条腿'来吧——一户养几头黑猪、一头黄牛，再养几只山羊，这总能办得成。老太太、老大爷听了很高兴，说我就要这个。"① 就在这次调研中，习近平总书记明确提出了精准扶贫的思想。他说："发展是甩掉贫困帽子的总办法，贫困地区要从实际出发，因地制宜，把种什么、养什么、从哪里增收想明白，帮助乡亲们寻找脱贫致富的好路子。要切实办好农村义务教育，让农村下一代掌握更多知识和技能。抓扶贫开发，既要整体联动、有共性的要求和措施，又要突出重点、加强对特困村和特困户的帮扶。脱贫致富贵在立志，只要有志气、有信心，就没有迈不过去的坎。""扶贫要实事求是，因地制宜。要精准扶贫，切忌喊口号，也不要定好高骛远的目标。"②

对于为什么要提出精准扶贫问题，习近平总书记解释说："党的十八大后，我到一些贫困地区就要看真贫，如河北阜平、湖南花垣、甘肃东乡，都是最贫困的。他们怎么致富？个别地方扶贫有时思路不对，好像扶贫都要搞一些工业项目。在深山老林里搞工业项目，没人才，没市场，成本又高，不容易发展起来。扶贫要实打实解决问题。首先，要为下一代着想，让孩子们上学，教

---

① 《习近平总书记的扶贫情结》，《人民日报》2017年2月24日。
② 《深化改革开放推进创新驱动　实现全年经济社会发展目标》，《人民日报》2013年11月6日。

育不能落后了。其次，一些基本公共设施要保障，像路、水、电之类的，实现公共服务均等化。再有，就是靠山吃山、靠水吃水，根据他们的条件和能力，教他们'打鱼'的本领。如果是一些老大爷、老太太，就养几只鸡、鸭、羊，给他们选优良品种，教他们科学喂养，给一些扶持资金，这样一年收入有几千块，也可以脱贫。对年轻人，主要是找就业的路子，搞一些培训，引导他们外出打工。对搞种养的人，就帮他们提高产品附加值。"他还说："为什么讲要精准扶贫？'手榴弹炸跳蚤'是不行的。新中国成立以后，50年代剿匪，派大兵团去效果不好，那就是'手榴弹炸跳蚤'，得派《林海雪原》里的小分队去。扶贫也要精准，否则钱用不到刀刃上。抓扶贫切忌喊大口号，也不要定那些好高骛远的目标，要一件事一件事做。不要因为总书记去过了，就搞得和别处不一样了，搞成一个不可推广的盆景。钱也不能被吃喝挪用了，那是不行的。"① 可见，正是由于深入贫困农村开展调查研究，"精准扶贫"这一重要思想才得以产生。

2014 年 10 月 17 日，是中国的首个"扶贫日"，全国社会扶贫开发工作电视电话会议这天在北京召开，习近平总书记对扶贫开发工作作出重要批示，指出："全面建成小康社会，最艰巨最繁重的任务在贫困地区。全党全社会要继续共同努力，形成扶贫开发工作强大合力。各级党委、政府和领导干部对贫困地区和贫困群众要格外关注、格外关爱，履行领导职责，创新思路方法，加大扶持力度，善于因地制宜，注重精准发力，充分发挥贫困地区广大干部群

---

① 《习近平总书记的扶贫情结》，《人民日报》2017 年 2 月 24 日。

众能动作用，扎扎实实做好新形势下扶贫开发工作，推动贫困地区和贫困群众加快脱贫致富奔小康的步伐。"① 同年 11 月，习近平总书记在福建调研时又强调，全面建成小康社会，不能丢了农村这一头。要通过领导联系、山海协作、对口帮扶，加快科学扶贫和精准扶贫，办好教育、就业、医疗、社会保障等民生实事，支持和帮助贫困地区和贫困群众尽快脱贫致富奔小康，决不能让一个苏区老区掉队。② 这些论断的提出，标志着习近平总书记关于精准扶贫思想的形成。

精准扶贫思想提出后，我国的扶贫工作由大水漫灌式的项目扶贫转向精准扶贫推进。2013 年 12 月，中共中央办公厅、国务院办公厅印发《关于创新机制扎实推进农村扶贫开发工作的意见》，提出以建立精准扶贫工作机制为核心的六项机制创新和十项重点工作。围绕这个文件，相关部委出台了《关于改进贫困县党政领导班子和领导干部经济社会发展实绩考核工作的意见》《关于印发〈建立精准扶贫工作机制实施方案〉的通知》《关于印发〈扶贫开发建档立卡工作方案〉的通知》等配套政策文件，精准扶贫在实际层面开始实施。

2015 年 6 月 18 日在贵州召开的部分省区市党委主要负责同志座谈会上，习近平总书记对如何切实做到精准扶贫提出明确要求：扶贫开发贵在精准，重在精准，成败之举在于精准。各地都要在扶

---

① 《习近平在首个"扶贫日"之际作出重要批示强调　全党全社会继续共同努力形成扶贫开发工作强大合力》，《人民日报》2014 年 10 月 18 日。

② 参见《全面深化改革全面推进依法治国　为全面建成小康社会提供动力和保障》，《人民日报》2014 年 11 月 3 日。

持对象精准、项目安排精准、资金使用精准、措施到户精准、因村派人（第一书记）精准、脱贫成效精准上想办法、出实招、见真效。要坚持因人因地施策，因贫困原因施策，因贫困类型施策，区别不同情况，做到对症下药、精准滴灌、靶向治疗，不搞大水漫灌、走马观花、大而化之。①

2015 年 11 月 27 日至 28 日，中央扶贫开发工作会议召开，习近平总书记发表长篇重要讲话，系统阐述精准扶贫、精准脱贫方略，其核心就是要解决好"扶持谁""谁来扶""怎么扶""如何退"的问题。习近平总书记指出，要坚持精准扶贫、精准脱贫，重在提高脱贫攻坚成效。关键是要找准路子、构建好的体制机制，在精准施策上出实招、在精准推进上下实功、在精准落地上见实效。他强调：解决好"扶持谁"的问题，就是确保把真正的贫困人口弄清楚，把贫困人口、贫困程度、致贫原因等搞清楚，以便做到因户施策、因人施策。解决好"谁来扶"的问题，必须加快形成中央统筹、省（自治区、直辖市）负总责、市（地）县抓落实的扶贫开发工作机制，做到分工明确、责任清晰、任务到人、考核到位。解决好"怎么扶"的问题，应按照贫困地区和贫困人口的具体情况，实施"五个一批"工程。即发展生产脱贫一批，易地搬迁脱贫一批，生态补偿脱贫一批，发展教育脱贫一批，社会保障兜底一批。此外，还要解决好"如何退"的问题，即精准扶贫是精准脱贫。要设定时间表，实现有序退出，既要防止拖延病，又要防止急躁症。要留出缓冲期，在一定时间内实行摘帽不摘政策。要实行严格评估，按照摘

① 参见《谋划好"十三五"时期扶贫开发工作 确保农村贫困人口到 2020 年如期脱贫》，《人民日报》2015 年 6 月 20 日。

帽标准验收。要实行逐户销号，做到脱贫到人，脱没脱贫要同群众一起算账，要群众认账。① 这次讲话，标志着习近平总书记关于精准扶贫思想的成熟。

统筹推进防范化解重大风险、精准脱贫、污染防治三大攻坚战，是以习近平同志为核心的党中央在全面建成小康社会进入决胜阶段，在党的十九大报告中，向全党全国各族人民提出的重大战略任务。党的十九大以来，党中央围绕打赢脱贫攻坚战、实施乡村振兴战略作出一系列重大部署，出台一系列政策举措。习近平总书记就打赢脱贫攻坚战召开多次专题会议，并在防控新冠肺炎疫情斗争期间召开决战决胜脱贫攻坚座谈会，对确保高质量完成脱贫攻坚目标任务进行再动员、再部署。

党的十八大以来，在精准扶贫思想的指导下，中国的扶贫攻坚取得明显成效。贫困人口大幅度减少。脱贫攻坚目标任务接近完成。贫困人口从 2012 年年底的 9899 万人减到 2019 年年底的 551 万人，贫困发生率由 10.2% 降至 0.6%，连续 7 年每年减贫 1000 万人以上。区域性整体贫困基本得到解决。贫困群众收入水平大幅度提高。2013—2019 年，832 个贫困县农民人均可支配收入由 6079 元增加到 11567 元，年均增长 9.7%，比同期全国农民人均可支配收入增幅高 2.2 个百分点。全国建档立卡贫困户人均纯收入由 2015 年的 3416 元增加到 2019 年的 9808 元，年均增幅 30.2%。贫困群众"两不愁"（不愁吃、不愁穿）质量水平明显提升，"三保障"（义务教育、基本医疗和住房有保障）突出问题总体解决，小康路上一

---

① 参见《脱贫攻坚战冲锋号已经吹响 全党全国咬定目标苦干实干》，《人民日报》2015 年 11 月 29 日。

个也不能掉队的目标实现。贫困地区基本生产生活条件明显改善，贫困地区群众出行难、用电难、上学难、看病难、通信难等长期没有解决的"老大难"问题普遍解决，贫困地区生态环境明显改善，贫困户就业增收渠道明显增多，基本公共服务日益完善。

四十四、习近平新时代中国特色社会主义思想最核心的内容是什么？

　　党的十八大以来，以习近平同志为主要代表的中国共产党人，顺应时代发展，从理论和实践结合上系统回答了新时代坚持和发展什么样的中国特色社会主义、怎样坚持和发展中国特色社会主义这个重大时代课题，创立了习近平新时代中国特色社会主义思想。习近平新时代中国特色社会主义思想是对马克思列宁主义、毛泽东思想、邓小平理论、"三个代表"重要思想、科学发展观的继承和发展，是马克思主义中国化最新成果，是党和人民实践经验和集体智慧的结晶，是中国特色社会主义理论体系的重要组成部分，是全党全国人民为实现中华民族伟大复兴而奋斗的行动指南，必须长期坚持并不断发展。

　　中国特色社会主义进入了新时代，是我国发展新的历史方位，也是习近平新时代中国特色社会主义思想产生的时代背景。这个新时代，既与改革开放以来的发展一脉相承，又有很大的不同，面临许多新情况新变化：一是党的十八大以来，在新中国成立特别是改革开放以来我国发展取得重大成就的基础上，党和国家事业发生历史性变革，我国发展站在新的历史起点上，新起点需要新气象新作为；二是世界正处于百年未有之大变局，如何在乱局中保持定力、在变局中抓住机遇，对如何统筹国际国内两个大局提出了更高要求；三是中国共产党执政面临的社会环境和现实条件发生深刻变化，发展理念和方式有重大转变，发展水平和要求更高；四是我国社会的主要矛盾已经转化为人民日益增长的美好生活需要和不平衡不充分的发展之间的矛盾，经济建设仍然是中心任务，但需要更加注重全面协调可持续发展，需要着力解决好发展不平衡不充分问题；五是中国的发展正处于"两个一百年"奋斗目标的历史交汇期，全面建成小康社会的任务完成，第一个百年目标即将实现，将开启全面建设社会主义现代化国家新征程、向第二个百年目标进军。

这些新情况新变化，给中国共产党提出了一个重大时代课题，就是必须从理论和实践结合上系统回答在新的时代条件下坚持和发展什么样的中国特色社会主义、怎样坚持和发展中国特色社会主义。正是围绕回答这一重大理论和实践问题，形成了习近平新时代中国特色社会主义思想。党的十八大以来，改革开放和社会主义现代化建设之所以取得历史性成就，党和国家事业之所以发生历史性变革，根本的就在于有习近平新时代中国特色社会主义思想的科学指引。

坚持和发展中国特色社会主义，是改革开放以来中国共产党全部理论和实践的鲜明主题，也是习近平新时代中国特色社会主义思想的核心要义。党的十八大以来，党的全部理论和实践探索都是围绕这个主题来展开、深化和拓展的。习近平总书记指出："坚持和发展中国特色社会主义是一篇大文章，邓小平同志为它确定了基本思路和基本原则，以江泽民同志为核心的党的第三代中央领导集体、以胡锦涛同志为总书记的党中央在这篇大文章上都写下了精彩的篇章。现在,我们这一代共产党人的任务,就是继续把这篇大文章写下去。"① 党的十八大以来,对坚持和发展什么样的中国特色社会主义,以习近平同志为主要代表的中国共产党人从理论渊源、历史根据、本质特征、独特优势、强大生命力等多方位多角度作出了深刻回答,强调中国特色社会主义是既坚持科学社会主义基本原则,又具有鲜明实践特色、理论特色、民族特色、时代特色的社会主义,是中国特色社会主义道路、理论、制度、文化"四位一体"的社会主义,是统揽伟大斗争、伟大工程、伟大事业、伟大梦想的社会主义,是根植于中国大地、反映中国人民意愿、适应中国和时代发展进步要求的社会主义。

习近平新时代中国特色社会主义思想内涵十分丰富,涵盖了经济、政治、法治、科技、文化、教育、民生、民族、宗教、社会、生态文明、国家安全、国防和军队、"一国两制"和祖国统一、统一战线、外交、党的建设等各方面。其中最重要、最核心的内容就是党的十九大报告概括的"八个明确",即明确坚持和发展中国特色社会主义,总任务是实现社会主义现代化和中华民族伟大复兴,在全面建成小康社会的基础上,分两步走在本世纪中叶建成富强民主文明和谐美丽的社会主义现代化强国;明确新时代我国社会主要矛盾是人民日益增长的美好生活需要和不平衡不充分的发展之间的矛盾,必须坚持以人民为中心的发展思想,不断促进人的全面发展、全体人民共同富裕;明确中国特色社会主义事业总体布局是

---

① 《习近平谈治国理政》第一卷,外文出版社 2018 年版,第 23 页。

"五位一体"、战略布局是"四个全面",强调坚定道路自信、理论自信、制度自信、文化自信;明确全面深化改革总目标是完善和发展中国特色社会主义制度、推进国家治理体系和治理能力现代化;明确全面推进依法治国总目标是建设中国特色社会主义法治体系、建设社会主义法治国家;明确党在新时代的强军目标是建设一支听党指挥、能打胜仗、作风优良的人民军队,把人民军队建设成为世界一流军队;明确中国特色大国外交要推动构建新型国际关系,推动构建人类命运共同体;明确中国特色社会主义最本质的特征是中国共产党领导,中国特色社会主义制度的最大优势是中国共产党领导,党是最高政治领导力量,提出新时代党的建设总要求,突出政治建设在党的建设中的重要地位。这"八个明确",高度凝练、提纲挈领地点明了习近平新时代中国特色社会主义思想的主要内容,构成了系统完备、逻辑严密、内在统一的科学体系。

深刻领会习近平新时代中国特色社会主义思想的精神实质和丰富内涵,在各项工作中全面准确贯彻落实,还必须做到"十四个坚持"。即坚持党对一切工作的领导;坚持以人民为中心;坚持全面深化改革;坚持新发展理念;坚持人民当家作主;坚持全面依法治国;坚持社会主义核心价值体系;坚持在发展中保障和改善民生;坚持人与自然和谐共生;坚持总体国家安全观;坚持党对人民军队的绝对领导;坚持"一国两制"和推进祖国统一;坚持推动构建人类命运共同体;坚持全面从严治党。这"十四个坚持",涵盖坚持党的领导和"五位一体"总体布局、"四个全面"战略布局,涵盖国防和军队建设、维护国家安全、对外战略,是对党的治国理政重大方针、原则的最新概括,体现了理论与实践相统一、战略与战术相结合，是实现"两个一百年"奋斗目标、实现中华民族伟大复兴中国梦的"路线图"和"方法论"。这"十四个坚持"，既是习近平新时代中国特色社会主义思想的重要组成部分，也是落实习近平新时代中国特色社会主义思想的实践要求。这"十四个坚持"，构成习近平新时代坚持和发展中国特色社会主义的基本方略。

四十五、"坚持党对一切工作的领导" 是怎样形成和发展的？

党的十九大把"坚持党对一切工作的领导"确立为新时代中国特色社会主义的第一个基本方略。十九大报告强调："党政军民学，东西南北中，党是领导一切的。必须增强政治意识、大局意识、核心意识、看齐意识，自觉维护党中央权威和集中统一领导，自觉在思想上政治上行动上同党中央保持高度一致，完善坚持党的领导的体制机制，坚持稳中求进工作总基调，统筹推进'五位一体'总体布局，协调推进'四个全面'战略布局，提高党把方向、谋大局、定政策、促改革的能力和定力，确保党始终总揽全局、协调各方。"①

坚持党对一切工作的领导，是马克思主义政党的必然要求，是在中国共产党领导的革命、建设、改革实践中逐渐形成与完善的。早在 1929 年 12 月的古田会议上，毛泽东就对红四军党内存在的单纯军事观点提出批评，强调"一切工作，在党的讨论和决议之后，再经过群众去执行"。② 古田会议确立了党对红军的绝对领导地位。红军长征途中，张国焘在红一、红四方面军会师后，自恃兵强马

---

① 习近平：《决胜全面建成小康社会 夺取新时代中国特色社会主义伟大胜利——在中国共产党第十九次全国代表大会上的报告》，《人民日报》2017 年 10 月 28 日。
② 《毛泽东文集》第一卷，人民出版社 1993 年版，第 80 页。

壮，个人野心迅速膨胀，企图以枪来指挥党，公然向党伸手要官要权。当个人目的没有完全实现时，张国焘拒绝执行中央制定的北上方针，并且在中央万不得已先行北上之后，竟然"另立中央"，分裂党和红军，造成了极为恶劣的影响和极其严重的后果。针对张国焘企图以枪指挥党的恶劣行为，在 1938 年 11 月的党的六届六中全会上，毛泽东反复强调："共产党员不争个人的兵权（决不能争，再也不要学张国焘），但要争党的兵权，要争人民的兵权。……我们的原则是党指挥枪，而决不容许枪指挥党。"① 在这里，毛泽东以十分简短的语言，深刻地阐明了党和军队（也包括其他一切工作）的关系。毫无疑问，革命战争年代军事是党的中心工作，确保党对军队的领导是实现对一切工作领导的根本与保障。

全民族抗战时期，针对根据地党政军民系统"在某些地区，还存在着一些不协调的现象。例如：统一精神不足，步伐不齐，各自为政，军队尊重地方党、地方政权的精神不够，党政不分，政权中党员干部对于党的领导闹独立性，党员包办民众团体，本位主义，门户之见等等"，1942 年 9 月 1 日，中央政治局会议通过《中共中央关于统一抗日根据地党的领导及调整各组织间关系的决定》（简称"九一决定"），明确指出："党是无产阶级的先锋队和无产阶级组织的最高形式，他应该领导一切其他组织，如军队、政府与民众团体。根据地领导的统一与一元化，应当表现在每个根据地有一个统一的领导一切的党的委员会（中央局、分局、区党委、地委），因此，确定中央代表机关（中央局、分局）及各级党委（区党委、

---

① 《毛泽东选集》第二卷，人民出版社 1991 年版，第 546—547 页。

地委）为各地区的最高领导机关，统一各地区的党政军民工作的领导"①。这就明确了党与军队、政府及其他组织的关系，确立了党是领导一切的基本原则。

解放战争后期，为克服以往各根据地各自为政的现象，强化中央权威，加强全党的集中统一领导，1948 年 1 月 7 日，毛泽东为中共中央起草了"关于建立报告制度"的党内指示，规定各中央局和分局由书记负责（自己动手，不要秘书代劳），每两个月向中央和中央主席作一次综合报告。1948 年 9 月，中共中央政治局召开扩大会议（即"九月会议"），"为适应目前革命形势发展的需要，保证全党全军所执行的各种政策的完全统一，及军事计划的完满实施，克服目前党内军内存在着的某些严重的无纪律状态或无政府状态"，这次会议通过了《中共中央关于各中央局、分局、军区、军委分会及前委会向中央请示报告制度的决议》，对"各项工作中何者决定权属于中央，何者必须事前请示中央，并得到中央批准后才能付诸实行，何者必须事后报告中央备审"作了具体规定。②

新中国成立后，针对一些部门和地区存在的分散主义倾向，中共中央多次强调必须加强党中央的集中统一领导的问题，一再重申"党领导一切"的原则不能动摇。1953 年 3 月 10 日，作出《中共中央关于加强中央人民政府系统各部门向中央请示报告制度及加强中央对于政府工作领导的决定（草案）》，规定："今后政府工作

---

① 中央档案馆编：《中共中央文件选集》第十三册，中共中央党校出版社 1991 年版，第 427 页。

② 中央档案馆编：《中共中央文件选集》第十七册，中共中央党校出版社 1992 年版，第 356 页。

中一切主要的和重要的方针、政策、计划和重大事项，均须事先请示中央，并经过中央讨论和决定或批准以后，始得执行。政府各部门对于中央的决议和指示的执行情况及工作中的重大问题，均须定期地和及时地向中央报告或请示，以便能取得中央经常的、直接的领导。"①1956年9月15日，刘少奇在党的八大上的政治报告中，批评了极少数人企图削弱党的领导的错误观点，强调指出："党应当而且可以在思想上、政治上、方针政策上对于一切工作起领导作用。"②

1958年6月10日，中共中央发出关于成立财经、政法、外事、科学、文教各小组的通知，强调"这些小组是党中央的"，直隶中央政治局和书记处，"大政方针在政治局，具体部署在书记处"。"对大政方针和具体部署，政府机构及其党组有建议之权，但决定权在党中央。"③1958年7月12日，邓小平在主持中共中央书记处会议听取共青团三届三中全会有关情况汇报时强调："党是无产阶级最高组织形式，有人总是不大愿意承认这一条。党领导一切，是一切问题根本的根本。"④

在1958年"大跃进"运动中，由于过于强调"放权"发挥地方的积极性，导致工业和基本建设摊子铺得太大，加重国民经济比例失调。为了解决"大跃进"运动中出现的分散主义问题，加强

① 中共中央文献研究室编:《建国以来重要文献选编》第四册，中央文献出版社1993年版，第67页。
② 《刘少奇选集》下卷，人民出版社1985年版，第264页。
③ 中央档案馆、中共中央文献研究室编:《中共中央文件选集（一九四九年十月——一九六六年五月）》第28册，人民出版社2013年版，第150页。
④ 《邓小平文集(一九四九——一九七四年)》中卷，人民出版社2014年版，第387页。

党中央的集中统一领导，1962 年 1 月至 2 月，中共中央特地召开扩大的中央工作会议即七千人大会。毛泽东在大会的讲话中再次强调："工、农、商、学、兵、政、党这七个方面，党是领导一切的。"①

"党领导一切"是马克思主义政党理论的基本原则，是近代以来中国政党政治发展的必然结果和中国现代化发展的客观要求。对于如何理解"党是领导一切的"这个重要问题，党的领导人曾有过清晰明确的论述。

1958 年 1 月，毛泽东在《工作方法六十条（草案）》中，提出了党委领导原则 32 字方针，即"大权独揽，小权分散。党委决定，各方去办。办也有决，不离原则。工作检查，党委有责"。毛泽东解释说，"大权独揽"是指主要权力应集中于中央和地方党委的集体；"各方去办"不是由党员径直去办，而是一定要经过党员在国家机关中、在企业中、在合作社中、在人民团体中、在文化教育机关中，同非党员接触、研究，对不妥当的部分加以修改，然后大家通过，方才去办；"不离原则"的"原则"是指党是无产阶级组织的最高形式，民主集中制，集体领导和个人作用的统一，中央和上级的决议等。②

1962 年 3 月 2 日，周恩来在《论知识分子问题》的讲话中，一方面强调"必须肯定，党应该领导一切，党能够领导一切"。另一方面又具体讲到了党如何领导的问题，指出：说党领导一切，是说党要管大政方针、政策、计划，是说党对各部门都可以领导，不是说一切事情都要党去管；党的领导不是党员个人领导。党是一个

---

① 《毛泽东文集》第八卷，人民出版社 1999 年版，第 305 页。
② 参见《毛泽东文集》第七卷，人民出版社 1999 年版，第 355—356 页。

集体，是有组织的。党的领导是组织领导，不是书记个人领导。同时，党委领导是集体领导，不是书记个人领导。没有经过党委讨论的大事，书记不能随便决定。①

1962 年 3 月，陶铸在广州召开的全国话剧歌剧创作会议上的讲话中也强调："党必须领导，党要领导一切。这就是说，社会主义建设的所有各个方面，党都应该领导。但是党的领导是方向、政策的领导，并不是不论什么东西，事无巨细都来领导。只有这样，才能既不会迷失方向，又能发挥每一个人的积极性和创造性，把一切积极因素都调动起来，投入社会主义建设中去。"②

改革开放后，针对党的一元化领导带来的权力过分集中、党政不分、以党代政现象，中国共产党推进政治体制改革，坚持和完善民主集中制，建立集体领导和个人分工负责的制度。同时，纠正政治体制改革中忽略思想领导和组织领导的错误倾向，坚持把加强的政治、思想和组织统一领导起来，完善党的领导体制，提高党的领导水平和执政水平。世纪之交的 2000 年 1 月 14 日，江泽民在十五届中央纪委四次全会上明确指出："工农兵学商，党是领导一切的。当今中国的事情办得怎么样，关键取决于我们党，取决于党的思想、作风、纪律、组织状况和战斗能力、领导水平。"③

党的十八大以来，以习近平同志为核心的党中央坚决扭转了一段时期党的领导弱化虚化边缘化的倾向，党的十九大把"党是领导一切的"写进党章，并将"中国共产党领导是中国特色社会主义最

---

① 参见《周恩来统一战线文选》，人民出版社 1984 年版，第 420—421 页。
② 《陶铸文集》，人民出版社 1987 年版，第 275 页。
③ 《江泽民文选》第二卷，人民出版社 2006 年版，第 496 页。

本质的特征"写进了宪法。在新的历史条件下，随着全面深化改革的推进，对外开放的进一步扩大，党内外、国内外面临的形势也更为错综复杂，这就要求更加保持坚强的政治定力，增强政治敏锐性和政治鉴别力，坚决同各种错误倾向作斗争，坚决维护党中央权威和集中统一领导，更好地坚持和贯彻"党政军民学，东西南北中，党是领导一切的"。

责任编辑：王世勇

图书在版编目（CIP）数据

中共党史知识问答 / 中共中央党校中共党史教研部编，罗平汉主编 . ——
　北京：人民出版社，2021.1
ISBN 978－7－01－022683－5

I. ①中…　II. ①中…　III. ①中国共产党－党史－问题解答　IV. ① D23–44

中国版本图书馆 CIP 数据核字（2020）第 232253 号

中共党史知识问答
ZHONGGONG DANGSHI ZHISHI WENDA

中共中央党校中共党史教研部　编

罗平汉　主编

人 民 出 版 社 出版发行

（100706　北京市东城区隆福寺街 99 号）

涿州市星河印刷有限公司印刷　新华书店经销

2021 年 1 月第 1 版　2021 年 1 月北京第 1 次印刷

开本：710 毫米 ×1000 毫米 1/16　印张：20.5

字数：240 千字

ISBN 978－7－01－022683－5　定价：68.00 元

邮购地址 100706　北京市东城区隆福寺街 99 号

人民东方图书销售中心　电话（010）65250042　65289539